VIDAS DE PAPEL. PERSONAJES PRINCIPALES,
ANÓNIMOS Y COLECTIVOS EN EL *QUIJOTE*
Y EL *PERSILES*

JOSÉ MANUEL MARTÍN MORÁN

Vidas de papel. Personajes principales, anónimos y colectivos en el *Quijote* y el *Persiles*

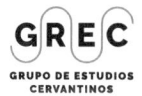

GREC

GRUPO DE ESTUDIOS
CERVANTINOS

El *Quijote* y sus
interpretaciones

Luna de
Abajo

OVIEDO 2025

Universidad de Oviedo

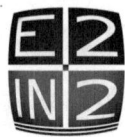

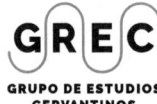

**GRUPO DE ESTUDIOS
CERVANTINOS**

Colección El *Quijote* y sus interpretaciones, n.º 19

DIRECTORES:
Emilio Martínez Mata
y María Fernández Ferreiro
http://grec.grupos.uniovi.es/

COORDINADORA DEL VOLUMEN:
María Fernández Ferreiro

© DE LA EDICIÓN:
José Manuel Martín Morán

EDITA:
Luna de Abajo
https://www.lunadeabajo.com/
DISEÑO:
Pandiella y Ocio

DEPÓSITO LEGAL: AS 02910-2025
ISBN: 978-84-86375-88-1

1.ª edición: junio 2025

Índice

Prefacio de la empresa colaboradora

Mi vínculo con *El ingenioso hidalgo don Quijote de la Mancha* viene de lejos. Era pequeño cuando me regalaron una versión infantil y cuando leímos varios capítulos en el colegio, posteriormente. Su compañero en algunas andanzas, Sancho Panza, el supuesto yelmo de Mambrino y el episodio de los gigantes marcaron mi imaginación durante años, hasta que con más edad pude deleitarme con una versión ilustrada por Gustavo Doré y disfrutar con el placer de su lectura íntegra.

Cuatro siglos después de su primera edición, el *Quijote* sigue teniendo relevancia y sigue siendo de actualidad, pues en su texto se encuentran multitud de referencias útiles para entender muchas situaciones relacionadas con la vida cotidiana hoy en día. La universalidad de la obra de Cervantes tiene ahora una especial importancia dada la globalización de la economía y del conocimiento. Y, en particular, la globalización de las empresas que, con la contribución de los últimos avances científicos, en muchos casos, han conseguido que su actividad y sus proyectos puedan alcanzar un impacto tan universal como la propia novela cervantina.

Cuando desde E2IN2 tuve conocimiento de los trabajos que desarrolla el Grupo de Estudios Cervantinos de la Universidad de Oviedo, no dudé ni un momento en ponerme en contacto con las personas que lideraban la iniciativa para ofrecer nuestra colaboración con el fin de aumentar el alcance de su labor y la difusión del talento creativo e investigador en torno a la obra de Cervantes, haciéndola accesible de manera más global.

Es justamente esta dimensión global de E2IN2 y de su proyecto Civie el hecho que justifica el patrocinio de parte de la edición de los ejemplares de la colección «El *Quijote* y sus interpretaciones». Apoyar el talento creativo, académico y emprendedor está en nuestro ADN y es por ello por lo que E2IN2 desea contribuir a que el conocimiento del *Ingenioso hidalgo* y de su autor, así como las interpretaciones que se han hecho por parte de múltiples autoras y autores —y, por ende, esta colección—, pueda ser accesible a quienes deseen conocerla y profundizar desde países lejanos. Para llevar nuestra colaboración a la práctica haremos esfuerzos para hacerla llegar a diferentes bibliotecas e instituciones.

Con esta iniciativa de patrocinio, E2IN2 desea contribuir a la difusión del conocimiento sobre la mejor novela de todos los tiempos y a la excelente tarea que lleva a cabo el Grupo de Estudios Cervantinos de la Universidad de Oviedo, además de, por supuesto, a la difusión de nuestra lengua.

Espero que disfruten de esta colección tanto como he disfrutado cada vez que me he acercado a la lectura del *Quijote*.

VALENTÍN E. DE TORRES-SOLANOT DEL PINO
E2IN2 S. A.

Prólogo

Los diez estudios de este libro proponen sendos asedios al *Quijote* y al *Persiles* desde aspectos aparentemente marginales, como el tema del doble, las ilustraciones del personaje de Dulcinea en los dos últimos siglos o las funciones de los personajes menos relevantes, los anónimos o los colectivos.[1] En realidad, esos caminos escondidos terminarán por conducir al lector hasta el corazón mismo de la obra maestra, como se puede apreciar por la breve presentación que sigue.

La crítica cervantina rara vez se ha ocupado de ellos. La dimensión colosal de los dos protagonistas, verdaderos arquetipos culturales, justifica la preeminencia dada a su estudio, qué duda cabe, y al de los secundarios o antagonistas con los que entran en relación. Los personajes del tercer nivel, los anónimos y los colectivos, suelen desarrollar funciones técnicas de acarreo de informaciones necesarias para la acción o de presentación de unos personajes a otros; al menos, así han sido vistos por los estudiosos de las dos últimas novelas de Cervantes. En realidad, analizados con mayor detalle —como aquí se hace en los primeros cuatro capítulos—, descubrimos que pueden desempeñar papeles fundamentales en la historia, como provocar reacciones de los actores primarios que dan lugar a todo un episodio o incluso protagonizarlo ellos mismos, como vemos algunas veces en el *Persiles*, donde uno de los narradores de las hazañas de Periandro será un personaje sin nombre, o en el *Quijote*, donde hay incluso algún anónimo que se convierte en narrador de los comienzos de las historias secundarias.

[1] Esta edición se ha realizado en el marco de las ayudas en concurrencia competitiva para el mantenimiento de las actividades de la investigación de institutos universitarios de investigación y grupos de investigación reconocidos por la Universidad de Oviedo para el ejercicio 2024 (código: GR-2024-0012).

Los grupos, por su parte, más allá de su función de coro en los comentarios a los relatos ajenos, envuelven a los personajes principales en una dimensión social, con sus polémicas sobre lo narrado y lo hecho por otros, tanto en el *Persiles* como en el *Quijote*. La comparación de los varios tipos de masa en los dos *Quijotes* de Cervantes y en el de Avellaneda nos mostrará la diferente concepción de la identidad social en los dos autores — aristocrática en el apócrifo; dialógica y pluriperspectivista en el alcalaíno— y, de resultas de ello, su diverso modo de entender el género de la novela. En el *Persiles*, en cambio, los dos modos de entender la relación entre el individuo y la masa en las dos mitades de la obra servirá para definir la pertenencia de ambas a dos subgéneros narrativos diferentes.

Los capítulos cinco y seis están dedicados al análisis de la imagen de Dulcinea en las ediciones ilustradas de los siglos xix y xx. Constatada la evanescencia del personaje y la dependencia de su imagen de los únicos tres testimonios de quienes la han visto en persona, vale decir: don Quijote, Sancho y el Paniaguado, los ilustradores se han dejado inspirar por esas transformaciones interesadas de los tres testigos, manifestando así, en función de la preferencia por uno u otro testimonio y por uno u otro avatar derivado de ellos, su inclinación por una de las tres grandes interpretaciones de la obra: la trascendente, la cómica y la filológica.

Don Quijote será el tema central de los capítulos siete, ocho y nueve. El primero propone el examen de los mecanismos de construcción del yo del caballero, a partir de los conceptos expuestos por Foucault en su ensayo sobre las tecnologías del yo. La conversión de Alonso Quijano en don Quijote debe mucho al ascetismo estoico, en boga en el Siglo de Oro; las estrategias de elevación del yo que contraponen imitación del ideal con proyección hacia el futuro imaginado, por un lado, y desvelamiento de sí y examen de conciencia, por el otro, presentes en la relación entre don Quijote y Sancho, pero también en los momentos de autoanálisis de ambos, conducen el relato

—sobre todo el de 1615— en la dirección de la paulatina psicologización propia de la novela moderna. El capítulo ocho analiza la emersión de la figura del doble en la vida del don Quijote de 1615. Sansón Carrasco enfrenta por dos veces al caballero con la imagen desdoblada de sí: primero con el doble contenido en el libro de 1605, en los primeros pasos de la segunda parte, y, a poco de haber emprendido la tercera salida, con el doble vencido por el Caballero del Bosque y despojado de su gloria. Por si fuera poco, el andante loco aún se las tendrá que ver con el apócrifo de Avellaneda, un doble mucho más desasosegante que los demás, porque este, a diferencia de los otros que no son más que construcciones de la imaginación, responde a un dato de realidad. La tradición latina del tratamiento cómico de la figura del doble, vigente aún en el teatro del Siglo de Oro, se puede apreciar en los dos primeros, pero no en el tercero, donde ya se vislumbra la evolución angustiosa que tendrá en la literatura romántica. Después de este *excursus* en las ansias del caballero, el capítulo nueve abre una ventana hacia la relajación del paisaje manchego, aquí visto como creación del hidalgo orate tal y como hoy lo celebran los grupos de turistas que visitan sus tierras; es más, en este capítulo nueve se propone a don Quijote como un iniciador del turismo *experiencial*, si bien aún deudor de la visión exotista del turismo tradicional, según la dicotomía estudiada por Todorov en su ensayo sobre los viajeros franceses en la historia.

El capítulo diez y último se centra en el personaje de Sancho Panza, para estudiar su evolución con parámetros distintos a la consabida *quijotización*. El crecimiento del labriego dependería más de circunstancias externas al texto que de su formación al lado de su amo. En este trabajo, la teoría de los sistemas ofrece los instrumentos para comprender los altibajos de la relación entre los dos caminantes, en función de su respuesta a los estímulos externos. Cuando estos provengan no ya de su entorno sino del campo literario extratextual, amo y escudero deberán modificar sus atributos y sus funciones para mantener su capacidad de resiliencia ante ellos. Las críticas de los lectores al libro publicado en 1605 explican la modificación del carácter del binomio protagonista de 1615, así como la autoconciencia aumentada a partir del capítulo II, 59 se entiende como una respuesta al apócrifo. Por otro lado, ya el nacimiento de Sancho, al principio de la segunda salida, había implicado la pérdida de algunos atributos de don Quijote necesarios para conformar la personalidad del escudero y la transformación de la figura del narrador. En fin, en todos estos momentos críticos de la evolución de Sancho, podemos apreciar el surgimiento de un nuevo *equilibrio homeostático* entre los elementos que componen los varios subsistemas del texto. La autoorganización de los sistemas narrativos que constatamos sobre todo en la segunda parte del *Quijote* respecto de la primera, iniciada con la evolución del carácter de los personajes motivada por elementos externos al sistema, entrará a formar parte del código genético de la novela moderna.

Procedencia de los trabajos

Se publican aquí reunidos diez estudios aparecidos en revistas especializadas, actas de congresos y libros colectivos. Estas son sus colocaciones originales:

1 «Juntos, pero no revueltos. El personaje colectivo en el *Persiles*», *e-Spania*, 50 (2025), https://doi.org/10.4000/13d0z.

2 «*Reivindicación del don nadie. El personaje anónimo en el Persiles*», en *Los trabajos de Cervantes. XIII Coloquio Internacional de la Asociación de Cervantistas*, ed. R. González Cañal y A. García González, Ediciones de la Universidad de Castilla-La Mancha, Cuenca, 2019, pp. 211-220.

3 «*El personaje colectivo en los tres Quijotes*», en *Cervantes plural: «Dom Quixote», «Novelas exemplares», «Persiles» e teatro*, ed. M. A. da Costa Vieira, Humanitas, São Paulo, 2019, pp. 41-66.

4 «El personaje anónimo en el *Quijote*», en *«De mi patria y de mí mismo salgo». Actas del X Congreso Internacional de la Asociación de Cervantistas*, ed. D. Migueláñez y A. Vargas Díaz-Toledo, Editorial Universidad de Alcalá, Alcalá de Henares, 2022, pp. 239-254.

5 «De Aldonza a Dulcinea. Los avatares iconográficos de una labradora», en *Literatura ilustrada decimonónica. 57 perspectivas*, ed. R. Gutiérrez Sebastián y B. Rodríguez Gutiérrez, PUbliCan / Ediciones de la Universidad de Cantabria, Santander, 2011, pp. 435-452.

6 «Caras y caretas de un mito. Dulcinea en las ediciones ilustradas del *Quijote* del siglo xx», en *Dulcinea del Toboso. La creación cervantina y otras Dulcineas recreadas*, ed. I. Fernández Morales, R. Lopiano y C. Mata Induráin, Servicio de Publicaciones de la Universidad de Navarra, Pamplona, 2024, pp. 15-32.

7   «*Don Quijote y las tecnologías del yo*», en *Aspectos actuales del hispanismo mundial: literatura, cultura, lengua,* ed. C. Strosetzki, De Gruyter, Berlin / Boston, 2018, vol. I, pp. 336-347.

8   «*Don Quijote y sus dobles*», en *Cervantes y la posteridad: 400 años de legado cervantino,* ed. A. Moro Martín, Iberoamericana / Vervuert, Madrid / Frankfurt am Main, 2019, pp. 269-292.

9   «*Don Quijote,* iniciador del turismo experiencial», en *Desarrollo sostenible, calidad de vida en el entorno rural y el turismo en tierra del «Quijote»,* ed. V. R. López Ruiz y D. Nevado Peña, Universidad de Castilla-La Mancha, Cuenca, 2024, pp. 157-165.

10 «La quijotización de Sancho y la autoorganización de los sistemas», *Edad de Oro,* XL (2021), pp. 301-325.

1

Juntos, pero no revueltos. El personaje colectivo en el *Persiles*

> Levantóse en pie mi hermana, y, echándose sus hermosos cabellos a las espaldas, tomados por la frente con una cinta leonada o listón que le dio su ama, hizo de sí casi divina e improvisa muestra; que, como después supe, por tal la tuvieron todos los que en las barcas venían, los cuales a voces, como dijo el marinero, que las entendía, decían: «¿Qué es esto? ¿Qué deidad es esta que viene a visitarnos y a dar el parabién al pescador Carino y a la sin par Selviana de sus felicísimas bodas?» (II, 11, 341-342).[2]

Periandro, Auristela, Cloelia y un marinero encuentran por primera vez a los pescadores de la isla homónima y estos, al unísono, expresan su admiración por la belleza divina de la protagonista. Nada de extraño en el contexto de las relaciones entre los protagonistas del *Persiles* y los varios grupos de personas que van encontrando, se dirá; lo extraño aquí, en efecto, no es la admiración, sino la imposible consonancia de tantas voces en una sola expresión. La voz colectiva anónima se puede escuchar en el teatro áureo (Kirschner 1994: 159-160), pero no suele aparecer en la narrativa del periodo; en efecto, no hay muchos más ejemplos en el *Persiles*, pero, a pesar de su escasez, resultan indicativos de un tipo de concepción del personaje colectivo, tan cohesionado por un sentimiento común que parecen tener todos sus integrantes una sola personalidad, e indicativos, también, de un modelo de situaciones

---

[2] Cito por la edición de Carlos Romero, Cátedra, Madrid, 2002. Entre paréntesis, la referencia, por ese orden, al libro, capítulo y página.

recurrente en que uno o varios peregrinos se relacionan con un personaje colectivo o se comportan ellos mismos como tal. En las páginas que siguen analizaré la dinámica interna del personaje colectivo y propondré una tipología del mismo según sus funciones en el relato.

La importancia que asume el personaje colectivo en el *Persiles* parece depender directamente del género o del subgénero de la obra; de hecho, veremos que las diferentes fisionomías y funciones que adopta en las dos partes se podrían relacionar con la correspondiente variación de género literario. Sin llegar aún a tal nivel de análisis, me limitaré por ahora a constatar que el carácter épico de la narración parece imponer el emparejamiento del protagonista con un grupo que le acompaña en sus acciones, como ocurre en la epopeya clásica (*Ilíada, Odisea, Eneida, Chanson de Roland, El Cid*). El grupo amplía la acción del héroe épico, diversifica sus intenciones y sus intervenciones, y le ofrece una caja de resonancia inmediata; de ahí que haya sido visto por Lukács (2010: 81-82) como una especie de representante de la comunidad de lectores y sus aspiraciones identitarias, si es que a la épica le podemos reconocer el valor de instrumento de formación de la identidad nacional; algo que, a decir verdad, resultaría más difícil para la épica clásica que para la medieval y más aún para la declaradamente ficticia, como es el caso de la novela barroca de aventuras, pero los códigos del género subsisten más allá de los siglos y las convenciones del momento.

1.1. Dinámica interna del personaje colectivo en el septentrión

Don Quijote y Persiles son dos héroes antitéticos, bajo muchos aspectos. El primero ha sido visto como el emblema del héroe trágico que enfrenta un destino de incomprensión y escarnio por parte de los beneficiarios directos de su acción revolucionaria; recorre el mundo con la intención de transformarlo, pero se ve obligado a constatar la imposibilidad de ello con la simple imposición de sus valores personales.[3] Persiles y Sigismunda, en cambio, se han visto obligados a abandonar su mundo a causa, justamente, de la pureza de sus valores y a recorrer el mundo ajeno, en busca del espacio en que esos principios de vida y su identidad finalmente puedan ser reconocidos. En su periplo, son siempre acompañados por otros personajes, con los que forman una comunidad definida de cara a los demás, los cuales, a su vez, también habitualmente, aparecen representados como una comunidad; en la relación con ambas agrupaciones, la identidad de los individuos protagonistas se refuerza y matiza con los colores de los integrantes de las mismas.

El personaje colectivo que acompaña a los protagonistas se va formando, en los dos primeros libros del *Persiles*, con los personajes encontrados en el camino. Para entrar a formar parte del «nuevo escuadrón de la nueva hermosura» (III, 1, 435), hay que tener una historia personal que contar y ha de ser además de cierto tipo: los ingredientes necesarios son: a) el error moral en el comportamiento propio (Antonio, Rutilio, Rosamunda, Clodio) o el ajeno (Sosa Coitiño, Transila, Carino y Selviana, Leopoldio, Sulpicia, Renato y Eusebia); b) el desarraigo de la propia tierra; y c) la necesidad del viaje de retorno para reparar el error inicial. Una vez contada la propia historia, el personaje se somete a una especie de sanción colectiva de los oidores, que puede adquirir los tonos de la admiración, de la participación emotiva con palabras de consuelo o de ánimo (Antonio, Renato, Carino y Selviana), de apoyo concreto para conseguir sus fines (Leopoldio, Sulpicia) o de asesoramiento moral (Rosamunda, Clodio, Leopoldio). Los comentarios de los miembros del grupo a la nueva historia suelen contener una referencia al viaje que los espera (Antonio, Rutilio, Carino y Selviana, Leopoldio, Sulpicia), síntesis extrema del proceso de mejora emprendido con la libertad, en una especie de absorción de las diferencias

---

[3] Este es el motivo principal de que Watt (1996: 48-89) lo considere el prístino representante del individualismo moderno.

individuales en el movimiento colectivo como única y prometedora forma de identidad.

En su ensayo *Masa y poder*, Elias Canetti (1981: 12-13) afirma que la masa se constituye como tal solo a partir del momento en que se produce la *descarga de las diferencias*, es decir, a partir del momento en que los individuos renuncian a las barreras de rango, propiedad y posición social, para sentirse iguales a todos los demás. Las sesiones de autoconciencia a las que se someten los autobiografiados de acarreo en los dos primeros libros del *Persiles* se parecen mucho a ese *proceso de descarga* del que habla Canetti; también en ellas, los narradores aceptan integrarse en la masa en movimiento, después de haberse desprendido de la parte de su vivencia que los individualiza y haberla puesto a disposición del grupo en algo que, a veces, se asemeja a un psicodrama. El relato de Transila (I, 12-13), en concreto, estimula, en el debate subsiguiente, la libre manifestación de los atributos salientes de la personalidad y los principios de vida de cada uno de los participantes: el amor paternal de Mauricio y conyugal de Ladislao, el libertinaje de Rosamunda, la maledicencia de Clodio, la crítica de la sátira de Mauricio, el sarcasmo provocador de Ladislao, y la tolerancia y la caridad cristiana de Antonio. El psicodrama colectivo que escenifica los conflictos entre Rosamunda y Clodio (I, 14), Mauricio y Clodio (I, 14), y tal vez el antiguo y soterrado entre Transila y Ladislao (I, 13), su marido, permite el abatimiento de las barreras entre los individuos, la inclusión del recién llegado en el grupo y la constitución del mismo como vector de movimiento, tras haber concertado las varias personalidades en una doble verdad común superior que es la enunciada por el propio Clodio en conclusión de su parlamento: «La caridad cristiana enseña que por el príncipe bueno se ha de rogar al cielo por su vida y por su salud, y por el malo, que le mejore y enmiende» (I, 14, 226); y por Antonio el padre en su intervención final: «Un buen arrepentimiento es la mejor medicina que tienen las enfermedades del alma» (I, 14, 227). Ese parece ser el nexo de unión entre todos, el máximo común divisor, más allá de las ansias de libertad y el deseo de volver a la patria; sobre esas dos virtudes cristianas, la caridad y el arrepentimiento, se funda una estrategia de cohesión del colectivo, lo que en psicología de las masas se denomina *presión hacia la conformidad* (Asch 1984), que lleva a la reprobación pública de Rosamunda aquí y de Clodio por Arnaldo en privado, más tarde, cuando propale el infundio —bien fundado, por cierto— de que Periandro y Auristela son novios y no hermanos (II, 4, 290 y 299); ya antes a Transila la habían asaltado las mismas dudas y había obtenido la misma reprobación paterna:

> —Mira, hija Transila —dijo Mauricio—, que las condiciones de amor son tan diferentes como injustas, y sus leyes tan muchas como variables; procura ser tan discreta que no apures los pensamientos ajenos, ni quieras saber más de nadie de aquello que quisiere decirte (I, 23, 274).

Aún en otras dos ocasiones, al menos, un personaje manifestará sus dudas sobre el parentesco de los protagonistas —Cenotia ante Policarpo (II, 11, 354) y Arnaldo a solas (II, 15, 386)—. Este dato, así como el motivo de la itinerancia de los dos jóvenes, permanecerán ocultos hasta el final, como descarga necesaria para la cohesión del personaje colectivo; de no haber sido ocultados, probablemente Arnaldo no hubiera formado parte de la «bellísima escuadra» (I, 11, 208), ni Sinforosa habría sido tan hospitalaria en su isla, ni el duque de Nemurs habría llegado hasta Roma en pos de la bella vikinga o, en su defecto, de su retrato. Que el secreto haya funcionado como nexo de unión lo prueba el hecho de que, en cuanto sea desvelado por causas de fuerza mayor, ya en Roma y con el voto de la peregrinación cumplido, abandonará la compañía Nemurs, dos de las tres francesas y lo habría hecho el amantísimo Arnaldo, si no hubiera recibido la promesa de la mano de Eusebia, hermana menor y hermoso sucedáneo de Auristela.

Otro psicodrama colectivo, comparable al del debate en torno a la historia de Transila, se puede ver en los varios juicios acerca del interminable relato de Periandro; también ahí apreciamos el carácter poliédrico del personaje colectivo, descompuesto en diferentes individualidades que no se recatan de expresar sus apreciaciones sobre lo que viven en común; la variedad en las mismas viene determinada, como es lógico, por la personalidad de cada uno de los intervinientes, y por sus expectativas respecto al relato de Periandro y a la historia principal. Y así, sobre la credibilidad de lo narrado se manifiesta Mauricio (II, 15, 386; II, 20, 415), el especialista en quimeras astrales, profecías y sueños, y con él su yerno Ladislao (II, 15, 383); Arnaldo, por su parte, al acecho del menor indicio sobre la verdadera relación que une a los dos supuestos hermanos —indicio del que, por cierto, podría depender el futuro de la historia principal—, no soporta las digresiones y la prolijidad de Periandro, como, por otro lado, los otros varones de la compañía (II, 12, 363; II, 15, 386); Policarpo asiste distraído al espectáculo oral, ocupado como está en hallar la estrategia para conseguir los favores de Auristela (II, 15, 387). Solo son condescendientes con Periandro las mujeres, aunque también ellas por razones distintas: Transila, por el placer del cuento en sí y del modo de contarlo (II, 12, 363); Auristela, por amor, aunque al acecho ella también, como Arnaldo, de indicios de intimidad entre el narrador y la princesa de la isla (II, 15, 387); y Sinforosa, también por amor (II, 12, 356), pero con curiosidad sobre el pasado de su idolatrado y expectativas sobre un posible futuro común. Como se ve, el cúmulo de las reacciones de los personajes a la narración del protagonista diseña un amplio abanico de perspectivas que desplaza el énfasis,[4] así sea momentáneamente, desde los hechos del relato hacia la vivencia personal de cada

---

[4] El perspectivismo del *Persiles* lo ve González Rovira (1996: 233) en los diversos puntos de vista de los seis distintos narradores analépticos del primer tramo de la historia de los dos protagonistas. Castro (1925: 94-110) lo veía en el tratamiento de algunos temas, por ejemplo, la brujería.

uno, una de las características señaladas por la crítica como propias del arte narrativo cervantino en el *Quijote*.[5] Es interesante constatar que también en su novela póstuma, a menudo considerada como un paso atrás en el itinerario de la novela realista trazado por Cervantes, su personal palinodia, se pueden hallar algunas de las técnicas de representación del mundo y la experiencia humana de su obra maestra.

1.2. *Norma emergente*

A pesar de la oposición masculina, el relato de Periandro prosigue y se demora en infinitos meandros, digresiones y detalles. ¿Qué es lo que lo hace proseguir? Ya hemos visto que es la defensa a ultranza de la narración y el narrador por parte de las mujeres, en aras del sacro principio del placer de la escucha, dado por el qué y el cómo de la narración, aunque, como decía, seguramente también tiene su parte el quién. Es decir, para retomar la argumentación de antes sobre las dinámicas de cohesión del grupo, las mujeres ejercen una presión para la conformidad del grupo, reprobando argumentaciones que vayan en sentido contrario. Del mismo modo, podríamos ver aquí un mecanismo de organización espontánea de los grupos bien conocido en psicología social: el de la *norma emergente* (Turner y Killian 1993: 10 y ss.; Javaloy Mazón, Espelt y Rodríguez Carballeira 2007). Pero para exponerlo como se debe, me conviene recurrir a otro ejemplo.

En la isla de los pescadores, los piratas raptan a Auristela, a su ama Cloelia, y a Selviana y Leoncia, las dos prometidas de Carino y Solercio; el grupo de los damnificados no sabe cómo reaccionar al ataque hasta que Periandro, con un discurso lleno de *pathos* los convence de que tomen la vía del mar, para hacer justicia de los muchos barcos pirata en circulación y de paso recuperar a sus amadas (II, 12). Ante la situación de desamparo por una experiencia que causa desazón y zozobra en el

---

[5]   Hace hincapié en el concepto Castro (1966: 1-183).

colectivo, Periandro introduce una pauta de comportamiento que es sancionada inmediatamente por el resto de la comunidad como la norma que a partir de entonces van a seguir; es una *norma emergente*, surgida espontáneamente, que ha dado al colectivo un líder y una organización de los que carecía para hacer frente al problema. A partir de entonces, Periandro tomará decisiones según el mismo modelo experimentado en la constitución de la compañía de corsarios del bien; y así, por ejemplo, cada vez que se encuentre ante el aprieto de aceptar una recompensa por la liberación de algún necesitado, propondrá la nueva norma emergente basada en la caridad y en la generosidad a su chusma de piratas virtuosos y solo con su respaldo actuará; sucede en los casos de Leopoldio (II, 13) y Sulpicia (II, 14). El joven peregrino ha conseguido transformar una masa sin objetivo y sin estructura en un grupo organizado según la nueva norma de la democracia piscatoria.

El modelo de la norma emergente lo encontramos en otras situaciones de acción colectiva, como en la huida de la isla de Policarpo, siguiendo la norma impuesta por el trío Mauricio, Arnaldo y Periandro, una vez que han entendido las aviesas intenciones de su rey (II, 7-2); en la concesión de la mano de Constanza al conde moribundo, por parte del padre de Antonio, después de haber consultado con su mujer y el colectivo peregrino (III, 9); o en el curioso caso de dos normas emergentes en conflicto, en que la de Periandro resulta derrotada por la de Belarminia, la dama francesa que se arroja al agua, rechazando el puente propuesto por el joven, para atravesar un río en el que, a consecuencia del gesto de Belarminia, casi pierden la vida los romeros nórdicos y las damas francesas (III, 15). En todos estos casos, podemos apreciar cómo gracias a la norma emergente se conciertan las voluntades y se construye la identidad compartida de la comunidad, definida por objetivo, organización y líder. De algún modo, se conjuga la diversidad para poder hallar la unidad de visiones e intenciones, y así poder lanzarse a la acción resolutoria de la crisis presente.

1.3. Causas de la desintegración del personaje colectivo de la primera parte

En el primer libro, la escuadra peregrina acepta en su seno a todo aquel que cumpla los requisitos señalados —a saber: tener una historia que contar que contenga a) error moral, b) desarraigo de la propia tierra y c) necesidad del viaje de retorno reparador del error— y, acto seguido, modifica su fisionomía moral y humana en relación a los nuevos aportes. Y así pasan a integrarla, tras haber contado su historia, Rutilio (I, 8-9), Antonio y su familia (I, 5-6), Transila y la suya (I, 12-14), y Rosamunda y Clodio (I, 14); aunque los dos últimos deberán abandonarla por razones de causa mayor, la misma que le había impedido a Sosa Coitiño (I, 10) su ingreso en ella. En cambio, Leopoldio (II, 13), Sulpicia (II, 14), Carino y Selviana (II, 10), los protagonistas de las historias secundarias de la historia paralela de Periandro, al hallarse confinados en un nivel metadiegético, no llegarán a entrar en contacto con el escuadrón de peregrinos. Tampoco se integrará en el grupo Renato (II, 19), pero más que nada porque no le queda tiempo para ello, al ser su historia la última de la primera parte, antes del traslado de la mitad del «escuadrón gallardo» (I, 11, 70) hacia el sur; él, curiosamente, a pesar de ser francés, se va con los sajones.

El motivo de la desintegración del personaje colectivo al final del segundo libro parece bastante evidente: el viaje último hacia tierras meridionales, para unos, y sajonas para otros, culmina sus respectivos objetivos individuales de hallar reparación para las fechorías sufridas o cometidas y, por tanto, su asociación momentánea deja de tener sentido. O, dicho de otro modo, los requisitos que tenían que cumplir para entrar a formar parte del colectivo han hallado o van a hallar plena satisfacción, por lo que han dejado de servir como nexo de unión. El marco de acción colectiva ha variado; ya no se dan las circunstancias para que su unión permanezca en el tiempo.

1.4. Dinámica interna del personaje colectivo en el meridión

En la segunda parte de la obra, la que se desarrolla en el mediodía europeo, el personaje colectivo va a perder parte de su poder aglutinador, pues solo aceptará en su seno a la antigua peregrina (III, 6-8) y a Ortel Banedre (III, 6-7; III, 16; IV, 5), por un trecho limitado, y a las tres damas francesas (III, 13 – IV, 14). El resultado es que aquel protagonismo compartido, que diseminaba el papel de personaje principal en tantas instancias como historias, precisamente porque después todos ellos se terminaban integrando en una identidad común, capaz de vivir experiencias comunicadas, ha perdido su potencia unitaria y ha dejado que sobre el relato se enseñoree la dispersión. Ahora las historias secundarias serán más cortas y tendrán poco o nada que ver con los protagonistas, como, por otro lado, ya antes, solo que ahora sus protagonistas no entrarán a formar parte del marco enjuiciador que elabora las experiencias comunes, lo que acabará empobreciendo la relación dinámica, hasta entonces existente, entre historia interpolada y marco de la narración. Como resultado, la mayor parte de las historias secundarias se desarrollará simultáneamente a la historia principal, sin casi analepsis autobiográficas, para dar la oportunidad al narrador de integrarlas en la unidad superior de la trama y rebajar así su impacto desequilibrante. El efecto inmediato de la nueva estrategia es la debilitación de la dinámica interna del grupo, ya bastante exigua a consecuencia de la pérdida, antes de empezar el tercer libro, de personajes del calibre dialéctico de Mauricio, Transila, Rutilio, Arnaldo, Rosamunda y Clodio; y perderá aún, a la altura del capítulo III, 9, a Antonio el padre y a Ricla. Las nuevas incorporaciones, la peregrina de Talavera, Ortel Banedre y las tres damas francesas, no llegan a suplir la riqueza de facetas que garantizaba el poliedro formado por los ausentes. Los psicodramas y los complejos procesos de descarga de las diferencias individuales brillan por su ausencia en los libros tercero y cuarto. Ni siquiera la historia del polaco consigue encender la pasión polémica del grupo; merece a lo sumo un sermoncito laico contra la venganza por parte de Periandro, por cierto, un tanto inverosímil en su boca, a juzgar por la reacción de su interlocutor:

> —Tú, señor, has hablado sobre tus años: tu discreción se adelanta a tus días, y la madurez de tu ingenio a tu verde edad; un ángel te ha movido la lengua, con la cual has ablandado mi voluntad (III, 7, 286).

La participación de los protagonistas de la historia principal en las tramas secundarias hubiera podido suplir la reducción de facetas del personaje colectivo, pero, con excepción de la historia de Claricia (III, 15) donde las intervenciones de Periandro y Antonio parecen ser determinantes, no hay en ninguna de ellas una participación resolutiva de los protagonistas, como no consideremos tal el sermoncito de marras que hace cambiar de planes al peregrino polaco (III, 7), la protección que ofrecen a Feliciana de la Voz (III, 2-5) o el soborno de los guardias que se habían de llevar a galeras al padre que juega a los dados su libertad por dar de comer a sus hijos (III, 13); en cualquier caso, nada comparable a la intromisión de Periandro en la historia secundaria de la epopeya piscatoria de la primera parte. En los demás casos, los protagonistas se limitan a ser poco más que espectadores de lo que sucede ante sus ojos —en el caso de Ruperta asisten incluso a lo que parecería más un espectáculo teatral montado especialmente para ellos (III, 16-17)— y a comentarlo con palabras de circunstancias en las que manifiestan su contento o su admiración por lo que acaban de ver: los peregrinos, tras haber escuchado la historia de Ortel Banedre, se quedan «todos admirados de sus sucesos y del buen donaire con que los había contado» (III, 7, 503); después de la de Tozuelo y Cobeña «contentísimos» y «admirados» (III, 8, 509). Cuando el narrador dedica unas palabras a los debates sobre los varios casos, cuando ya parecería que los peregrinos están a punto de remontar el vuelo y desmenuzar los hechos según los diferentes puntos de vista y las distintas expectativas para la propia acción, como les hemos visto hacer en el septentrión con el caso de abuso sexual contra Transila o tras los múltiples tramos del relato de Periandro, constatamos que se limitan a un consenso de opiniones que proyecta las historias secundarias hacia una lectura monológica; en efecto, poca polémica hubo de haber en el diálogo que sigue al drama de Ambrosia Agustina si el narrador es capaz de resumirlo en esta frase: «Aquí comenzaron a desmenuzarse las circunstancias del caso» (III, 12, 563); o en el que sigue a la doble historia de Claricia y Félix Flora, si se contiene en estas palabras:

> Tratando del atrevimiento de Rubertino, a quien dejaban muerto y enterrado, y de la estraña historia del conde Domicio, a quien las joyas de su prima, juntamente con quitarle el juicio, le habían quitado la vida, y del vuelo milagroso de su mujer, más para ser admirado que creído, llegaron a un río (III, 15, 582).

El debate sobre la historia de Isabela Castrucho se sintetiza en «unas veces trataban en esto, y otras en referir los peligros que por ellos habían pasado» (IV, 1, 621); tanto se ha reducido la capacidad dialógica del «gallardo escuadrón» (IV, 4, 648) que sus componentes tienen que hablar sobre dos historias diferentes o incluso integrar el diálogo sobre una de ellas con sus propias vicisitudes para que el narrador se digne a concederles una mísera frase.

En compensación, en esos comentarios finales a los breves relatos secundarios, el grupo de peregrinos se suele preocupar por subrayar, a modo de moraleja, los valores de la colectividad que han quedado de manifiesto en la historia narrada —algo que no era habitual en los dos primeros libros, donde a lo sumo asistíamos a algún comentario moral de Periandro, en el final de la historia de Leopoldio (II, 13), por ejemplo, o en la de Sulpicia (II, 14)—. Y así, por ejemplo, en la vicisitud de Feliciana de la Voz recalcan la «discreción y el buen proceder de su hermano y de su padre» (III, 5, 483); en la de los falsos cautivos, la «honrada determinación» del alcalde generoso y «buen despacho del negocio» (III, 10, 539): en la de los moriscos, «los buenos pensamientos del jadraque» (III, 11, 554); a un Antonio dubitativo sobre la boda en punto de muerte de Constanza con el conde le aconsejan que asga «la ocasión por los cabellos» (III, 9, 522). Es decir, con estos subrayados, los peregrinos parecen asumir sobre sí la sanción social y moral de los hechos ajenos, mientras se erigen en guardianes de la moral colectiva y de la jerarquía de valores de la sociedad contemporánea. A veces, acompañan, incluso, con sus actos la feliz resolución de los conflictos, como forma de reconocimiento de los representantes de los valores de la colectividad: a Ruperta y Croriano les dan sus parabienes por el reciente matrimonio secreto, y departen con ellos sobre sus trabajos y proyectos (III, 17); a Isabela Castrucho la acompañan en la simulación de su locura que le ha de procurar el ansiado objetivo del matrimonio por amor (III, 20-21); y a la familia del padre jugador le suministran un cuantioso incentivo para que salga de la miseria (III, 13).

1.5. Tipología de personajes colectivos. *Masa cerrada*

Hemos hablado de la dinámica interna y los modos de constitución del *superpersonaje* formado por el colectivo de peregrinos; ahora veremos su fisionomía y un breve panorama de los varios personajes colectivos de la novela. El «hermoso escuadrón» (III, 4, 464) se comporta, por lo general, como lo que Canetti (1981: 10-11) llamaría una *masa cerrada*; esta, a diferencia de la abierta, no puede crecer sin límite, antes bien, el número de sus componentes está determinado por una barrera física o por un acto de recepción, como es el caso de los excautivos de los bárbaros. El hecho de que pueda aceptar a nuevos componentes no desvirtúa su condición de grupo cerrado, que se ha dado un objetivo —viajar hacia el sur— y se reconoce en una precisa identidad conformada por los valores de la ética natural o cristiana. No abundan los grupos cerrados en la narración principal; el más relevante tal vez sea el de los moriscos, pero, en realidad, se comportan más bien como una *masa abierta*. Hay varios, en cambio, en las historias secundarias, cuando los protagonistas cuentan su relación individual con una comunidad preconstituida dentro de una sociedad más amplia que los acoge o los rechaza, como, en el caso de Antonio, el corro de hidalgos circunscrito en el círculo más amplio del pueblo o Ricla y la familia que constituirá con ella insertada clandestinamente en la sociedad de los bárbaros de la isla (I, 5); o, como en el caso de Rutilio, la familia del orífice italiano, un cuerpo extraño en la sociedad noruega (I, 8). Las características comunes entre ellos son las de estar limitados por barreras identitarias, con códigos de comportamiento opuestos a la sociedad más amplia en la que se hallan insertos y contra los que chocan. El conflicto latente o explícito de esta comunidad con formas de vida y de cultura propias con la sociedad que la envuelve sirve como lanzadera de acción para el protagonista secundario, que se ve obligado a alejarse de ellos, como Antonio, para evitar el impacto de esas formas de vida sobre sí, en el caso de los hidalgos, o, en el seno de su familia semibárbara, a tratar de adaptarse a ellas como estrategia de simulación, algo que también sucede en el caso de Rutilio y la familia del joyero italiano. El grupo cerrado ha sido usado por el narrador sobre todo en el primer libro; tal vez porque se revela un buen instrumento para subrayar la otredad inasimilable de la sociedad en que se inscribe el propio grupo, pequeña comunidad con los mismos valores de vida que el lector.

1.6. *Masa abierta*

La *masa abierta* también hace su aparición en el *Persiles*, aunque en contadas ocasiones, como, por otro lado, la cerrada. Según Canetti (1981: 10-11), la masa abierta se define por oposición a la cerrada por su ansia de crecimiento y por su ausencia de barreras; como la otra, también la abierta tiene su meta. En el *Persiles*, esa meta suele identificarse con el restablecimiento de la justicia en un espacio en que el arbitrio de uno o de varios la ha menoscabado; la muchedumbre de súbditos de Policarpo (II, 17) pretende derrocar a quien ha destruido su isla para satisfacer sus bajas pasiones; la turba de paisanos de Antonio que lo persigue y los marineros que lo abandonan en alta mar quieren vengarse de sus fechorías (I, 5), así como la que acude contra Ortel Banedre, imitador de Antonio en Lisboa (III, 6); otra turba de campesinos se enfrenta al ejército en un pueblo de la Mancha para evitar sus abusos (III, 9); la muchedumbre protege a Feliciana de la Voz de sus parientes (III, 5); y casi una revolución harían las masas romanas —como ya antes las lisboetas (III, 1)— por ver a Auristela (IV, 3; IV, 4; IV, 6), tanto es así que Periandro le pide que oculte su rostro tras un velo, para evitar los desmanes del gentío (IV, 4). Hay otras grandes concentraciones de personas con una finalidad específica, pero esta vez pacífica, como participantes de una procesión (III, 8) o como espectadores de los cautivos cuentacuentos (III, 9). El gallardo escuadrón solo se enfrenta a la masa abierta por causa de la extrema belleza de Auristela, capaz de generar cierta incontinencia hormonal en sus admiradores, sean estos ibéricos, romanos o nórdicos como Policarpo. En los otros casos, la compañía septentrional se limita a escuchar las referencias a los movimientos de masas o a asistir a los mismos como espectadores, actitud lógica en los dos espectáculos folklóricos, aunque un poco menos en las ocasiones épicas que se les ofrecen y que ellos cuidadosamente evitan, como en la de la rebelión contra Policarpo o la de los manchegos contra el ejército. Evidentemente la relación entre héroe épico y colectivo a la que aludía al principio no vale para la pseudoepopeya barroca de la novela bizantina, más centrada en la afirmación de las virtudes iniciales de los héroes y menos en su relación con la identidad nacional.

1.7. *Cristal de masa*

Más interesante que los dos tipos de grupos vistos hasta ahora puede ser el que Canetti (1981: 85-87) denomina *cristal de masa* y que con un término menos críptico podríamos definir como *grupo de profesionales*. En los dos primeros libros estos grupos de profesionales, bajo forma de piratas o marineros, detentan el monopolio del transporte marítimo interinsular; algunos se comportarán como oponentes de los protagonistas que dificultan su avance hacia las tierras del sur, como las varias tripulaciones de piratas que raptan a los personajes para venderlos a los bárbaros (I, 2; I, 13; II, 12; II, 16; II, 20), lo que también hace una comunidad de pescadores con Transila (I, 13); oponentes son también, desde mi punto de vista, los marineros papistas de Mauricio que niegan la sepultura a los duelistas enamorados de Taurisa (I, 20). Otros grupos, en cambio, se comportan como coadyuvantes de la acción de los protagonistas, como los pescadores convertidos en corsarios virtuosos de Periandro que le ayudan, sin éxito, a encontrar a su amada (I, 22; II, 10) y luego se prestan a escoltar a Sulpicia hasta su reino (II, 14). En todos ellos, como se habrá podido apreciar, se ha producido una especie de dislocación funcional que los obliga a ejercer un papel que poco tiene que ver con su profesión: piratas y pescadores vendedores de cautivos, pescadores metidos a piratas virtuosos o marineros irlandeses autoerigidos en defensores de la ortodoxia católica. Con la excepción de los irlandeses, los demás provocan con sus acciones una serie de peripecias en el relato que inauguran nuevos episodios del mismo. Por el contrario, en la parte meridional de la historia, los grupos de profesionales no abandonan los propios ámbitos de competencia; el relato los necesita en su función de coadyuvantes de la acción; y así un tropel de caballeros escolta a Rosiano cuando entrega el niño de Feliciana a los peregrinos (III, 2), poco antes de que los boyeros —que luego serán cabreros— den hospitalidad y sustento a la desgraciada mujer (III, 2-4); los cuadrilleros detendrán a los peregrinos con la acusación de asesinato del mancebo surgido del bosque con una espada en la espalda (III, 4); un grupo de arcabuceros transporta detenidos a los soldados de la algarada contra los campesinos y entre ellos a Ambrosia Agustina (III, 11); dos guardias suizos detienen a Periandro por haber robado en casa de Hipólita (IV, 7). Todos ellos se comportan como catalizadores de la acción; facilitan su cumplimiento, sin llegar a provocar la peripecia, como podía suceder en el libro primero. De algún modo, son elementos del panorama social que, sin necesidad de adquirir una personalidad marcada, cumplen una función en la historia en cuanto tales. En el libro primero, en cambio, los profesionales improvisan otros roles para generar nuevos episodios en el relato; sin ellos, los peregrinos habrían emigrado hacia el sur mucho antes... Hay otros grupos, en la segunda parte, que introducen un episodio nuevo, al margen de la historia principal, relacionado con ese panorama social del periodo del que hablaba antes; me refiero a la compañía teatral que representa una comedia (III, 2); los soldados y la turba de aldeanos enfrentados, como tantas veces por entonces (III, 10); o los moriscos que huyen a Berbería después de haber pegado fuego al propio pueblo (III, 11). Como se puede apreciar, por lo general, los grupos de profesionales, con la excepción de los acogedores pastores y los comediantes de la casa del corregidor, a menudo parecen cumplir funciones disfóricas en el relato.

1.8. Conclusiones. Causas del cambio del personaje colectivo entre la primera y la segunda parte

¿Qué es lo que ha sucedido en la estructura del relato que ha podido provocar cambios tan notables en el tratamiento del personaje colectivo? Resumámoslos brevemente antes de proponer una hipótesis de explicación. En la segunda parte, han cambiado los requisitos para entrar a formar parte de la «bellísima escuadra» (I, 11, 70): en la primera, a los recién llegados se les exigía que colaboraran en la construcción de una identidad y una defensa común; ahora les basta con ofrecer compañía para un trecho del camino, ni siquiera para todo el viaje, como en principio sucedía en el septentrión. En la primera parte, el personaje colectivo tenía entre sus genes la inclusión de los advenedizos, mientras que en la segunda su tendencia es hacia la diseminación.

Los supervivientes del primer colectivo en el periplo meridional no suelen vivir situaciones de peligro, no incorporan a la dinámica interna del grupo las historias secundarias, simplemente las observan y casi ni siquiera las juzgan; raramente intervienen; no debaten sobre el verdadero significado de los hechos narrados por los recién llegados, por lo que el amago de dialogismo que podía haber en la primera parte se ha convertido aquí en monologismo, en mera presentación de casos curiosos desde una sola perspectiva. A consecuencia de ello, han desaparecido las sesiones de psicodrama colectivo, como las vividas en el septentrión, aunque, a decir verdad, un amago de psicodrama lo tenemos en III, 19, cuando el grupo adopta el tema que se discute en la Academia de los Entronados: si puede existir amor sin celos; intervienen solo Auristela, Periandro y Belarminia, con parlamentos muy cortos, hasta que el tema deriva hacia la diferencia entre el querer bien y el amar, todo ello en media página, como mucho. Nada que ver con las grandes confrontaciones entre los varios miembros del colectivo septentrional. Ahora el grupo suele estar de acuerdo en la valoración final del caso al que asiste, sin que haya mediado un debate interno y esa valoración, como veíamos más arriba, refleja el sentir de los lectores; no hay disidentes como los Clodio o Rosamunda de los dos primeros libros. De tal modo, es indudable que la cohesión del personaje colectivo se ha reforzado, pero también lo es que ha perdido la riqueza de matices y facetas que hacían del grupo nórdico una especie de *superpersonaje*, una entidad superior al individuo epitético y plano, verdadera máquina poliédrica pluriperspectivista lista para triturar en sus dinámicas internas las diferentes materias de discusión que le ofrecieran las historias de los recién llegados. En el norte, el *superpersonaje* es el protagonista de los eventos y se fortifica en su capacidad incluyente; en el sur, el grupo es poco más que un observador privilegiado de los hechos ajenos que se permite enjuiciar, al que podemos identificar, sin mucho esfuerzo, con el héroe observador característico del segundo tipo de novela antigua, la *novela de peregrinación*, según Bajtín (1989: 273-280).

Las historias secundarias de la segunda parte, como decía, responden, más que a la necesidad de introducir relatos secundarios de envergadura que puedan proporcionar variedad a la unidad de la trama principal, más que a ello, responden a un intento de ofrecer un panorama de casos curiosos, ligados al territorio que los protagonistas van atravesando; de ahí que los episodios que introducen a nuevos personajes no suelan ser narrados por los directamente interesados, en analepsis, como en la primera parte, sino que van transcurriendo simultáneamente al tiempo de la trama principal. Por si fuera poco, los personajes meridionales interpolados parecen provenir directamente de otros géneros literarios; Tozuelo, los falsos cautivos, los moriscos, incluso Ortel Banedre y Luisa, revelan una dimensión costumbrista —la moza de mesón, los estudiantes astutos engañadores de rústicos, los aldeanos tontos y listos a la vez, su lenguaje cazurro— que podemos hallar en los personajes arquetípicos del entremés, la comedia de enredo, la picaresca o las relaciones de sucesos. El modo en que están presentados los *grupos de profesionales* en la segunda parte —cumpliendo las funciones propias de su profesión, a diferencia de lo que sucedía en la primera parte, cuando los encontrábamos en labores espurias— apunta hacia esa misma visión estereotipada propia de una concepción costumbrista del relato.

Y es justamente esa dimensión arquetípica de los personajes meridionales la que me permite plantear una hipótesis para explicar las diferencias entre la primera y la segunda parte en lo referente al tratamiento del personaje colectivo. Al narrador de los libros tercero y cuarto ya no le interesa contar aventuras, sino casos, como el del padre que se juega su libertad a los dados, la mujer vestida de hombre por seguir a su amado, un hechizado, la mujer voladora, etc.; ya no tiene el impulso enciclopédico que en las tierras del norte le llevaba a consignar las costumbres bárbaras de aquellas poblaciones, las rarezas de su fauna y la inclemencia de su clima; si en los dos libros dedicados a las tierras nórdicas le movía la atención por el exotismo geográfico, en los dos dedicados al meridión, lo que le mueve es el exotismo social. A partir de esas dos categorías, exotismo geográfico y social, y el modo en que determinan el tratamiento de los elementos narrativos, Bajtín (1990: 206-209) explica las diferencias entre las dos grandes categorías de la novela antigua: la *novela de pruebas* o de *aventuras*, que estructura la primera parte del *Persiles* y la *novela de peregrinación*, que yo veo como modelo de la segunda.[6] En fin, a mi parecer, el cambio de género narrativo al pasar de la primera a la segunda parte es lo que explica el diferente tratamiento del personaje colectivo en el *Persiles*.

---

[6] Resumo aquí algunas ideas de un trabajo anterior (Martín Morán 2008: 173-193).

2

Reivindicación del don nadie. El personaje anónimo en el *Persiles*

El *Persiles*, como buena novela épica, vive en la estimación de los lectores gracias a la potencia del carácter y las acciones de sus protagonistas. Periandro y Auristela son figuras fuertes, con caracterización marcada, deudores de una técnica idealizadora que los hace representantes sin par de la virtud y la belleza, y, tal vez por eso mismo, susceptibles de interpretación alegórica. Al lado de ellos, en un segundo o tercer plano, discretamente arrinconados en la sombra, encontramos a muchos personajes sin nombre que, no obstante su anonimia, llegan a tener, en algunos casos, una importancia capital para la trama; casi no se los distingue a simple vista, pero si los miramos con mayor detenimiento, nos percataremos de que sus funciones en el relato son muchas y distintas, y que su cantidad, calidad y peso varían según la zona de este en que nos hallemos. A dilucidar los motivos de esa variedad y su valor como piedra de toque de la heterogeneidad genérica del *Persiles* dedicaré las próximas páginas.

2.1. Funciones del don nadie

En los personajes anónimos de las obras de Cervantes ya se había fijado Armando Cotarelo Valledor en su *Padrón literario de Miguel de Cervantes* (1948); en el *Persiles*, registra una considerable abundancia de los sin nombre en el cómputo general de los masculinos (87 %: 410 sobre 470) respecto a los femeninos (60 %: 59 sobre 97). Recientemente, ha tratado el tema de los anónimos Ana Luisa Baquero Escudero (2013: 168

y 193), aunque muy de pasada, para subrayar su abundancia y su función primordial de informantes o introductores de una nueva historia. En el *Persiles*, en efecto, suele ser habitual que un personaje sin nombre informe a los demás sobre eventos acaecidos en el pasado o sobre alguna circunstancia del presente o, incluso, sobre otras que están por verificarse. De tal modo, los receptores de la información pueden participar en la acción en igualdad de condiciones con quien ya poseía esa información. Además, la intervención del anónimo puede contribuir a desecar las ciénagas diegéticas del relato iniciado *in medias res*, como, por ejemplo, vemos que hace en su navío pirata, ante el bello escuadrón, el capitán anónimo que había asistido a las gestas neoolímpicas de Periandro en la isla de Policarpo (I, 22-23); su narración informa a los otros tripulantes del barco de las andanzas del ausente, mientras rellena para el lector uno de los huecos del relato. Como se ve, el don nadie de turno —así sea todo un capitán de corsarios, no resulta merecedor de un nombre—, en su ejercicio noticiero, cumple una doble función narrativa, con repercusiones para las relaciones entre los personajes (Auristela, después de oírle, dejará que su amor se contamine de unos celos malsanos) y para el conocimiento de la historia por parte del lector.

Tan importante para la marcha del relato como el capitán de corsarios es el compañero de cautiverio de Sosa Coitiño que Periandro y Auristela encuentran —él asegura que vuelven a encontrar— en Lisboa y que les pone al tanto de cómo fue recibida por la familia del difunto la noticia de su muerte, les lleva a ver el epitafio del simulacro de su tumba y les informa de la muerte de sor Eleonora, al poco de saber de la de su ex-novio (III, 1), con lo que de algún modo obliga a los lectores a modificar el tópico sobre los portugueses: no solo ellos mueren de amor; al parecer, también ellas lo hacen.

Tanto el capitán del navío como el compañero de Sosa Coitiño, con sus relatos, desvían el foco de la narración y también la atención de los personajes desde el presente a un pasado que hacen revertir en la intriga actual, alterando equilibrios y modificando proyectos, tal y como podía hacer la figura del *mensajero* en la tragedia clásica griega (Di Gregorio 1969: 17-20). Como el *ángelos*, también los dos anónimos cervantinos, con sus tiradas informativas, hacen que la diégesis del pasado se imponga sobre la mímesis y el diálogo de la acción del presente; para la tragedia griega esto suponía una «nueva ganancia para la narración, en detrimento de la representación, en la pugna que el teatro griego sostuvo a lo largo de su historia entre su herencia narrativa y las posibilidades de la acción representada» (Brioso Sánchez 2006: 111); para el *Persiles*, añado yo, el relato de los anónimos refuerza el peso de la voz de los personajes sobre la del narrador, a quien conculcan el derecho de palabra, usurpando una de sus funciones primordiales, precisamente la que justifica su existencia: la de la narración. Con todo y con eso, a pesar del paralelo, para mí, evidente entre las funciones del mensajero y las de los anónimos informantes del *Persiles*, habrá que admitir que no es fácil imaginar a Cervantes asimilando sus técnicas literarias directamente de las tragedias de Sófocles o Eurípides; claro que, si tenemos en cuenta que algunos de los recursos dramáticos clásicos sobrevivieron, reelaborados según las exigencias del momento, en la comedia del Siglo de Oro, tal vez podamos aceptar el vínculo —indirecto, eso sí— entre la obra de Cervantes y la de los dramaturgos griegos. Por lo que respecta a la escena prototípica del mensajero de la que estamos tratando, Brioso Sánchez (2006: 112) identifica una reminiscencia de la misma en un recurso propio de la comedia áurea que suele ir bajo la rúbrica de «relaciones» (aquellas para las que Lope en su *Arte nuevo* reclamaba el uso de los romances: «Las relaciones piden los romances, / aunque en octavas lucen por extremo», vv. 309-310), que bien podrían ser el modelo estructural de las dos escenas de informantes anónimos del *Persiles* que acabamos de ver y también de algunas otras que veremos enseguida, análogas a las citadas, aunque con noticias más inmediatas en el tiempo, como la inminente llegada de un barco, el cambio reciente del tiempo climático u otras circunstancias de escasa relevancia para la historia, pero con capacidad para abrir nuevas perspectivas de desarrollo.

2.2. El caso de Antonio «el Bárbaro»

Cuando Antonio Villaseñor, de vuelta a su pueblo (III, 9), se encuentre en la necesidad de informarse acerca de la suerte que había corrido el noble agraviado por él por una palabra de más, el narrador curiosamente no consignará al lector el previsible diálogo con el enésimo personaje anónimo, como había hecho en el caso de la historia de Sosa Coitiño, sino que, por el contrario, rebajará un grado más el nivel de personalización de la información y se contentará con las fórmulas «[Antonio] se había informado», «supo» o «se había averiguado» (III, 9, 513), que ocultan la inevitable fuente humana de los datos tras una niebla impersonal, para lanzarse inmediatamente a una disquisición de media página, en primera persona, sobre la diferencia entre el agravio y la afrenta, al cabo de la cual, concluye que lo que, en principio, había sido considerado como un grave delito de Antonio debía de ser rebajado a poco más que una falta leve. Evidentemente, para el narrador, lo importante del retorno de Antonio a Quintanar de la Orden no era la reconstrucción de la parte de la historia silenciada en las tierras septentrionales, sino exculpar a su personaje del delito de afrenta, ofrecer el testimonio de la concordia entre las familias de los dos implicados en el hecho y preparar así el terreno para la escena culminante del episodio: la entrevista de Antonio con sus ancianos padres, bajo la mentida apariencia de peregrino, para, en un momento de buena intensidad dramática, salir de su transitorio anonimato —él también, en determinadas circunstancias, practica el vicio de la anonimia— y dárseles a conocer como el hijo del que esperan noticias desde hace mucho tiempo.

La historia de Antonio «el Bárbaro» nos proporciona elementos para reflexionar sobre el vínculo entre el nombre y la capacidad diegética de los personajes, en la óptica de una comprensión más profunda de la anonimia actancial. A este respecto, no deja de ser curioso que Antonio no recupere su apellido hasta que no vuelve a su tierra; hasta ese momento había sido solo Antonio; a partir de entonces, el narrador lo incluirá en la estirpe de los Villaseñor, con el patriarca Diego como cabeza visible en todas las acciones que involucren a la familia; y así, por ejemplo, cuando el moribundo conde, huésped de la casa solariega, solicite la mano de Costanza, su benefactora, no será Antonio quien se relacione con el noble en cuanto padre de la moza, sino Diego, el abuelo, epónimo del patronímico que enraíza al bárbaro Antonio en su tierra de origen. La reapropiación del patronímico conlleva, pues, al menos en el caso de Antonio, la neutralización de la vocación a la acción contenida en el nombre de pila, en el que se reúnen los atributos funcionales (soberbio, impulsivo) que lo habían exiliado de su tierra y su apellido. Barthes (2004: 161) sostiene que

> el nombre propio permite a la persona existir fuera de los semas, aunque la suma de ellos la constituya por entero. Desde el momento en que existe un Nombre (aunque sea un pronombre) hacia el que afluir y en el que fijarse, los semas se convierten en predicados, inductores de verdad, y el Nombre se convierte en sujeto. Se puede decir que lo propio del relato no es la acción, sino el personaje como Nombre Propio.

La acción, pues, surge del despliegue de los semas contenidos en el apelativo en la relación del sujeto con el mundo; en cierto sentido, se puede decir, como corolario a esta idea de Barthes, que el nombre garantiza la capacidad funcional del personaje. En el caso de Antonio, esa valencia actancial del nombre, que lo ha llevado al septentrión, lo ha mantenido en vida y le ha permitido formar una familia, parece evidente cuando la contrastamos con lo que le quita a su persona en términos de capacidad funcional la recuperación del apellido, al regresar a Quintanar de la Orden, y someterse a la lógica del terruño y el patriarca. Por el contrario, los ejemplos de los dos anónimos informadores, el capitán de corsarios y el amigo de Sosa Coitiño, parecen sugerir una relación entre anonimia y privación actancial, pues ni el uno ni el otro tienen parte activa en la historia que relatan, lo que vendría a ser como la prueba del nueve de la hipótesis de Barthes sobre la relación entre nombre y acción; pero veremos, al tratar de otro grupo de anónimos, que la carencia del nombre no necesariamente va ligada a la carencia de capacidad de acción, con lo que habremos de desmentir, no la hipótesis de Barthes, sino mi pretensión de demostrar por pasiva su validez; en fin, que la relación entre nombre y acción no implica necesariamente el vínculo entre anonimia y privación actancial.

2.3. Pequeños informadores

La cantidad y la importancia de las informaciones de los personajes anónimos no siempre son del calibre de las que proponen a sus interlocutores el capitán de corsarios, el portugués amigo de Sosa Coitiño o los impersonales paisanos de Antonio; a veces, son informaciones intrascendentes que muy bien hubiera podido consignar el propio narrador; y así, al principio del capítulo I, 11, un anónimo marinero informa a Auristela de que la isla a la que han llegado se llama Golandia, otro de los presentes la dirige hacia el mesón donde asegura que será bien acogida y poco después un anónimo grumete anuncia la llegada de un navío (el de Arnaldo que vuelve a por lo que cree que es suyo: Auristela). Tal concentración de anónimos en un solo capítulo (I, 11) parece adaptarse bien, todo hay que decirlo, al carácter transitorio del mismo: tras la muerte de Rosamunda, el viaje de unos diez días, sin contratiempos —por una vez— y la arribada a una isla, los peregrinos acogen esperanzados el barco de su salvador; como se ve, nada relevante sucede en el capítulo y, por consiguiente, ninguna identidad no requerida por la acción agitará la calma chicha de la historia.

Otro bajel se avecina y otro marinero, desde el hospedaje en que están los peregrinos, amplía el espacio cerrado que los contiene con la información de lo que está sucediendo fuera de él (I, 15), igual que si estuviera sobre un escenario teatral (Díez Borque 1975: 18), usurpando así una de las funciones del narrador, cuya voz comienza a debilitarse al ritmo en que la de los personajes se refuerza —como, por otro lado, sucede ya en el *Quijote* (Martín Morán 2014: 90-92)—; lo mismo hará el huésped del mesón, escrutando el horizonte y metido a meteorólogo entristecido por la inminente partida de tan entrañables clientes (I, 16). Son intervenciones que, a pesar de no tener el alcance y la importancia de las de los dos *mensajeros* de antes, podemos vincular al mismo recurso dramático de las «relaciones», pues, como ellas, ayudan a superar la limitación espacial de la situación presente, haciendo que repercutan en la misma determinadas circunstancias externas, temporales, en el caso de los mensajeros, y espaciales, en el de estas informaciones puntuales. El marinero y el huésped, como el grumete de marras, se transforman en *ángeles* anunciadores de una revolución en el relato, crean expectativas en el lector, mientras enfatizan con la espera la evolución sorprendente de los hechos.

2.4. Evaluadores como corifeo

Colegas de estos anunciadores de novedades deben de ser el anónimo que presenta de modo *oblicuo* —es decir, sin estar el interesado presente— a Rutilio, antes de que este llegue a la isla en la que se han recogido los prisioneros tras el incendio de la isla Bárbara (I, 5); el anciano escudero que anuncia a su ama Ruperta (III, 16) o el acompañante de los Castrucho que introduce a Isabela (III, 19). Este merodeo en torno a un personaje, antes de que este aparezca en persona, cumple una función umbral respecto al episodio próximo y carga el acento sobre determinadas características de los personajes, preparando ya la recepción de los mismos por parte de los protagonistas y el lector. El recurso es usado también en el *Quijote* (Martín

Morán 2014: 92-95) y en la *Galatea* (Martín Morán 2024: 6); su origen, en los trabajos aludidos, me parecía encontrarlo en el teatro.

En los tres anunciadores oblicuos, se coligen tonos y actitudes que podrían recordar la actuación del corifeo en la tragedia griega, cuando comienzan a evaluar la actuación de los personajes en el episodio que se avecina, construyendo un marco interpretativo en torno a ella según los parámetros de la comunidad oyente, sin anticipar su desarrollo o enjuiciar la actitud de los personajes, tal y como podían hacer, precisamente, el corifeo y el coro en la tragedia griega (Schiller 1860: 347-352; Leopardi 2002: 328-331; Vernant 1976: 3-7; Barthes 1986: 73). Rutilio, según su anónimo presentador, es un bárbaro que habla italiano y se preocupa por el futuro de los prisioneros; Ruperta, en los ojos de su escudero, es una viuda enamorada, vengativa y un tanto necrófila (para definir esas características ha tenido que contarnos la primera parte de su historia); Isabela Castrucho, según su acompañante, va triste y forzada a casarse con quien no ama.

Del mismo tenor son las intervenciones del anónimo que evalúa con Antonio las consecuencias del tratamiento que este acaba de dar a «don Fulano» (I, 5) —y aquí estamos ante un curioso caso de anonimia por aparente eufemismo mental del narrador—, del lobo español que sopesa para Antonio las consecuencias de quedarse en la isla de los licántropos (I, 5) o del pescador que prevé el acto de liberalidad de Periandro para con Sulpicia según el modelo de lo hecho con Leopoldio (I, 14).

2.5. Tipismo o sátira de costumbres

Dentro de la categoría de los anónimos informantes deberíamos reservar un apartado especial para los que presentan a los protagonistas las excelencias de un territorio o una ciudad, cual si de verdaderos guías turísticos se tratara, como hace la peregrina de Talavera cuando les proyecta un itinerario devocional-turístico por la España meridional (III, 6) o el anónimo milanés que les informa sobre la Academia de los Entronados y sobre el tema del día (¿puede haber amor sin celos?), lo que origina una discusión entre los viajeros (III, 19). A veces, los informadores de esta subcategoría parecen dejarse llevar por la tentación del tipismo y la sátira de costumbres, según el modelo inaugurado por la peregrina de Talavera cuando evoca los peligros de la corte para las mujeres bellas —no era ciertamente su caso—, donde abundan los enamoradizos «pequeños, que [tienen] fama de ser hijos de grandes» (III, 8, 510); y que siguen después el alcalde que denuncia el caso de los falsos cautivos y falsos peregrinos (III, 10); uno de los verdaderos estudiantes y falsos cautivos, el cual, desagradecido, critica la connivencia entre delincuentes y ministros de la justicia (III, 11); y el escudero de Ruperta, que, tras la feliz resolución del caso de su señora, murmura de ella y de reflejo de todas las mujeres, pues son, en su opinión, fáciles y antojadizas (III, 17).

Esta deriva hacia el pintoresquismo y la sátira de costumbres que apreciamos en las informaciones de algunos personajes anónimos termina por trasladarse a la caracterización de algunos de ellos, como el poeta itinerante de la compañía de comedias, iluso y enamoradizo (III, 2); el escribano corrupto que pretende esquilmar a Ricla (III, 4); los estudiantes defraudadores de la buena fe de los aldeanos (III, 10); los alcaldes del pueblo representantes de la astucia cazurra (III, 10); los moriscos divididos en traidores y fieles al rey (III, 11); la judía hechicera por etnia y por interés (IV, 10). Claro que este tratamiento de los personajes anónimos en la parte meridional de la obra corre parejas con el que reciben algunos personajes con nombre, como Luisa, la moza de mesón deshonesta y fácil, como todas las de su gremio (III, 6); Pedro Cobeño, su hija Cobeña y Tozuelo, paradigmas del saber y la ignorancia rústicos (III, 8); Rafala y el jadraque Jarife, únicos moriscos respetuosos de las leyes, porque todos los demás están pintados como ladrones, traidores y apóstatas (III, 11); Zabulón y Abiud, los judíos de Roma encasillados en un estereotipo cultural muy marcado (IV,

3; IV, 6-8); Hipólita, la cortesana refinada y malévola (IV, 7); y Pirro el Calabrés, violento como todos los de esa región (IV, 7 y IV, 13).

Se habrá notado que la visión costumbrista de los personajes, tanto los anónimos como los que tienen nombre, se encuentra solo en la parte meridional de la historia y, en especial, en el libro III, en los capítulos dedicados a España. Tal cambio de actitud en la caracterización de los personajes, de algunos de ellos, habría que atribuirlo, en último análisis, a una diferente concepción del relato y sus componentes, el espacio y el tiempo, y con ellos la construcción de los personajes y sus relaciones, en los dos últimos libros de la obra respecto a los dos primeros; obedecería, en fin de cuentas, al doble patrón genérico que Cervantes habría usado en las dos mitades del libro y que ya he identificado en el capítulo anterior, siguiendo la clasificación de los géneros de Bajtín (1990: 200-203), como *novela de aventuras o de pruebas* para la primera y *novela de vagabundeo o de peregrinación* para la segunda, con un foco de atención preponderante en la primera sobre el exotismo geográfico del mundo ajeno, y sobre el exotismo social y el costumbrismo del mundo propio, en la segunda. Habría aún otros aspectos del tratamiento de la anonimia en el *Persiles* que nos llevarían a sostener esta tesis; para verlos, tenemos que abrir el cajón correspondiente a otra categoría de personajes anónimos: los que desempeñan funciones estructuralmente relevantes para el relato, ya sea porque causan una peripecia en el mismo, ya sea porque introducen una historia secundaria de la que, a menudo, son incluso protagonistas.

2.6. Causantes de peripecia

En sus correrías por el vasto archipiélago nórdico, el bello escuadrón se encuentra a distancia de un capítulo sin barco y de nuevo con él, merced a la intervención de dos diferentes parejas de anónimos. Dos marineros barrenan el barco de Arnaldo con la intención de sacar partido de la desgracia que provocan, satisfaciendo su deseo de gozar de Transila y Auristela (I, 19). Las bajas pasiones de dos anónimos ocasionan una peripecia en la acción muy en la línea, hay que decirlo, con el código de la novela barroca de aventuras, donde suelen ser habituales los naufragios que causan males a primera vista irreparables. En el capítulo siguiente, a salvo en una isla, el grupo de mujeres, y Antonio el hijo y Mauricio, ven descender del esquife que se ha separado del bajel recién llegado a dos jóvenes y una mujer moribunda (I, 20); los dos mancebos solicitan educadamente a la concurrencia que no se entrometa en el duelo que van a presenciar y, acto seguido, se matan entre sí por amor de Taurisa, la moribunda doncella de Auristela. La doble peripecia (pérdida de la nave y separación del grupo, y final de la historia de Taurisa y readquisición de un barco) ha sido provocada por la acción de dos parejas de anónimos de las que antes no sabíamos nada y de las que nada sabremos después, visto que los cuatro fallecen en la acción. Al sacrificio de los anónimos corresponde un beneficio en términos de revolución diegética para el relato.

Y no de sacrificio en bien del relato, sino de intervención providencial que ocasiona una revolución diegética podremos hablar para el anónimo anciano que, explicando el caso del barco volcado en Génova, pide que se barrene la quilla del de Auristela y compañía salvándoles así la vida (II, 2); el anónimo embajador del rey Cratilo que propone la liberación de los hielos del barco de Periandro y los corsarios virtuosos, a cambio de una compensación económica (II, 18); el mancebo herido por la espalda, cuya muerte causa no pocos problemas con la justicia al bello escuadrón (III, 4); el anónimo huésped que, aduciendo la carta exculpatoria del muerto, exonera a los protagonistas de esos mismos problemas (III, 4); o el correo español que entrega la carta de Bartolomé a Antonio el hijo, permitiendo así la liberación de la cárcel de aquel por este (IV, 5).

La anonimia de los intervinientes, la ausencia de una trayectoria vital mínima, así como de una individualización descriptiva, su intervención puntual en el relato para provocar una revolución del mismo, hace que podamos considerarlos como *personajes técnicos* en el sentido que da al adjetivo Bajtín (1989: 243-244), cuando explica la diferente constitución del cronotopo de la novela de aventuras, en el que el tiempo no tiene una duración que pueda afectar a la vida de los personajes, pues no se presenta en su dimensión biológica o durativa, sino que sirve solo de marco para sus acciones; del mismo modo, estos personajes anónimos del *Persiles* carecen de duración biológica, de caracterización, intervienen solo en un momento preciso y solo sirven para provocar una revolución en la acción. En realidad, no veo motivos para restringir la etiqueta al grupo de los personajes causantes de peripecias, dado que el mismo uso *técnico* del personaje es el reservado para los informantes, los evaluadores al modo del corifeo, los presentadores oblicuos o los que ceden a la tentación del costumbrismo; en todos los casos, el personaje sin nombre carece de pasado y de futuro, y cumple una función puntual útil para esa específica situación del relato.

2.7. Protagonistas de trama secundaria

Al hablar de los informadores, vimos que algunos de los personajes anónimos introducían historias secundarias o continuaciones de algunas ya relatadas, como la de Sosa Coitiño por boca de su compañero de prisión (III, 1); entre las nuevas, destaca la de Ruperta, narrada brevemente por su escudero (III, 16), y la de Isabela Castrucho, introducida primero por uno de sus acompañantes (III, 19) y luego por la huéspeda de su mesón (III, 20). También tenemos, y es tal vez más relevante, a personajes anónimos que se erigen en protagonistas de su propia historia, sin que esto les reporte la pérdida del anonimato; y así, no conseguirán el honor de un nombre los falsos cautivos (III, 10), el padre que se juega a los dados la vida en galeras a cambio de dinero para su familia (III, 13) y solo *in extremis* lo logrará el mancebo muerto a traición, merced a la firma en la declaración escrita que ha dejado en manos de su último huésped (III, 4).

En una escala menor de importancia para el relato, tampoco conseguirán dejar su nombre en la historia los protagonistas de los episodios de tono sentencioso, centrados en la enunciación de aforismos, adivinanzas, apotegmas o actos de desagravio poético, como el del anónimo compositor del soneto a la ciudad de Roma (IV, 3). La zagala valenciana que emerge de improviso de un bosque cercano y pide la resolución de un enigma a los sorprendidos viandantes (III, 12), el inaudito recolector de aforismos (IV, 1) y el citado poeta desagraviador parecerían solicitar mayor espacio para desarrollar las capacidades narrativas que sus extravagantes aficiones encierran; de tal modo, tal vez, habrían alcanzado la gloria del nombre individualizador, sin tener que dar la vida para conseguirlo, como Diego de Parraces, el mancebo que, de muerto, hurta el bulto al anonimato con el papel firmado. El poeta, en efecto, demuestra con sus acciones que en él se encierra una potencialidad narrativa, cuando vuelve a aparecer en la visita a las siete iglesias de Periandro (IV, 6), para contarle su descubrimiento casual de la galería de los poetas futuros. La capacidad actancial inexpresa de estos protagonistas sin nombre en tono menor y también, lógicamente, la explícita de los anónimos que consiguen imponer su vicisitud en el relato los alejan de la condición de personaje técnico de los informadores o los causantes de peripecia; de estos últimos los distingue una voluntad de acción que los sitúa al margen de la historia principal y que es la que impide que puedan ser utilizados por el narrador para apuntalar mejor el edificio de las aventuras de Periandro y Auristela. Tal vez, si en los libros III y IV Cervantes no hubiera cambiado su modo de interpolar historias (Romero Muñoz 1968: 41-54; Martín Morán 2008: 184; Baquero Escudero 2013: 148-173; Muñoz Sánchez 2015: 56-66), estos personajes anónimos con potencialidades diegéticas habrían encontrado espacio para sus historias y satisfacción para sus hipotéticas aspiraciones de protagonismo nominal. El nuevo rumbo seguido por el autor a la hora de conjugar unidad y variedad reduce las historias interpoladas a su mínima expresión, como ya sucedía en el *Quijote*, e impone que los protagonistas de la principal participen en ellas al menos como espectadores, lo que, de reflejo, a los protagonistas potenciales de las mismas les reduce mucho las posibilidades de hallar espacio para su anónima vivencia en el tejido unitario del relato.

2.8. Dinámica de la distancia y de la cercanía

En las historias interpoladas de la primera parte del *Persiles*, la *zona de anonimia* comenzaba en los personajes secundarios y abrazaba incluso a un buen número de deuteragonistas; de ahí que nos quedáramos sin saber el nombre del noble agraviado por Antonio (I, 5-6), el de la joven seducida por Rutilio (I, 8-9) o el de las dos mujeres de Leopoldio (II, 13); en las historias interpoladas del libro III —en el IV, como se recordará, no hay—, en cambio, los nombres de los deuteragonistas son revelados puntualmente por el narrador: Rosanio se llama el marido de Feliciana (III, 4); Cobeña, la novia de Tozuelo (III, 10); Rafala y Jarife, los moriscos buenos (III, 11); Contarino de Arbolánchez, el prometido de Ambrosia Agustina (III, 12); Rubertino, el abusador de Feliz Flora (III, 13); Domicio, el marido de Claricia (III, 15); Lamberto de Escocia y Claudino Rubicón, el marido de Ruperta y su asesino (III, 16); y Andrea Marulo, el enamorado de Isabela Castrucho (III, 20). Tal vez la dinámica de la distancia, que en la primera parte aleja los hechos contados por los narradores secundarios en un pasado de otro ciclo vital, haya imposibilitado la definición nominal de los coadyuvantes y los opositores; de hecho las pocas historias de la primera parte en las que esos nombres se consignan son las que se concluyen en el tiempo presente de los protagonistas, como la de Sosa Coitiño y su amada Eleonora (I, 10), cuya tumba simbólica visitarán Periandro y Auristela en Lisboa (III, 1); la de Transila, que será rescatada de su compulsión a la fuga por su marido Ladislao (I, 13); la de Sulpicia, cuyo reino visitará Periandro en memoria de su difunto esposo Lampidio (II, 14 y 18); y la de Renato y

Eusebia, felizmente castos en sus ermitas cuando cuentan su historia al bello escuadrón (II, 19 y 21).

En el libro III, todas las historias tienen una prolongación en el momento presente de la historia principal o se desarrollan por entero en paralelo a ella; incluso la de Ortel Banedre (III, 6, 7 y 16; IV, 5), que en puridad habría que situar en el tiempo pasado, tiene en su relación con Luisa un apéndice contemporáneo a la de los peregrinos a Roma. La dinámica de la distancia no tiene, pues, jurisdicción sobre la materia narrativa del libro III, aunque sí la tiene su contraria, la dinámica de la cercanía, que impone un intento de registro de la vida del mundo cotidiano, del mundo propio; de ahí el costumbrismo de algunas tramas del que hablaba hace un momento, que puede ser, por cierto, el elemento que extienda el velo de la anonimia incluso a los protagonistas de algunas de esas historias secundarias, presentados como personajes arquetípicos, dignos de un entremés, embozados tras el sustantivo de una profesión, con las capacidades de acción propias de ella, como la feísima peregrina antigua que más que por devoción parece que se mueva por turismo (III, 6); los estudiantes que se hacen pasar por cautivos (III, 10); los alcaldes que desmontan su enredo (III, 11) o el escudero murmurador (III, 17).

2.9. Conclusión. Dos géneros diferentes

Este rápido análisis de los personajes anónimos del *Persiles* ha puesto de manifiesto que su gama de funciones es más amplia de lo que en principio se hubiera podido pensar y que, además de informar, reconstruyen las zonas del relato obliteradas por el inicio *in medias res*, como hacían los *mensajeros* de la tragedia griega; narran circunstancias del presente que solo ellos pueden ver, como el narrador de relaciones del teatro áureo; evalúan la capacidad de acción y crean expectativas sobre el comportamiento del personaje que presentan a otro, como si de un corifeo trágico se tratara; provocan peripecias en el relato principal; y llegan a protagonizar sus propias historias.

El abanico de funciones cubierto por la *zona de anonimia* es, además de mayor de lo esperado, de composición y calidad diferentes según la parte del libro en que intervenga. Lo que he llamado *zona de anonimia* se extiende en el norte hasta los deuteragonistas, mientras que en el sur los deja sin su égida; se propaga, en cambio, en el sur a los protagonistas de algunas historias secundarias. En esta doble diferenciación de la anonimia sureña respecto a la nórdica podemos ver un doble efecto de la dinámica de la cercanía; la dinámica de la distancia deja sin nombre a los compañeros de los protagonistas en la primera parte, mientras que la necesidad de representar el mundo cotidiano, el mundo propio, en la segunda, les devuelve el nombre; simultáneamente esa misma dinámica de la cercanía suele exigir la caracterización pintoresquista del anónimo protagonista en algunas historias secundarias. Se asiste en los libros III y IV a una impregnación costumbrista de todos los personajes, los que tienen y los que no tienen nombre, que habría que enmarcar en el cuadro más general de la transformación del modelo narrativo en esta segunda parte: de novela de aventuras que era en la primera, con una atención especial por el exotismo geográfico del mundo ajeno, a novela de vagabundeo o de peregrinación, en la segunda, con el énfasis puesto en el exotismo social del mundo conocido.

Un efecto secundario de la emergencia de los anónimos protagonistas en la segunda parte es la casi desaparición de Periandro y Auristela del foco central de la acción narrativa; y así, de líderes absolutos de la aventura de la primera parte, se transforman, en esta segunda, en receptores de informaciones de historias viejas (Sosa Coitiño, Ortel Banedre, Ruperta), peculiaridades del territorio que atraviesan (la peregrina antigua, la Academia de los Entronados), poemas, aforismos, enigmas; o en espectadores de algunas historias nuevas (Feliciana, falsos cautivos, moriscos, Ambrosia Agustina, jugador de la propia libertad, Ruperta, Isabela Castrucho). En contadas ocasiones, el narrador les reserva papeles marginales en esas historias nuevas, como el de Antonio que libera a Félix Flora de sus captores (III, 15) o el de Periandro que hace lo propio con Claricia (III, 15); lo habitual es que haga de ellos el objeto del deseo de los demás, y así, Auristela será amada por todos los vivientes, sin importar el sexo, y Periandro lo será por la cortesana Hipólita; esa reificación de los protagonistas los llevará a sufrir los efectos de las acciones ajenas y a estar más de una vez al borde la muerte, tanto el uno como la otra, como consecuencia de las pasiones insatisfechas de sus criminales enamorados. En fin, en esta segunda parte los protagonistas parecen encarnar a la perfección el arquetipo del héroe observador, identificado por Bajtín (1989: 200) como característico de la novela de vagabundeo o de peregrinación de la antigüedad grecolatina; un protagonista de relato que vive fuera de la existencia corriente, que se pasea por el mundo como conciencia atenta al existir ajeno y que Bajtín ve como el antecedente del protagonista de la picaresca, una de las formas de la novela de peregrinación.

La importancia de los anónimos es también diferente en las dos partes del libro, en correspondencia, cómo no, de la transformación del modelo narrativo. La acción contenida en los múltiples relatos de la zona septentrional es una acción trepidante, como corresponde a la novela de aventuras, con una concepción *técnica* del tiempo y el espacio, y unos personajes que son poco más que vectores de acción. Los personajes anónimos siempre actúan como coadyuvantes de la trama en la que están insertos, informan de las circunstancias del lugar en que se encuentra el protagonista, de la llegada de algún personaje, de la condición e identidad de otro y provocan peripecias parciales en la acción principal, con resoluciones de situaciones engorrosas y complicadas; son, en definitiva, personajes técnicos, sin desarrollo psicológico y tanto menos biográfico. Los anónimos de la segunda parte, en cambio, suelen ser portadores de nuevas tramas secundarias, ya sea como presentadores de la acción, sin participación directa, ya sea como protagonistas de las mismas. La dimensión técnica del personaje anónimo queda, pues, muy reducida respecto a la primera parte —únicamente los introductores de historias ajenas lo serían—, al quedar los protagonistas muy marcados por el proceso de tipización del que hablaba antes, como vemos que sucede con la peregrina talaverana, los estudiantes falsos cautivos, los moriscos, etc. Podríamos decir que, como tónica general, los anónimos de la primera parte trabajan para reducir a unidad la variedad del relato, mientras que los de la segunda se erigen en garantes de la variedad a expensas de la unidad; los de la primera ayudan a construir la gran aventura troncal de la novela de pruebas, o de aventuras, de Periandro y Auristela, mientras que los de la segunda aseguran la visión caleidoscópica del mundo propio de la novela de vagabundeo o de peregrinación.

3

El personaje colectivo en los tres *Quijotes*

Estamos tan acostumbrados a pensar en la trama de las novelas como el fruto de las acciones de una serie de personajes individuales, que raramente reparamos en la nube de personajes colectivos que la acompaña, con funciones y atribuciones de relevancia variable para el relato. En nuestro descargo, habrá que decir que no suele ser habitual encontrar personajes múltiples con papel activo, o incluso pasivo, en narrativa, o por lo menos, no lo suele ser antes del siglo XIX, aunque habrá que esperar hasta los años treinta del siglo XX para verlo alcanzar su mayor grado de protagonismo, en la «novela histórica populista» (Gil Casado 1987), o sea, el género que cuenta la toma de conciencia de las masas socialistas y anarquistas, una suerte de épica de aquel hombre masa tan denostado por Ortega y Gasset (1966: 143-145). Tomando como punto de partida este que es el punto de llegada más alto alcanzado por la multitud en la narrativa, rastrearemos brevemente su camino hacia atrás, hasta llegar a principios del siglo XVII, para comprender la aportación de Cervantes y Avellaneda a esta historia de redención colectiva.

3.1. Brevísima historia de la masa

El «siglo de las muchedumbres» por excelencia es, sin embargo, el siglo XIX (Bonet 1983: 112), con la emigración masiva de la población rural hacia los núcleos de producción industrial, en busca de mejores condiciones de vida. Los escritores que sienten la urgencia de representar las nuevas formas de la vida urbana y sus ritmos no pueden por menos de asignar un lugar en sus novelas a la multitud; ello es perceptible, sobre todo, a partir del afianzamiento de la tendencia naturalista (Bonet

1983: 112), pero ya antes, desde mediados de la centuria, cuando las masas asumen el protagonismo de la vida pública en Europa con sucesivas revueltas sociales, la narrativa realista ha comenzado a representarlas como telón de fondo o como referente último de personajes emblemáticos. Y si remontamos aún la vista hasta el segundo tercio del siglo, la novela histórica romántica suele atribuir un papel activo a las masas, así sea secundario, a rebufo de la revolución francesa y sus consecuencias para la cultura europea. Con razón Benjamin (1972: 135), en el ensayo en que indaga la persistencia de algunos temas en la obra de Baudelaire, entre ellos el de la masa y su relación con el individuo, sostenía que «ningún tema ha alcanzado más atribuciones cara a los literatos del siglo xix» que el de la multitud.

La multiforme afirmación de la masa en la narrativa del xix, primero como protagonista de la historia y luego como sinécdoque del individuo y fondo necesario de sus acciones, ha sido posible gracias a la constitución del espacio público que, según Habermas (1999: 51-64), se venía formando desde mediados del siglo xvii en casi toda la Europa occidental; la pretensión de las boyantes burguesías alemana, francesa e inglesa de imponer en la esfera pública los hábitos privados de discusión sobre los aspectos ligados a su condición de propietarios de bienes o simplemente sobre la actualidad política, económica o cultural propició el nacimiento de lo que hoy conocemos como opinión pública.

Y ya de regreso al Siglo de Oro, en ámbito hispánico, hay quien, en la estela de Maravall (1975), ve un primer rudimento de opinión pública en la figura de ese vulgo al que la autoridad social quiere encanalar en los cauces de la ortodoxia por medio del fenomenal órgano de propaganda del teatro (Egginton 2007: 99-100).

No será necesario aclarar que, en ninguno de los tres *Quijotes* en los que vamos a rastrear las huellas del personaje colectivo, este adoptará el semblante del vulgo; nada que no sea habitual en los textos áureos, en los que el vulgo es poco más que un ectoplasma sin cuerpo narrativo o dramático que solo se materializa en los paratextos o en la preceptiva literaria. Lo que, sin embargo, sí convendrá anotar es que el personaje colectivo tiene, por lo común, un papel activo en las tres novelas que vamos a considerar, a diferencia de lo que suele suceder con la muchedumbre de la novela decimonónica, donde por lo general no se separa del fondo de las acciones y movimientos de los personajes. La multitud de Avellaneda y Cervantes se diría, pues, más emparentada con el personaje colectivo del teatro áureo, aunque con la diferencia de que, en ambos, el grupo cumple, a lo sumo, el papel de deuteragonista, mientras que el teatro contemporáneo llega incluso a recortarle el de protagonista, como en la *Numancia* de Cervantes o la *Fuenteovejuna* de Lope, con dos modelos posibles: el del grupo en formación, en un proceso lento de toma de conciencia, de la tragicomedia lopesca (Kirschner 1978: 83-85; Gómez-Moriana 2000: 71) y el del grupo ya constituido, de la tragedia cervantina (Rey Hazas 1992: 72); curiosamente los personajes colectivos del *Quijote* de Cervantes suelen ser presentados en su proceso de constitución, según el modelo lopesco, mientras los de Avellaneda parecen atenerse más al monolitismo del modelo cervantino.

En los tres *Quijotes*, el personaje colectivo interviene a menudo como interlocutor, pacífico o violento, de los personajes principales, con funciones que varían mucho según el tipo de episodio y, por supuesto, el autor. A veces, son poco más que espectadores que asisten a la *performance* del protagonista con una participación limitada en la misma; otras veces, expresan su parecer en torno a lo que han visto u oído; otras aún, descomponen la unidad colectiva que habían formado en varias individualidades que se conceden un momento de gloria manifestando su posición respecto a los temas y hechos de la trama. En las páginas que siguen, abordaré el estudio y la comparación de las diferentes intervenciones de los personajes colectivos de los tres *Quijotes*, para tratar de comprobar de qué modo estas líneas maestras se realizan en los tres textos y si nos pueden ayudar a comprender un poco mejor la distancia que separa la concepción cervantina de la novela de la concepción de Avellaneda.

3.2. Colectivo dividido en Avellaneda y Cervantes

En el *Quijote* de Avellaneda, en alguno de los muchos momentos de confrontación entre el protagonista loco y su antagonista colectivo, puede suceder que este último llegue incluso a tomar la palabra; en la cita que sigue, escuchamos a dos grupos diferentes con sus respectivas voces en el mismo episodio, el del reto de don Quijote a toda la ciudad de Zaragoza, culpable de no haber esperado su llegada para celebrar las famosas justas:

> Unos decían:
> —¡Voto a tal que este hombre se ha vuelto loco y que es lunático!
> Otros:
> —No, sino que es algún grandísimo bellaco; y a fe que si le coge la justicia, que se le ha de acordar para todos los días de su vida (VIII, 318).[7]

Sorprende constatar tanta unanimidad en la expresión de estas opiniones que se puede transcribir con frases concretas y que, de tomarlas al pie de la letra, deberíamos imaginar que han sido pronunciadas al unísono, por los integrantes de cada grupo. La voz anónima colectiva es más bien rara en narrativa, pero se escucha a menudo en el teatro áureo (Kirschner 1994: 159-160); habida cuenta de la teatralidad de otros aspectos técnicos del *Quijote* de Avellaneda —por ejemplo, el uso del diálogo o la composición de los episodios (Martín Morán 2016b: 92 y para una visión más amplia, Gómez Canseco 2006)—, no nos costará gran esfuerzo aceptar la hipótesis de que el tratamiento del personaje «todos» en Avellaneda podría provenir de la comedia; por otro lado, como se recordará, es el propio apócrifo

---

[7] De ahora en adelante, con los números romanos y arábigos entre paréntesis haré referencia a la edición del *Quijote* de Avellaneda de Luis Gómez Canseco (2000).

el que declara el parentesco teatral de su historia en el prólogo de la misma: «Como casi es comedia toda la historia de don Quijote de la Mancha, no puede ni debe ir sin prólogo» (195).

La segunda constatación atañe a la división del colectivo en dos posiciones dialécticamente encontradas; o mejor, aparentemente encontradas, pues, leídas con mayor atención, salta a la vista que son complementarias, si no, incluso, sinonímicas: denuesto del retador e invocación de la justicia. Si lo que Avellaneda pretendía era fijar las personalidades de los dos *hemicolectivos* en una formulación dialéctica contrapuesta, tal vez para hacer de ellos sendos agentes del episodio que comienza, no parece que lo consiguiera; claro que lo más probable es que simplemente se propusiera hacer un poco más dinámica la reacción de la masa espectadora, dado que en la acción sucesiva adoptarán posiciones análogas y coincidentes. No obstante, no deja de sorprender al lector el doble proceso de personalización e individuación de un colectivo, y la atribución al mismo de una unanimidad de pensamiento, así se la presente escindida.

En el libro de Avellaneda, don Quijote se las tiene que ver a menudo con grupos más o menos amplios —lo decía más arriba—, que suelen ser presentados, como este del reto, divididos en su seno, aunque no siempre —en realidad, casi nunca— el narrador les permita expresarse en estilo directo; es más habitual la división de opiniones en el seno del colectivo por corrientes de pensamiento inexpresas, como, por otro lado, sucede también en el *Quijote* de Cervantes. He aquí un ejemplo extraído del episodio del baciyelmo, cuando un pequeño grupo de personajes informados trata de convencer al barbero propietario de la bacía y a los demás ignorantes del caso de que tras la apariencia de adminículo barberil bien podría ocultarse todo un glorioso yelmo:

> Para aquellos que la tenían [noticia] del humor de don Quijote, era todo esto materia de grandísima risa; pero, para los que le ignoraban, les parecía el mayor disparate del mundo, especialmente a los cuatro criados de don Luis, y a don Luis

ni más ni menos, y a otros tres pasajeros que acaso habían llegado a la venta, que tenían parecer de ser cuadrilleros, como, en efeto, lo eran. Pero el que más se desesperaba era el barbero, cuya bacía, allí delante de sus ojos, se le había vuelto en yelmo de Mambrino, y cuya albarda pensaba sin duda alguna que se le había de volver en jaez rico de caballo (I, 45).[8]

Tanto Avellaneda como Cervantes escrutan en el interior del colectivo en busca de las diferentes reacciones ante un acto rompedor. El primero usa la estratagema para enumerar los varios componentes de la recepción de los testigos; ninguno de los individuos subsumidos en el grupo saca la cabeza por encima de los demás y se identifica con nombre o profesión; al narrador no le interesa trasladar una vivencia individualizada y no va a conectar el episodio con ninguna vicisitud personal, porque la única línea argumental de su relato es la generada por los desmanes del loco andante; se diría que, a lo sumo, lo que le interesa es orientar la recepción del episodio, sugiriendo al lector una única clave interpretativa. Cervantes, por su parte, en la presentación del grupo de parroquianos de Palomeque, primero ofrece una impresión general y luego detalla los particulares, con un movimiento de síntesis–análisis que a Hempel (1982: 574) le recuerda los procedimientos del retrato individual; y así, el alcalaíno, después de haber generalizado las reacciones de los individuos del grupo en dos posibles modalidades (abandonarse a la risa o considerar todo un disparate), identifica a dos subgrupos por la profesión —cuatro criados y tres cuadrilleros— y a dos personajes individuales: don Luis, el único de entre los cultos que no ha entendido la burla (acaba de llegar a la venta; denle tiempo), y el barbero anónimo, sin nombre porque ha de representar a la categoría arquetípica de los entremeses —género del que el autor pudiera haber tomado

---

[8] He utilizado la edición *online* del *Quijote* del Instituto Cervantes, dirigida por Francisco Rico, http://cvc.cervantes.es/literatura/clasicos/quijote/.

el modelo para el episodio—, que ve cómo se conculcan públicamente sus derechos de propiedad sobre las herramientas de trabajo. Los cuadrilleros van a tener un papel fundamental en el desarrollo de la situación, con su intento de prender a don Quijote, así como don Luis y sus criados, muy pendientes los unos del otro y viceversa en vista de una nueva hipotética huida. De modo que el colectivo opinante de Cervantes, al menos la almendra del mismo, queda configurado por actantes de una situación en devenir, individualizados ya desde su primera aparición con un oficio o un nombre; de alguno de ellos, como el susodicho barbero, el narrador nos transmite incluso la experiencia íntima, la alteración de su equilibrio interno por lo que los demás le obligan a vivir.

Así pues, en situaciones análogas (despropósitos de don Quijote, de acción o de palabra, ante un grupo de personajes) y con estrategias narrativas parecidas (división de opiniones en el colectivo espectador), el uno, Avellaneda, usa al grupo para subrayar la dimensión espectacular del episodio, su interpretación y su mensaje, y para construir un vínculo de complicidad con el lector; mientras el otro, Cervantes, convierte en actantes a los espectadores para integrar la situación en una articulación narrativa superior, al desplazar el acento hacia sus respectivas vivencias individuales. Avellaneda le niega al episodio otras posibles lecturas, al recalcar la unanimidad de exégesis de los dos *hemigrupos* y el lector en contra de don Quijote; Cervantes, después de haberlo planteado inicialmente en términos parecidos con la irrupción del «sobrebarbero» en la venta reclamando sus posesiones, hace virar la situación por la improvisación de uno de los personajes —el barbero, con la complicidad de su amigo el cura—, transformando lo que podía haber sido una chanza excluyente, con el protagonista como chivo expiatorio, en un momento de inclusión del mismo en la comunidad —eso sí, a expensas del legítimo propietario del adminículo barberil—. En cierto sentido, podríamos decir que Cervantes adelanta aquí las claves del proceso de *quijotización del mundo* que veremos aplicado en toda su extensión en la continuación de 1615, cuando un buen número de los personajes que encuentre la pareja andante les propondrá una deformación caballeresca de la realidad, haciendo innecesaria la intervención de don Quijote para fundar la aventura.

3.3. El baciyelmo y la antinomia masa / público

Como vemos, la concepción del personaje colectivo es diferente en los dos autores por su constitución —uniforme en Avellaneda y variopinta en Cervantes— y, sobre todo, por su dinámica interna, que para el apócrifo es sustancialmente inexistente, mientras que para Cervantes es la clave semántica y estructural del episodio, además del vínculo de unión con el resto del relato; gracias a ella, el episodio quedará inserto en macroestructuras narrativas superiores, como pueden ser la persecución de don Quijote por los cuadrilleros, tras la liberación de los galeotes, o la de don Luis por los criados de sus padres.

Otra consecuencia de la estrategia cervantina es que el foco de atención se desplaza desde las locuras de don Quijote al potencial dramático intrínseco del episodio, con lo que el mismo deja de ser simplemente una burla en su daño, para transformarse en algo más complejo y estructurado. Para activar ese potencial dramático, el narrador enfrenta a los personajes con un objeto sobre cuya apariencia nadie duda —no hay posible desacuerdo sobre la conformación y la materialidad del objeto que ven y tocan— y los pone a discutir sobre su esencia; en seguida se dividen en dos grupos, por un lado el de los *baciístas* y por el otro el de los *yelmistas* y sus aliados los *baciyelmistas*; a tanto llega la diatriba que don Fernando, para solventarla sin violencia, ha de recoger los votos de cada uno. Esta dicotomía entre apariencia y esencia de la bacía podría corresponder a la distinción entre *ser* y *valor* que Park (1996), exponente británico de la fertilísima naciente psicología social de principios del siglo xx, identifica en la base del nacimiento del *público*, una variedad de las agrupaciones sociales diferente de la *masa*, porque sus constituyentes, contrariamente al *hombre masa*, no necesariamente han de estar en el mismo lugar y tiempo, y, sobre todo, no se han de despojar de su capacidad de discernimiento para formar parte de él. Park retoma aquí la distinción entre *masa* y *público* de Tarde (1904), con el objetivo de indagar los mecanismos de constitución de este último (Nocera 2008) y, antes que nada, su campo de intervención; afirma Park (1996: 407) que el público puede dividirse en la expresión de su juicio sobre el *valor* de un objeto (en la venta de Palomeque, la esencia del apero rapista) si, y solo si, los individuos concuerdan sobre el *ser* del mismo (la apariencia, en nuestro ejemplo). Volviendo a la Mancha de Cervantes y a la Zaragoza de Avellaneda, vemos que, para el apócrifo, el grupo antagonista de don Quijote está compuesto por *hombres masa* sin individualizar, que han renunciado a su capacidad de juicio personal; mientras que Cervantes aprovecha la posibilidad que le ofrece ese minúsculo juego de opinión pública en torno a un objeto de uso cotidiano para proponer una escena mucho más compleja y articulada. Avellaneda, en el tratamiento del personaje colectivo, no se aleja mucho de la imagen del vulgo compuesto de «necicuerdos» de Gracián (2001: 165-166) —como veremos más adelante—, o de la idea de *masa* que a finales del XIX propagará Le Bon y luego Freud en 1921 (1978); mientras que Cervantes pone en juego los mecanismos internos del *público*, anticipando, en cierto sentido, las ideas de Tarde y Park sobre el tema.

3.4. La *norma emergente* del personaje colectivo

En la venta de Palomeque, en torno al caso del baciyelmo, se ha formado un colectivo circunstancial, el de los falsificadores de la realidad, con un objetivo común: inculcar en la mente de los desapercibidos, el otro colectivo, una rotunda mentira. El primer grupo se ha constituido a partir de una toma de posición ambigua sobre el problema de la ontología de la bacía por parte del primer barbero; el cura, que ha entendido la intención de su compinche, lo sigue en la burla y tras él los compañeros de Sierra Morena y sus allegados. El barbero ha dado una respuesta a una interrogación que creaba tensión e inquietud en la comunidad —la reivindicación de la propiedad de la bacía por su legítimo dueño—, siguiendo un modelo conocido en el campo de la psicología social como la *teoría de la norma emergente* (Turner y Killian 1987: 10 y ss.; Javaloy Mazón y otros 2007) de la que ya me he ocupado en el capítulo 1; su actitud, surgida espontáneamente de la situación, se ha erigido en norma de comportamiento para los otros miembros del colectivo que se va definiendo por oposición a quienes, como el segundo barbero y los cuadrilleros, no la aceptan como principio rector de la realidad. De tal modo, el grupo que aparecía como acéfalo y desestructurado ha conseguido darse una identidad y un objetivo, y organizarse con vistas a su consecución.

Algo parecido ya habíamos visto que sucedía en Sierra Morena, cuando el «tracista» del cura se había sacado del magín el tinglado de Micomicona (I, 29) para devolver al errante orate a su pueblo; la providencial llegada de Dorotea le había permitido improvisar el papel de dama menesterosa; tan improvisada era su actuación que las inconsecuencias de la misma tuvieron que ser remediadas sobre la marcha por el cura, con aclaraciones y apuntaciones sobre el nombre de su imaginario país o el improbable puerto de la ciudad de Osuna. Los errores de Dorotea habían generado una tensión que a punto había estado de deshacer la trama caballeresca; la intervención correctora del cura desmonta la tensión, reafirma los límites del mundo posible y se erige en norma emergente para los demás integrantes del grupo, Dorotea, Cardenio, Sancho y el barbero, al que dota de una definición dentro de los límites de lo fantástico, un objetivo —convencer a don Quijote de la verosimilitud de la pantomima— y una organización (dama, escuderos, etc.).

Ese mismo modelo, creo yo, se puede ver en algunas de las burlas del palacio de los duques; concretamente en aquellas en las que una anomalía en el desenvolvimiento de la tramoya, por lo general una extralimitación en su papel de uno de los participantes, provoca la intervención de la figura de autoridad que dicta la norma emergente destinada a reorganizar la participación de los miembros del grupo, con la consecuencia inevitable, en algunos casos, de que el burlado termina participando en la burla. Sucede con la jabonadura de barbas con la que las doncellas de los duques regalan al don Quijote recién llegado al palacio (II, 32), extralimitándose de su papel; de la broma no participaba el propio duque, quien, por parecerle un tanto pesada, decide poner sus propias barbas a remojo, emanando así la nueva norma del grupo inmediatamente acatada por todos, para que don Quijote y Sancho no se sientan excluidos. La situación de tensión previa al hallazgo de la norma emergente queda clara en el conflicto interior de los duques, que no saben si montar en cólera contra las atrevidas criadas o abandonarse a la risa que su montaje les procura: «Les retozaba la cólera y la risa en el cuerpo, y no sabían a qué acudir: o a castigar el atrevimiento de las muchachas, o darles premio por el gusto que recibían de ver a don Quijote de aquella suerte». Finalmente, el duque no opta ni por una ni por otra opción y marca una nueva pauta, con algún sacrificio personal en la tarea —todo hay que decirlo—, que reestructura el grupo, abriéndolo a las víctimas designadas.

En el contexto general de chanzas contra don Quijote, en las que el hidalgo toma por motivo caballeresco lo que no es más que un montaje en su daño —el cortejo y la profecía de Merlín (II, 34-35), los amores de la doncella Altisidora con todas sus variaciones (II, 44, 46, 50, 57, 69), Clavileño (II, 41) y el rasurado de la barbada Trifaldi (II, 38-39)—, otra anomalía en el comportamiento de uno de los integrantes del grupo de burladores deshace su cohesión, y obliga a pensar de nuevo sus límites y las condiciones de incorporación al mismo de los individuos; se trata de la hidalga doña Rodríguez, la cual se toma en serio la condición de caballero andante de don Quijote y le pide amparo para el tratamiento vejatorio que, según ella, reciben su hija y ella misma por parte de un duque demasiado vinculado al padre del burlador de la moza (II, 48). A consecuencia de ello, el duque se ve obligado a disponer una norma emergente distinta a la que regulaba la inclusión en su casa, para poder excluir de ella a las dos damas; ello implica aceptar la lógica caballeresca y dar disposiciones para que se celebre el desafío que ha de desagraviar a la hija de la asturiana. Al carro de la libertad se sube Tosilos, el cual, convertido en paladín de su señor, tras un amago de defensa de los intereses del duque, considerada la belleza de la exdoncella y su ya largo amor por ella, se pasa *ipso facto* al bando de los querellantes y rechaza entrar en batalla con el caballero, lo que obliga al duque a imponer una nueva norma que reafirma la jerarquía social del grupo encerrando a Tosilos (II, 56). La norma emergente que el duque ha tenido que improvisar para aplacar la tensión en la comunidad palaciega resultante de la traición de doña Rodríguez ha arrastrado a la lógica del duelo a todos los miembros de la casa ducal, hasta que uno de ellos ha roto el nuevo orden buscando una ventaja personal; y otra vez la norma del duque hubo de imponerse sobre las reglas internas del grupo para reducir la conflictividad del ambiente.

3.5. *Lo baciyélmico*

En cierto sentido, podríamos ver en este modelo de acciones una representación en miniatura de la estructura general de la trama del *Quijote* de 1615. En 1615, el narrador obliga a los personajes a medirse con una anomalía en el mundo que habitan y es que se ha publicado un libro en 1605 que cuenta sus acciones; esta simple constatación lleva a don Quijote a incorporar en su personalidad la conciencia de ser un protagonista de un libro de éxito; de ahí, en cascada, se suceden una serie de modificaciones en el comportamiento y las relaciones con los demás, que dejan de ser gobernadas por la enajenación y la proyección de sus ensoñaciones sobre el mundo, para serlo por el sentido común y la capacidad reflexiva, sin que don Quijote tenga que renunciar, como es lógico, a lo privativo de su ser, o sea, la voluntad de transformación del mundo según los valores caballerescos. En la misma órbita se van situando los personajes que va encontrando y sobre todo los grupos, empujados ahora, tras reconocer en él al protagonista de 1605, a ofrecerle una realidad alterada que pueda activar su frenesí lunático, para tener un momento de diversión y ver en acción a su héroe. Es decir, en la segunda parte se ha creado una comunidad virtual de lectores del libro de 1605, ordenada a partir de la norma emergente que propone el propio don Quijote, la asunción de su protagonismo libresco, a la que se van adhiriendo diferentes personajes individuales y colectivos, a medida que va progresando el relato; reconocemos como miembros de la misma a los duques y su compañía de dueñas, doncellas y criados (II, 31-57), los pastores de la fingida Arcadia (II, 58), don Juan y don Jerónimo (II, 59), Roque Guinart y sus bandoleros (II, 60-61), Antonio Moreno y sus amigos (II, 62), etc.

El concepto clave que sustenta la nueva norma emergente me parece a mí que es el de *lo baciyélmico* y consiste en presentar un elemento de la realidad de modo ambivalente, para que pueda tener vigencia en dos niveles de realidad distintos; en el hiperónimo de la serie, el objeto de marras es denominado «baciyelmo» por Sancho a fin de que pueda ser bacía para el barbero y yelmo para don Quijote, y, a la vez, baciyelmo para el propio Sancho. El libro publicado en 1605 es visto desde el de 1615 como una crónica de aventuras de un caballero andante, con exaltación de las hazañas de su héroe, por don Quijote; con visión paródica de esas mismas aventuras, por casi todos los demás; y como libro de éxito indiscutible que difunde en el mundo la fama de don Quijote, con sus treinta mil ejemplares vendidos —dice don Quijote—, por todos sin distinción. La norma emergente consiste, así pues, en ofrecerle a don Quijote el contexto adecuado para que manifieste su condición de protagonista de 1605, aun manteniendo la ambivalencia de significados de la recordación de la crónica de marras, por la que lo que para él es aventura nueva, como la de Clavileño o el lavado de barbas o el duelo con el paladín de los duques, es burla para los personajes que han leído el libro de 1605 y han montado la escena justamente para que él se comporte como se comportaba en dicho libro. La norma emergente baciyélmica es la que permite a los diferentes personajes estar dentro y fuera de la comunidad representante, aun cuando sean ellos mismos los que la han concebido; sucede, por ejemplo, en el caso de las doncellas barbadas de la dueña Dolorida (II, 39) o en el del cortejo nocturno (II, 34-35), cuando la repentina sorpresa causada por el desvelamiento o lo horrísono del acompañamiento musical y visual obligan a compartir la misma emoción a todos los espectadores, sin distinción de campos de adscripción en la broma; esta es la reacción al horripilante cortejo: «Pasmóse el duque, suspendióse la duquesa, admiróse don Quijote, tembló Sancho Panza, y, finalmente, aun hasta los mesmos sabidores de la causa se espantaron» (II, 34). Y esta, la reacción a la exposición de la tragedia depilatoria de la Trifaldi: «Dijo esto con tanto sentimiento la Trifaldi que sacó las lágrimas de los ojos de todos los circunstantes, y aun arrasó los de Sancho, y propuso en su corazón de acompañar a su señor hasta las últimas partes del mundo, si es que en ello consistiese quitar la lana de aquellos venerables rostros» (II, 40).

En la segunda parte de Avellaneda, ante una situación análoga —o sea, acicate entremesil para la vesania caballeresca—, la espectacular entrada de un gigante en la sala del palacio de don Carlos, en Zaragoza, los circunstantes simulan asustarse: «A la vista primera que todos tuvieron del gigante, hicieron de industria como que se alborotaban, poniendo las manos sobre las guarniciones de las espadas» (XII, 377); y luego se ríen como locos burlándose de don Quijote: «Don Carlos, mordiéndose los labios de risa y disimulando cuanto pudo, le echó los brazos al cuello» (XII, 380).

La distinta visión de las relaciones entre el individuo y el grupo quedan patentes en la confrontación entre las escenas del gigante de Avellaneda y la del cortejo fúnebre cervantino:

simulación de participación emotiva y final vejatorio de las víctimas, en Avellaneda; participación real en la emoción, maravilla ante el objeto de la burla y risa moderada, en Cervantes. Las lábiles fronteras de lo baciyélmico cervantino son las que han permitido que los promotores de las burlas puedan estar simultáneamente del lado de acá y del lado de allá de las lindes entre la esencia y la apariencia de la realidad. Avellaneda, que no entendió —o no quiso entender— la *bivocalidad* del mundo cervantino, renuncia a lo baciyélmico y establece rígidas reglas de pertenencia a los ámbitos de percepción real.

La fórmula «dieron todos una gran risada» se repite en varios momentos conclusivos de las actuaciones de los protagonistas en el libro de Avellaneda, subrayando una reacción del personaje colectivo y proponiendo una instrucción de lectura que, de otro modo, en muchos casos hubiera sido difícil de captar para el lector. Para situaciones análogas, en las que un grupo reacciona unánimemente ante una barrabasada de don Quijote, en el libro de Cervantes, las palabras clave suelen ser, en cambio, «causó admiración» o «causó maravilla». La contraposición de las dos expresiones nos dice ya claramente la diferente concepción por parte de ambos autores de la relación entre los protagonistas y el grupo con el que han de interactuar. Para Avellaneda, los desviantes pueden ser objeto de irrisión por parte del colectivo, como instrumento de reafirmación de su identidad y sus valores, incluida la jerarquía que lo estructura. Recuérdese que una buena parte de los episodios de la novela apócrifa cuenta una burla concebida por aristócratas y ofrecida a la comunidad de amigos y criados en sus palacios. La víctima más humillada es la pobre Bárbara, de quien los nobles se ríen sin que ni siquiera haya abierto la boca:

En esto se llegó Bárbara, llamada, adonde los caballeros y damas estaban, do, puesta de rodillas, callaba vergonzosísima, aguardando a ver lo que le dirían; los cuales tenían tanto que hacer en admirarse de la fealdad que en ella

miraban (y más viéndola vestida de colorado) que no acerta-
ban a hablarla palabra de pura risa. Con todo, mortificándola
cuanto pudo, le dijo el Archipámpano [...] (XXXIII, 576).

El grupo aristocrático reacciona aquí impulsivamente, sin
los frenos que la caridad impondría, sin inteligencia moral, con
intolerancia y autoritarismo, dejándose llevar por sus instintos
más bajos; su actitud podría corresponder a la que Gustave Le
Bon (1895: 23-47), padre de la psicología social, define como característica de las masas. Mucho antes que Le Bon, la imagen del
vulgo que ofrecía Baltasar Gracián en *El criticón* ya recogía esa
misma percepción, al presentarlo como constituido por individuos «necicuerdos», mitad hombre y mitad bestia, prestos a dejarse conducir por el primer embaucador que se presente, que en
su caso era nada menos que todo un Maquiavelo (2001: 165-166)
y en el de Le Bon, teorizador también él del conductor de masas
(105-127), uno de sus lectores más atentos: un tal Adolf Hitler.

Volviendo al episodio de la vejación colectiva de Bárbara,
los nobles de Avellaneda no se ríen de lo que dice o de lo que
hace el personaje; se ríen de lo que es, es decir, se ríen *de* Bárbara, como se reían *de* don Quijote, mientras que los duques de
Cervantes se ríen *con* don Quijote. La risa en Avellaneda es una
sanción social, mientras que en Cervantes es una forma de participación colectiva en un espectáculo, que algunos ven como
divertimento cortesano y otros como aventura caballeresca. La
risa en Avellaneda es excluyente mientras que en Cervantes es
incluyente (Calabrò 1987-88: 93; Iffland 1999: 241-242); la clave
de esa estrategia incluyente está en la condición baciyélmica
de la mayor parte de los sucesos en la morada ducal, pues si,
por un lado, parecen haber sido concebidos como chanzas con
don Quijote como chivo expiatorio, por el otro, no prescinden
de un cierto tono celebrativo. Podríamos incluso decir que los
duques ponen a prueba a su ínclito huésped para prolongar el
éxito del libro en su realidad cotidiana. Tanto es así que en la
concepción de las escenas tienen en cuenta las expectativas

de sus huéspedes y por eso, para garantizar su participación en ellas, suelen inspirarse en hechos ya acaecidos, como el encantamiento de Dulcinea, presente en las conversaciones, pero también motivo fundante de la burla del cortejo de Merlín y los azotes de Sancho, justo castigo por el desacato a su señor cuando «encantó» a Dulcinea a las puertas del Toboso; o como el gobierno de la ínsula, que prolonga y realiza la promesa inicial de don Quijote. La risa surge de la manifestación de la distancia entre sus dichos y sus hechos, y la norma; pero no de su ser y no *a priori*. A don Quijote y Sancho les falta una clave interpretativa, que sustancialmente se corresponde con la intención oculta de los nobles en las escenas preparadas *ad hoc*, pero no por ello dejan de participar y divertirse, como hace Sancho con sus mentiras acerca del viaje en Clavileño, tan llenas de gracejo y retintín que han hecho posible su interpretación como una velada sátira contra el propio duque (Redondo 1997: 439-452).

La noticia de la publicación del libro de Avellaneda, a la altura del capítulo II, 59, es una vuelta de tuerca para la condición baciyélmica del relato; a partir de entonces, los personajes colectivos con los que se irán encontrando don Quijote y Sancho van a empezar a decantarse por la vertiente celebrativa, dejando de lado la de la irrisión. Y así, por ejemplo, los pastores de la fingida Arcadia (II, 58) demuestran todo su entusiasmo por hallarse ante el personaje de un libro que tanto éxito ha tenido hasta entonces, convalidando la interpretación *yélmica* del libro de 1605 que mueve a don Quijote en esta segunda parte. Lo mismo cabría decir para Roque Guinart, caballero bandolero, orgulloso de compartir algunos momentos con don Quijote (II, 60-61), a quien envía a su amigo Antonio Moreno, en Barcelona, para que lo agasaje, como en efecto hace (II, 62), como si fuera un gran hombre; no hay traza de burlas en su daño por parte de la comunidad palaciega de don Antonio, el cual usa su personal *wunderkammer* para maravillar a todos sus amigos (II, 62), algunos de los cuales tan al oscuro del truco de la cabeza parlante como don Quijote; pero ya antes la magia del mono adivino de Maese Pedro tenía embelesada a toda la comunidad venteril (II, 25-26), tanto como su retablo carolingio, antes de que don Quijote lo destruyera a furiosos mandobles, obligando a los demás a desplazar la atención hacia sus excentricidades de loco, pero sin haberlo ridiculizado de ningún modo. En todos estos episodios es dado constatar, amén de la dimensión celebrativa del personaje, un viraje en la concepción baciyélmica de la realidad, con su renuncia a la ambigüedad intrínseca del fenómeno, para decantarse hacia la vertiente yélmica, sin grupos contrapuestos en la diatriba sobre la esencia del mismo que alimenten el naciente hogar de la opinión pública; en el alucinado mundo quijotesco, tendrían carta de ciudadanía el mono adivino y su amo, los pastores fingidos, el bandolero honesto y generoso, y la cabeza parlante catalana; de tal modo, con la ampliación de las fronteras del reino de la ilusión en el que el caballero fatuo es la cabeza visible, la *quijotización del mundo* ha llegado a su perfección.

3.6. Tipología de los grupos en el *Quijote* de Avellaneda

Los personajes colectivos con los que se relaciona don Quijote no levantan barreras de separación en la novela de Cervantes, como, en cambio, hacen en la de Avellaneda. El «tordesillesco autor» suele contraponer a la pareja protagonista con grupos cerrados, que se reúnen en palacios privados, como el de don Carlos en Zaragoza, y los de Perianeo y el Archipámpano en Madrid, en los que, además del dueño de la casa y sus amigos invitados para la ocasión, encontramos a la comunidad restringida de sus criados, dueñas y secretarios. Por lo general, tras unas conversaciones más o menos divertidas con don Quijote y Sancho, el plato fuerte de la reunión lo constituye un espectáculo de corte caballeresco concebido a modo de burla del manchego, sin que eso sea óbice para que, sin necesidad del acicate dramatúrgico, don Quijote, por ejemplo, se imagine ya en batalla contra poderosos enemigos y destroce buena parte del cortinaje y el mobiliario de la posada de Alvaro Tarfe en

Zaragoza (X). Y así, por arte de magia dramática, el gigante Bramidán de Tajayunque visita primero el palacio de don Carlos (XII) y luego, el del Archipámpano (XXIV); y el sabio Frestón, el del titular (XXXI); en cada una de estas visitas hay combates y, por supuesto, risas, muchas risas.

En las ventas donde el caballero y sus acompañantes se alojan, también el loco ha de vérselas con los grupos que se van formando, pero en estos encuentros no suele haber violencia, si exceptuamos los sucesos de la venta de Tarfe en Zaragoza (X). Aquí, como en los palacios de antes, la locura del caballero ha sido excitada con la representación de escenas caballerescas y eso le ha llevado a actuar según lo establecido. De modo que los grupos cerrados, como los de los palacios o la venta de Tarfe, que parecen haber usado su jerarquía y su organización interna para proponer a la locura de don Quijote un cebo caballeresco, son los que desencadenan su violencia; mientras que los semicerrados como los de las ventas, es decir, aquellos que mezclan las características de las dos grandes clases de masa según Canetti (1981: 10-11) (la masa cerrada y la masa abierta de las que hablaba en el primer capítulo), la de estar limitadas por un contenedor espacial y la de mantener viva el ansia de crecimiento, los grupos semicerrados, decía, propician la plática, la representación teatral y la diversión sin daños a terceros. En las ventas, por lo común, a la sorpresa general por el aspecto de don Quijote y su séquito le siguen conversaciones y diatribas que terminan con la consabida muletilla «dieron todos una grandísima risada». Y es precisamente esa carcajada general la que levanta las barreras entre don Quijote y esos grupos semicerrados, como también, según hemos visto, con los grupos cerrados de los palacios.

Cuando don Quijote se las tenga que ver con grupos abiertos, sustancialmente la masa de las ciudades congregada por alguna de sus fechorías, saldrá peor parado, pues de la ira de la masa tendrá que ser rescatado por algún benefactor, como Mosén Valentín en Ateca (VII), o el autor de comedias en

Alcalá (XXVIII), so pena de terminar en la cárcel, después de haber sufrido la violencia colectiva, como en Zaragoza, cuando había pretendido liberar a un ladrón que unos alguaciles llevaban preso (VIII).

3.7. Panorama grupal en el *Quijote* de Cervantes

Esos mismos tipos de grupos del *Quijote* de Avellaneda se distribuyen de manera diferente en las dos partes de Cervantes. En la primera, don Quijote suele encontrar, casi siempre en campo abierto, grupos cerrados, definidos por su profesión, como los mercaderes de Toledo (I, 4), los frailes o disciplinantes (I, 8; I, 19; I, 52), los conductores de rebaños (I, 11; I, 15; I, 18) o los galeotes y sus guardas (I, 22). La presencia de esos grupos en el camino obedece a una lógica de necesidad ligada al espacio, en la mayor parte de los casos (en las inmediaciones de Sierra Morena era fácil encontrar pastores o cabreros), y la relación del caballero con ellos suele tomar origen, precisamente, del oficio que desempeñan; la apariencia de los rebaños de ovejas (I, 18), los frailes de noche (I, 19), los disciplinantes vestidos de blanco (I, 52) o los galeotes encadenados (I, 22) activa los receptores aventureros del hidalgo y lo lanza a la acción para derrotar, correlativamente, a ejércitos, estantigua, fantasmas o guardianes opresores. De algún modo, el ataque de don Quijote obedece al impulso colonizador del territorio que impone a todo caballero andante la reducción del desorden en el espacio anómico del bosque y los caminos (Martín Morán 1989). No hay burlas, ni barreras, ni risas, sino solo malentendidos, lectura equivocada de los signos y violencia. La diversión tendrá que conquistársela autónomamente el lector, a partir de lo sorprendente de la situación y, sobre todo, de los diálogos que esta suscita entre el amo y el escudero.

En las ventas, los grupos cerrados se integran en una dinámica superior del grupo semicerrado del establecimiento, que acepta a todo aquel que esté de paso y se sienta implicado en la situación promovida por el hidalgo. La diferencia con

Avellaneda en el tratamiento de los grupos semicerrados, además de la heterogeneidad de los mismos —mayor en Cervantes, como ya hemos tenido ocasión de constatar en el análisis del episodio del baciyelmo—, la tenemos en la mayor amplitud de la gama de acciones de sus integrantes; la dinámica del grupo, en efecto, no depende exclusivamente de la iniciativa de don Quijote, sino que dan cabida también a las interrelaciones laterales de algunos personajes secundarios, como pueden ser el amor carnal de Maritornes y el arriero de Arévalo (I, 16), las agniciones resolutivas de tres novelas interpoladas —la de Cardenio y Dorotea (I, 36), la de *El capitán cautivo* (I, 42) y la de don Luis y doña Clara (I, 44)— y la lectura en voz alta de otra más (*El curioso impertinente*, I, 33-35). De tal modo, los personajes que constituyen estos grupos y que participan de varias maneras en las diferentes tramas salen del anonimato y se van enriqueciendo de nuevas facetas, aportando su comprensión humana a los casos planteados en ese vivero de historias que son las ventas de la primera parte. La anonimia, el aplanamiento y la despersonalización de los integrantes de los grupos de Avellaneda quedan muy lejos de estas condiciones de existencia de los cervantinos.

Los grupos cervantinos de 1605, tanto los cerrados como los semicerrados —abiertos no me ha parecido identificar—, no sancionan las acciones del caballero, no lo castigan y no lo convierten en el chivo expiatorio de sus diversiones; simplemente tratan de defenderse de sus ataques o de integrarlo en sus dinámicas, como en la venta de Palomeque, donde lo ven combatir en sueños contra los cueros de vino (I, 35), escuchan pacientemente su perorata sobre las armas y las letras (I, 37-38), se dejan guardar por él durante la noche (I, 44-45) o se dividen sobre la esencia de la bacía (I, 45); a diferencia de lo que suele suceder con los grupos de Avellaneda, todos ellos proyectados a la condena y reformación del loco caminante, mediante el castigo físico, la sanción directa de la cárcel o la irrisión colectiva (Durán 1973: 369).

En el *Quijote* de 1615 la situación cambia drásticamente, pues buena parte de los episodios se desarrollan en palacios (los duques, ínsula Barataria, Antonio Moreno) con grupos cerrados, como en la segunda parte de Avellaneda, pero ya hemos visto la dinámica enriquecida y abierta a otras solicitaciones de personajes secundarios; son grupos siempre prestos a su transformación a partir de una nueva norma emergente. No hay sanción para los actos del caballero y sí hay, en cambio, su celebración como protagonista de un libro y su interacción dialógica con otros personajes.

En la segunda parte cervantina, encontramos la masa abierta de los muchachos que siguen a don Quijote (II, 61; II, 62), como corresponde al panorama urbano de Barcelona, y aquí, como en el caso de los palacios y los grupos cerrados, también Cervantes parece seguir a Avellaneda, aunque, de nuevo, sin la dimensión sancionatoria de sus masas abiertas. En campo abierto hay menos contacto con grupos que siguen siendo definidos por su profesión como las aldeanas del Toboso (II, 10), las cortes de la Muerte (II, 11), los aldeanos rebuznadores (II, 27), los peregrinos tudescos (II, 54), la fingida Arcadia (II, 58) y los bandoleros de Roque Guinart (II, 60); pero, aparte de los tres primeros ejemplos, en los otros tres no se puede decir que el contacto con el grupo tenga una productividad densa en el relato. Además, y esto es una novedad respecto a la novela de 1605, don Quijote encuentra a individuos solitarios en su periplo de 1615: el Caballero del bosque (II, 12-14), don Diego de Miranda (II, 16-18), el leonero (II, 17), el primo (II, 22-24), el mozo que va a la guerra (II, 24). La renovada capacidad dialéctica de don Quijote en esta segunda parte le consiente aceptar los estímulos conversacionales que le llegan de los otros viandantes e incluso iniciar alguna aventura en su compañía.

3.8. Anonimato y pseudonimato

La abundancia de personajes colectivos en el *Quijote* de Avellaneda señala una tendencia general hacia el anonimato; en efecto, muchas situaciones son resueltas con la intervención de personajes anónimos, los cuales, por ejemplo, informan a los principales de alguna circunstancia, como la identidad de don Quijote o sus aventuras pasadas. En Zaragoza, un anónimo escribano impedirá que don Quijote libere al ladrón preso (VIII), otro anónimo robará las agujetas que don Quijote ha ganado en la sortija (XI), durante la que otros dos anónimos lo han increpado; la moraleja del cuento de los felices amantes la extraerá un canónigo sin nombre (XVI) y otro absolverá a Sancho de su compromiso de hacerse moro (XXVII), etc. Son personajes que se desgajan de un colectivo e intervienen dando forma con sus acciones a la intención del personaje grupal; se podría decir, como hace Endress (2014: 960) para el personaje colectivo en la *Numancia*, que los personajes están todos más o menos afectados por la categoría de lo colectivo y eso es lo que los priva de su individualización con un nombre y una historia. Al narrador no le interesa presentarlos en sus posibilidades diegéticas, con una personalidad; para él son meramente un instrumento necesario para desempeñar una función, personajes de usar y tirar, que actúan una sola vez en el relato, cumplen su función y no vuelven a aparecer; así que podríamos definirlos como *personajes técnicos*, como ya hacíamos en el capítulo anterior, trasladando al campo de los actantes una idea de Bajtín (1989: 243-244) sobre el uso técnico del tiempo y el espacio, sin duración ni extensión, en la novela de aventuras.

El proceso de despersonalización de los personajes en el libro de Avellaneda toca incluso a entidades que alcanzan el rango de deuteragonista, como el «titular» o el «caballero principal» de Madrid, dueños de sendos palacios donde organizan tramas caballerescas para divertirse a costa de don Quijote; bien, pues incluso ellos se quedan sin la promoción al nombre individualizador; a lo máximo que pueden aspirar es a un pseudónimo y, así, serán respectivamente Perianeo y el Archipámpano, y no solo para don Quijote, sino también para el narrador que los mencionará en varias ocasiones con sus pseudónimos. No le falta razón a Gilman (1951: 139) cuando, comentando la sustracción de la voz directa a los personajes secundarios y su reclusión en el estilo indirecto, asegura que «algo del anonimato de Avellaneda se les había pegado» a esos personajes.

A mí me interesa, en cambio, poner en relación el difuso anonimato o pseudonimato en el *Quijote* de Avellaneda con la dinámica de los grupos. Dice Canetti (1981: 12-13) —lo veíamos en el capítulo 1— que la masa no se forma como tal hasta que no se ha llevado a cabo el *proceso de descarga* por el que los individuos se deshacen de todas las diferencias que los separan. Pues bien, en el caso de los anónimos y pseudónimos de Avellaneda, parecería que el autor, después de despojarlos de las diferencias para que entraran a formar parte de los distintos grupos, se hubiera olvidado de recargarlos con ellas cuando los vuelve a presentar individualmente. Son personajes sin conciencia (que es el rasgo distintivo del hombre masa, según Freud 1978: 71 y *passim*), en el sentido de que no se miden con la complejidad de valores e ideas del momento, en diálogo con los demás o en procesos íntimos de elaboración de la experiencia, como pueden hacer algunos de los personajes grupales de Cervantes, los cuales, por lo general, son conducidos por un corifeo bien individualizado, con un nombre y una personalidad específicos, como por ejemplo Vivaldo, el apenado cabecilla del grupo de amigos del suicida Grisóstomo (I, 13); Alonso López, el acongojado bachiller de Alcobendas por la perspectiva de una cojera eterna (I, 19) (tan individualizado que el ayuntamiento de su pueblo, Alcobendas, le ha dedicado un colegio y una calle a perpetua memoria); Ginés de Pasamonte, el airado líder de un colectivo de maleantes (I, 22), como el carismático Roque Guinart de la segunda parte (II, 60); el nostálgico morisco Ricote, cabeza visible de la compañía de peregrinos tudescos (II,

54 y 65); etc. A diferencia de los cervantinos, la anonimia vital convierte a los personajes de Avellaneda —solo Tarfe se salva, tal vez— en cascarones vacíos, dispuestos para la acción de un entremés, como lo eran los arquetipos que dicho género usaba.

En el caso del alcalaíno, por el contrario, la recarga de las diferencias de marras se realiza de manera escrupulosa incluso para los personajes sin nombre —y ya no solo para los corifeos identificados por un nombre—, como podemos ver en el episodio de los galeotes (I, 22), cuando todos y cada uno de los acompañantes de Ginés tratan de salirse de la cadena que amalgama al grupo, explicando lo específico e injusto de sus respectivos casos. En su relato individualizador, cada uno de los encadenados se preocupa de situar su delito en un ámbito moral alternativo a la jerarquía de valores vigente, intuyendo que su estrafalario interlocutor podría mostrarse sensible a ello: uno va preso por enamorado, otro por músico y cantor, otro por faltarle diez ducados, otro más por corredor de oreja ('tratante de comercio', pero aquí 'alcahuete'), el quinto por haberse burlado con dos primas; la ocultación de los respectivos delitos bajo una forma de eufemismo connotado jergalmente (enamorado, músico y cantor, la falta de diez ducados, tratante de comercio y pariente campechano), moviliza la conciencia de don Quijote —para ese fuego se amontonó la leña del eufemismo— y lo compromete a liberarlos.

Pues bien, ese *hacerse cargo del discurso ajeno* que apreciamos en los galeotes, capaces de transformar su *curriculum vitae* según las expectativas de su interlocutor, podría ser el elemento distintivo de los personajes cervantinos, tantas veces ensalzados por la crítica por su gran humanidad, hondura psicológica y capacidad de empatía. En el caso de don Quijote se podría decir que el hacerse cargo del discurso ajeno constituye una parte fundamental de su personalidad, desde el momento en que vincula su identidad al reconocimiento de sus méritos por la comunidad, a la fama que ha de llevarlo en volandas hasta los brazos de su amada Dulcinea; y es que el diálogo con el otro

está en la raíz misma de su personaje; es, para él, una necesidad
y un instrumento de consecución de sus fines. El de Avellaneda,
el Caballero Desamorado, al no tener que devolverle a Dulcinea
una *persona* aumentada por la fama, prescinde de su lado social,
de su identidad dialógica con el colectivo, y pierde sus raíces
geográficas; de hecho, Tarfe y sus amigos, cuando se cansan
de sus burlas y deciden ayudarlo, no lo llevan de vuelta a su
pueblo, sino que lo ingresan en el manicomio de Toledo; al don
Quijote de Cervantes, en cambio, el cura y el barbero primero y
Sansón Carrasco después, para ayudarlo, lo conducen de vuelta a su casa, a sus raíces, al centro irradiador de su identidad,
al crisol amoroso de su dama, para que se cure con reposo y
buenas lecturas. Al de Avellaneda la pérdida de la *retroalimentación* de Dulcinea lo condena a la soledad y al desarraigo de
los orígenes; es un vagabundo sin meta y sin querencia a la que
volver, porque a nadie tiene que rendir cuentas de su acción. La
cualidad de desamorado del personaje apócrifo ha desactivado
la conciencia social del caballero verdadero, entendida como
introyección de la alteridad en la propia personalidad.

Bajtín (1986: 295) sostiene que con el lenguaje penetra en
el sujeto la voz y las intenciones de los que lo han usado antes
que él, haciendo de la conciencia un hecho sustancialmente
social. En el caso de don Quijote se puede identificar incluso
el momento en que esa conciencia social nace cuando trata
de desentrañar el significado de las palabras de Feliciano de
Silva, aquello de «la razón de la sinrazón que a mi razón se
hace, de tal manera mi razón enflaquece, que con razón me
quejo de la vuestra fermosura»; tal fue la llave que dejó franco
el quicio para el allanamiento de su morada interior por la
retórica y la visión del mundo de los caballeros andantes. Pero
ese reflejo mental que lo lleva a introyectar en sí la palabra y la
visión ajena del mundo, que he definido como *hacerse cargo del
discurso ajeno*, lo sigue practicando —aunque solo de vez en
cuando, todo hay que decirlo— cuando se ve en los ojos de los
demás, como en el encuentro con el Caballero del Verde Gabán,

a quien espeta de sopetón: «Esta figura que vuesa merced en mí ha visto, por ser tan nueva y tan fuera de las que comúnmente se usan, no me maravillaría yo de que le hubiese maravillado» (II, 16).

El reflejo mental le impone que asimile en su conciencia la imagen que proyecta en los otros, como una forma más de su identidad y que entre en diálogo con ella. El propio Sancho, con tener una dimensión metafísica más reducida que su amo, no renuncia a dialogar con la imagen ajena de sí en su monólogo dialogado a las puertas del Toboso:

> —Sepamos agora, Sancho hermano, adónde va vuesa merced. ¿Va a buscar algún jumento que se le haya perdido? «No, por cierto». Pues, ¿qué va a buscar? «Voy a buscar, como quien no dice nada, a una princesa, y en ella al sol de la hermosura y a todo el cielo junto». Y ¿adónde pensáis hallar eso que decís, Sancho? «¿Adónde? En la gran ciudad del Toboso» (II, 10).

Pero no necesitamos buscar ejemplos específicos de estas dotes de los personajes cervantinos; nos bastaría con prestar atención a los continuos diálogos entre don Quijote y Sancho para encontrar un buen ejemplo de este continuo refractarse recíproco de dos mentes y dos visiones del mundo (Cerezo Galán: 2006, 273).

3.9. Conclusión

La gran diferencia entre Avellaneda y Cervantes es que los personajes de este, sus protagonistas, dan voz a una visión del mundo, en cuanto que su conciencia parece nutrirse del diálogo con los otros miembros de la comunidad, con el aglomerado de opinión que rellena de sentido los confines de una formación social determinada. Los personajes de Avellaneda, en cambio, no van más allá del estereotipo de un personaje de comedia o de entremés, el rústico y el loco, que hablan en cuanto individualidades y a lo sumo remiten al eco de un arquetipo literario;

sus interlocutores son *personajes función*, sin personalidad ni historia, a veces incluso sin nombre o bajo pseudónimo, miembros de un colectivo con la misión de sancionar los actos del loco con el castigo físico de la violencia y la cárcel o el castigo moral de la burla, la irrisión o la vergüenza pública; y es que en el *Quijote* de Avellaneda el protagonista no es don Quijote, no es el suyo el punto de vista que ha de medirse y sobrepujar sobre la voluntad colectiva, sino que es la voluntad colectiva la que ha de tratar de reducir a un sentir compartido las excentricidades del loco. Decían Gilman (1951: 153) y Durán (1973: 376) que Avellaneda hablaba desde el punto de vista colectivo y eso queda patente en el análisis de las funciones de los grupos en la trama de su libro; algo que, por otro lado, ya estaba claro desde el prólogo, en su invitación a Cervantes a colgar la pluma: «Conténtese con su *Galatea* y comedias en prosa, que eso son las más de sus *Novelas*: no nos canse» (Prólogo, 199). A diferencia de Cervantes en su prefación («desocupado lector»), Avellaneda no se dirige al lector como individuo, sino al colectivo, condensado en el pronombre de ese imperativo «no nos canse», que presupone, un tanto abusivamente, que quien le está leyendo comparta su punto de vista y sus intereses. El prologuista se erige en representante del campo literario para expulsar de él a Cervantes, basándose en un supuesto sentir común de sus lectores. El prólogo de 1605, desde el punto de vista de la pragmática, se sitúa en las antípodas de esta acotación del territorio reservado para un colectivo, el de quienes piensan del mismo modo que Avellaneda. Cervantes se afana en él por abatir las barreras de la autoridad, de los tópicos y de los canales habituales de validación de la obra, en una palabra, por desdibujar los límites del colectivo, para asentar sobre esas ruinas al individuo, el libre albedrío del lector, la lectura crítica y la reflexión dialógica del texto. De algún modo, ya los dos prólogos revelan una constante en el tratamiento del personaje colectivo en el relato que introducen: Avellaneda se dirige al hombre masa, del que no requiere ninguna capacidad de crítica; le basta con que acepte su integración en el colectivo. Cervantes, en cambio, estimula la capacidad de juicio individual de su lector, para que pueda entrar a formar parte de ese público que ha de disfrutar de su obra.

Tanto Avellaneda como Cervantes afrontan el mismo problema: la imposibilidad de la épica individual en un mundo preburgués, pero le dan diferentes respuestas. Para Avellaneda, el individuo deberá aceptar la jerarquía de valores y de poder de la sociedad; todo está previsto, encauzado y reglamentado. No hay desvío que pueda generar desazón, pues los anticuerpos sociales conducirán al desviado de vuelta en el álveo ético y legal compartido por la mayoría (Osterc 1983: 97). Cervantes, por su parte, comprende que la nueva épica, en tiempos de relativismo moral y reorientación del paradigma metafísico humano, ya no se puede situar en la capacidad de emprendimiento del individuo, dentro de unos cánones aceptados por el grupo; ya no tiene sentido contar las aventuras del representante de un estamento, una clase o más ampliamente una visión del mundo compartida; lo que hay que contar es un desatino («contar con propiedad un desatino», *Viaje del Parnaso*, IV, v. 27), un error de percepción, un error de actuación, una infracción a lo esperable. El desatino conduce al enfrentamiento entre individuo y colectividad, que en el *Quijote* vemos declinada en sus múltiples posibilidades; el diálogo, la confrontación de visiones del mundo y el hacerse cargo de la visión ajena en la propia conciencia son el nuevo campo de la épica. Ese desatino, en el caso de la novela, instaura una nueva frontera de la épica que la retrotrae a la cotidianidad, a la fractura que se crea entre las íntimas aspiraciones de un individuo incitado (Castro 1947: 242-243; 1966: 80-81), movido internamente por un sueño y una visión del mundo, y la posibilidad de realizarlo en el mundo exterior y hacerlo extensivo a la colectividad. Es lo que más de tres siglos más tarde Lukács (2010: 86) llamaría *discontinuidad desarmónica* entre el individuo y el mundo y que es, según él, la base de la novela moderna; pero esta ya es otra historia.

4

El personaje anónimo en el *Quijote*

Los personajes anónimos abundan en el *Quijote*. Si hemos de creer a Cotarelo Valledor (1948: XIII) —pero no hay por qué no hacerlo—, sobre un total de 589 hombres y 119 mujeres, un tercio de ellos y una mitad de ellas no llevan nombre. En esa enorme masa de personajes innominados, destaca un grupo numeroso que no solo no se conforma con servir como decorado ambiental, sino que participa activamente en la acción, informa a algunos personajes sobre la identidad de otros o sobre algunas circunstancias de la historia, narra tramas secundarias, y concibe y protagoniza enteros episodios de la historia principal. Y sin embargo, esta anónima legión con funciones tan determinantes para el relato raramente ha merecido la atención de la crítica; únicamente se ha ocupado de ella con cierta enjundia Dominique Reyre en su trabajo sobre los nombres en el *Quijote* (1980: 185-190), amén del ya citado Cotarelo Valledor en las breves líneas de su *Padrón literario* (1948: XIII) y de Ana Luisa Baquero Escudero (2013: 168 y 193) en otras también breves líneas de su estudio sobre la intercalación de historias en la obra de Cervantes.

En las páginas que siguen procuraré colmar el vacío crítico sobre los personajes anónimos del *Quijote*, con un panorama de su múltiple variedad de estatutos y funciones, y algunas consideraciones sobre su importancia para el relato, y sobre las estrategias de construcción de los personajes en la primera novela moderna y sus posibles deudas con otros géneros.

4.1. Las sendas de la fuente de los nombres

Como tarea inicial, será importante que intentemos comprender en lo posible cuáles son los criterios por los que el narrador del *Quijote* decide atribuir un nombre a un personaje, mientras a otro al par de él lo deja innominado. ¿Dependerá de la relevancia de sus funciones para el relato? Una rápida ojeada a la panoplia de personajes me induce a pensar que no puede ser ese el criterio seguido por el narrador; de lo contrario, la ideación y puesta en escena de un determinado episodio no correría a cargo tanto de anónimos, como el ventero de la investidura (I, 2-3) o el mayordomo de los duques en la embajada de la Trifaldi (II, 38), como de nominados, como la Maritornes de la burla de la mano atada (I, 43) o la Altisidora enamorada de mentiras de don Quijote (II, 44); el papel de víctima del caballero loco no correspondería a personajes con nombre (Alonso López, I, 19) o sin él (el barbero del baciyelmo) (I, 21); los narradores de historias secundarias no podrían llevar nombres (Pedro el cabrero, I, 12; Dorotea, I, 28; o Cardenio, I, 27) y no llevarlos, como el cabrero que empieza a contar la novelita de Grisóstomo y Marcela (I, 12) o el estudiante de las bodas de Camacho (II, 19).

Descartada la relevancia de las acciones como clave del proceso nominador, habrá que explorar otras sendas que conduzcan a la fuente de los nombres. Una de ellas discurre entre los fértiles prados de la personalidad del personaje: su riqueza de atributos o, por contraste, su reducción a un único adjetivo pueden otorgar o no la gracia del bautismo. Otra transita por el territorio del destino diegético, pues parece evidente que el autor no concederá la misma capacidad de individuación nominal a un personaje votado a la acción o a un personaje cuya capacidad caracterial pueda garantizar buenos momentos de diálogo con los protagonistas. No podrá ocupar el mismo lugar del parnaso nominal un ventero socarrón como el de la primera venta, con pocas intervenciones y todas del mismo cariz, que un don Diego de Miranda, con su multifacética existencia y su facundia. Se perfila ahí una dicotomía entre acción y caracterización que terminará por conducirnos, vaya por adelantado, a terrenos aristotélicos, en el colofón de este razonamiento. Una tercera senda serpentea por tierras de la recurrencia ý conduce a los personajes hacia la fuente nominal, si, y solo si, aparecen en el relato al menos una segunda vez; de otro modo, el narrador no parece juzgar rentable la inversión nominal.

Antes de adentrarnos en la observación directa de los personajes anónimos, convendrá aclarar que su estatuto semántico tiende a difuminarse en la colectividad, en el sentido de que suelen ser individuos que, a expensas de la propia personalidad, significan un colectivo, en un proceso sinecdótico análogo al que Jakobson identifica como característico de la novela realista (1978: 76-77). Por lo general, el personaje anónimo se destaca del grupo *in praesentia* en cuanto representante prístino de sus valores y su visión del mundo, y toma la palabra para relacionarse con los personajes principales, como hacen el corifeo de los mercaderes de Toledo (I, 4), irónico provocador de caballeros andantes, y el mayordomo de los duques (II, 38), epítome de la socarronería palaciega.

La sinécdoque explica también el vínculo del anónimo con el grupo *in absentia* por medio del nombre común de un oficio o un sector social determinados, como los de ventero, canónigo, capellán, duque, estudiante, cuadrillero, etc. Se trata, en definitiva, de individuos con rasgos arquetípicos, que actúan según lo que el imaginario colectivo se espera de sus respectivas categorías sociales.

En mi análisis, dejaré de lado a los personajes anónimos colectivos; de ellos me he ocupado en un trabajo reciente (Martín Morán 2019). Tampoco tendré en cuenta los anónimos del decorado ambiental, o sea, los que solo aparecen citados de pasada en el relato principal; de ellos habla Reyre (1980: 187-188) como una de las dos grandes categorías de anónimos en el *Quijote*, para subrayar que en ella están representadas todas las clases sociales, aunque abundan sobre todo los *laboratores*. Por mi parte, me concentraré en la segunda categoría de personajes sin nombre de Reyre, la de los que ella denomina «personajes principales», es decir, los que intervienen directa o indirectamente en la acción principal.

4.2. Informadores de hechos pasados

Un buen número de las intervenciones de los innominados en la acción principal tiene que ver con la transmisión de informaciones (Baquero Escudero 2013: 168 y 193). A veces, los anónimos narran a otros personajes las vicisitudes pasadas de los protagonistas, con lo que los ponen en condiciones de tratar con ellos, a partir de una base de conocimientos compartidos; y así, por ejemplo, el cura y el barbero reafirman su decisión de llevar de vuelta a casa a don Quijote, tras escuchar el informe de la anónima mujer de Palomeque acerca de la pendencia con el arriero y el manteamiento de Sancho (I, 32); los duques, por su parte, no hubieran podido gozar de los resultados de la pantomima de la isla Barataria, si su mayordomo no les hubiera puesto al corriente de los dichos y hechos de Sancho en su gobierno (II, 56).

4.3. Presentadores *oblicuos*

Otras veces, los anónimos informadores responden al interrogatorio de un personaje sobre la verdadera identidad de quienes la ocultan atentamente y con quienes han compartido una parte del camino; sus respuestas hubieran podido ser cruciales para resolver el conflicto de una de las historias secundarias, pero en los casos aquí aludidos finalmente no lo van a ser; me refiero al casi desvelamiento de las identidades de don Fernando y Luscinda (I, 36), y del licenciado Juan Pérez de Viedma, hermano del cautivo (I, 42), que llevan a cabo, o mejor, tratan en vano de hacerlo, los criados que los acompañan, a requerimiento correlativamente del cura y del propio cautivo. La fallida indagación sirve, no obstante, para subrayar convenientemente el secreto, la aparatosidad y la pompa, y crear expectativas dramáticas en el lector. También las crea la presentación que de Maese Pedro hace el anónimo ventero de la II parte (II, 25), en ausencia del interesado y como pequeña introducción al episodio que vendrá, aunque sin desvelar una de sus claves: tras el parche del tuerto se esconde el bizco Ginés de Pasamonte.

En los casos apenas mencionados, la intervención de los anónimos, como ya dije, además de mantener en vilo al lector, dota de una dimensión dramática al relato que se va construyendo según modelos de episodio característicos del teatro de la época y perfecciona su estructura al integrar a los personajes de dos historias secundarias (don Fernando y Luscinda, y el oidor) en el mismo nivel que los de la principal.

4.4. Narradores de historias secundarias

Claro que donde mejor se aprecia esa dimensión estructural de la intervención de los innominados tal vez sea en los casos en los que se hacen cargo del comienzo de la narración de un relato interpolado. En la tarea, parece que se han especializado los cabreros de Sierra Morena: a uno de los agrestes anfitriones de don Quijote le corresponde contar el inicio de la historia de Marcela y Grisóstomo (I, 12), secundado después prolijamente por su compañero Pedro; a un colega suyo solitario, con el que se topan el cura y el barbero, la de Cardenio (I, 23); y a otro aún, del que solo en medio del cuento conoceremos el nombre (Eugenio), la historia de Leandra (I, 51). Ya en la segunda parte, tocará a un estudiante itinerante contar el primer capítulo de la historia de Basilio y Quiteria (II, 19), y al caminante que transporta lanzas y alabardas, la primera parte de la aventura de los rebuznadores (II, 24).

Como se puede apreciar, en el *Quijote* de 1605 la introducción de las historias interpoladas suele depender de la intervención de un anónimo; sobre un total de seis (Riley 1990: 100-101), solo la historia del cautivo, y la de doña Clara y don Luis tienen un primer narrador con nombre conocido, pues, además de las tres mencionadas de Marcela, Cardenio y Leandra, la de *El curioso impertinente*, por más que la voz se la preste el cura, tiene como narrador ausente al anónimo viajero que ha olvidado en la venta una maleta repleta de manuscritos —Molho (1993) y luego Martín Morán (1999) sugieren que el tal no podía ser otro que el propio Cervantes—. En la segunda parte, en cambio, la correlación se invierte y solo dos de las seis historias interpoladas —según el cómputo de Riley (1990: 122-126)— cuentan con narrador innominado: las ya citadas de las bodas de Camacho y los rebuznadores; en las otras cuatro, el narrador posee una identidad precisa que se apresura a desplegar en un relato autobiográfico; es el caso del morisco Ricote y su hija Ana Félix (II, 54, 63-65), el de doña Rodríguez y la suya (II, 48, 52, 54, 56, 66) o el de los hijos de Diego de la Llana, parroquianos travestidos de la movida de la ínsula Barataria (II, 49), o el de Claudia Jerónima y su tragedia del equívoco (II, 60).

El uso de los personajes anónimos con función estructural de integración de las historias interpoladas en la principal parece perder importancia en la segunda parte del *Quijote* respecto a la primera, en consonancia con la decisión de Cide Hamete de reducir a su mínima expresión las interpolaciones, tanto en su extensión como en su modalidad (II, 44), y consecuentemente también su andamiaje enunciativo. En el *Quijote* de 1605, las narraciones secundarias solían correr a cargo de diferentes sujetos, con diferentes perspectivas, entre los que se solía contar, como he dicho, un anónimo: en la narración de la historia de Marcela y Grisóstomo, echan su cuarto a espadas dos cabreros (el anónimo y Pedro), Ambrosio y luego la propia Marcela (I, 12-14); en la de Cardenio y Dorotea, participan, además de los dos nombrados, el anónimo cabrero en la obertura y don Fernando en el colofón (I, 24, 27, 28 y 36); al anónimo narrador de *El curioso impertinente*, después de la breve presentación de su obrita por Palomeque, le presta su voz el cura Pero Pérez, con comentarios moralizantes finales (I, 33-35); Ruy Pérez de Viedma narra su propia historia, coadyuvado por Zoraida y luego por su hermano el oidor, tras el breve interludio del anónimo presentador frustrado (I, 39 y 41). En el *Quijote* de 1615, no se pierde del todo el pluriperspectivismo de las voces narrativas en uno de los seis relatos secundarios (el de los moriscos que propone dos puntos de vista diferentes: el de Ricote y el de su hija Ana Félix), pero se reduce drásticamente en los otros cinco, con un solo breve narrador, que es a la vez el protagonista, para la obertura de cada historia insertada, antes de que los protagonistas de la principal puedan asistir en directo a su desenlace.

Los anónimos narradores iniciales de los relatos interpolados de la primera parte amplían la parafernalia introductiva de los mismos, dando realce a la historia y suscitando la expectativa de los receptores con una primera perspectiva sobre la misma, que por lo general adolece de la visión deficiente del anónimo. En este cometido los personajes anónimos parecen revelarse como instrumentos de proliferación de la variedad, capaces de conectar dos regiones de la imaginación —como las llama Martínez Bonati (1977)—, ensanchando los espacios de la linde para hacer menos traumática la transición. En la segunda parte, cuando, para responder a las críticas de los lectores, Cervantes decide cambiar la estrategia de interpolación de historias, reduciendo su alcance y limitándose a los casos sucedidos a los protagonistas, se encuentra en la obligación de rebajar el impacto de las transiciones entre regiones de la imaginación, por lo que los anónimos colonos de la linde dejan de ser necesarios.

Otra consideración que cabe hacer, a modo de corolario, tiene que ver con los casos ya vistos de presentación oblicua; como apuntaba antes, los anónimos, aun habiendo estado en contacto con los personajes del mundo otro, no han recabado ninguna información sobre ellos, con lo que dejan de ser transmisores de informaciones para convertirse en *shifters* de su presencia, marcadores de una anomalía, por ahora sin contenido, presta a ser rellenada por el diálogo. Son *personajes función*, fósiles de una situación arquetípica propia del teatro clásico: el *mensajero* que introduce un tiempo y un espacio otros en el momento presente (Di Gregorio 1967: 17-20), alterando equilibrios y planes, del que trataba en el capítulo sobre los personajes anónimos del *Persiles*. Cuando el anónimo toma la palabra para contar el primer capítulo de un relato secundario, esa capacidad de marcar la anomalía de los otros personajes se transforma en la de revelar los contenidos narrativos del espacio que él ocupa y señorea, en cuanto elemento del ambiente que ocasionalmente atraviesan los protagonistas. Los cabreros (tres con ese oficio comienzan sendos relatos) dominan el monte; los venteros son los amos de los caminos —uno de ellos es también el custodio de la maleta de las novelas—; aunque en movimiento por ellos se pueden encontrar también, en función de *domini* de las tramas diegéticas de los lugares, un estudiante o uno de los implicados en la contienda de los rebuznos o incluso los anónimos duques de Aragón, indiscutibles señores feudales promotores de las tramas narrativas en su palacio. El anónimo mantiene una relación de necesidad con el espacio, como vehículo de historias, pero también como elemento de rápida utilización, con vasta e inmediata disponibilidad para el narrador que quiera integrar historias secundarias en su relato. En ese sentido se puede ver al personaje anónimo como el más cercano a los cimientos mismos de la narración, por cuanto parecen surgir de la ambientación espacial de la misma, uno de los elementos primigenios de la génesis narrativa («En un lugar de la Mancha […]»).

4.5. Función cardinal

Algunas aventuras y algunos de los ritos de paso de la carrera caballeresca de don Quijote dependen de la actuación de personajes sin nombre; su investidura, por ejemplo, corre a cargo de un innominado ventero, jubilado de pícaro (I, 2-3); el ansiado encuentro con su amada Dulcinea tiene lugar con ella prisionera en el burdo cuerpo de una anónima aldeana del Toboso (II, 10). Tampoco se les asigna un nombre al mercader de Toledo, parlanchín y socarrón, que hace frente al hidalgo andante en la contienda sobre la emperatriz de la Mancha (I, 4);

al arriero de Arévalo, competidor por las gracias de Maritornes (I, 16); al cuadrillero del candilazo (I, 17); al barbero dueño de la bacía que había de ser yelmo de Mambrino (I, 21); a ninguno de los galeotes, menos a Pasamonte (I, 22); al canónigo de Toledo, preceptista literario (I, 47); al actor de las cortes de la muerte (II, 11); al condescendiente leonero (II, 17); o al irascible eclesiástico de los duques (II, 31-32). Y, sin embargo, son todos ellos personajes sin cuya participación el narrador no hubiera podido construir los episodios relativos; algunos son simples coadyuvantes, como el barbero, la aldeana, el actor o el leonero; pero otros son verdaderos antagonistas del héroe, como el ventero, el mercader, los galeotes, el arriero celoso, el cuadrillero ofendido o los oponentes dialécticos eclesiásticos. Aquellos abren el episodio, proponiendo nuevos elementos de una realidad convertible en cacharrería caballeresca; estos lo cierran con la previsible sanción al despropósito del loco, como si fueran agentes de una justicia poética que se da por norma la negación del triunfo del visionario hidalgo.

¿A qué se debe tanta ingratitud por parte del autor o del narrador para con el don nadie de turno, privado del merecido nombre, por más que desempeñe una *función cardinal* en el relato? Desde luego no parece favorecer la causa de los anónimos la evanescencia que los afecta (prácticamente ninguno de ellos vuelve a aparecer en el relato, con la notable excepción del barbero); ni su escasa caracterización, reducida generalmente a un solo atributo con función de epíteto (el burlón ventero, el socarrón mercader, el celoso arriero, el irascible eclesiástico, etc.), que, por supuesto, es el que le consiente su participación en la historia; ni su destino diegético, pues ninguno de ellos ha conseguido imponer su esfera existencial como alternativa al deambular errabundo de don Quijote, al igual que hará en 1615 don Diego de Miranda. De modo que habrá que exculpar al ya no tan ingrato narrador por la anonimia de estos personajes, pues ninguno de ellos ha sabido recorrer una de las tres sendas que llevan a la fuente de los nombres (recurrencia, caracterización y destino diegético); son, por contraste, personajes votados a la acción, tanto si esa es su vocación como si no, ligados a un espacio (la venta, la aldea, el camino, el palacio) y tocados con el sambenito de la dimensión arquetípica.

4.6. *Función epifánica*

Esa dimensión arquetípica ligada al personaje anónimo parece evidente en los nombres comunes con que se los designa (ventero, mercader, barbero, cabrero, eclesiástico, etc.). En un par de casos, esa correlación anónimo-estereotipo social resulta aún más patente; son dos episodios en los que, en un clima de condescendencia colectiva para con la visión del mundo del loco andante (fiestas, cortejos y recibimientos en el palacio de los duques, paseo colectivo por una Barcelona atestada de gente), el narrador le obliga a medirse con la revelación brutal de que lo que él toma por agasajos y ceremonias no son más que burlas en su daño; para ello, el narrador echa mano de dos personajes anónimos pertenecientes a dos categorías marcadas socialmente con el estigma de la intransigencia, la claridad y la transparencia violenta de sus afirmaciones: el eclesiástico de los duques, que llega a ofender a sus señores por la defensa que hacen del orate (II, 31-32), y el castellano que en las calles de Barcelona conmina al caballero a que vuelva a su casa y evite someterse al ridículo colectivo (II, 62). Explica Miguel Herrero García, en sus *Ideas de los españoles del siglo XVII* (1966: 108-109), que los castellanos eran tenidos por el emblema de la sinceridad y la franqueza, sin ceremonias, ni compromisos. De esa idea recibida parece valerse Cervantes para construir este personaje de usar y tirar, sin nombre, pero con una función determinante. También pertenecería a esta reducida familia de anónimos brutalmente francos, con *función epifánica*, el estudiante que comenta la salida de Sancho del gobierno de la ínsula «muerto de hambre, descolorido y sin blanca» como un modelo para todos los gobernadores cesantes (II, 55).

4.7. Anónimos representantes de un colectivo
in praesentia

La mayor parte de los personajes anónimos de los que venimos hablando lleva consigo los semas y las connotaciones de un grupo o una categoría social, por lo general, ausente del relato. Algunos de entre ellos, en cambio, se proponen como adelantados de una comunidad presente, con participación en la trama; poseen una identidad difuminada, como si no fueran más que el precipitado de una serie de atributos comunes a todos. El paralelo con el corifeo griego ya propuesto en el capítulo sobre los anónimos del *Persiles*, es decir, el personaje que avanza unos pasos más allá del límite del coro para dar voz al sentir colectivo, resulta casi inmediato. El narrador reduce las múltiples instancias de la comunidad a una sola expresión que se apropia de sus elementos distintivos y los lleva al límite, para facilitar su dramatización en el diálogo con don Quijote. Ese parece ser el proceso sinecdótico que subyace al desmarque del grupo de mercaderes de Toledo del más astuto y burlón de todos (I, 4), en su diatriba *in crescendo* con el hidalgo orate, entre pretensiones absurdas y respuestas paródicas, hasta desembocar en la violencia física. Otro personaje epítome del colectivo es el mayordomo de los duques, capaz de decantar en su persona los significados de la comunidad palaciega ante don Quijote, como la creatividad narrativa caballeresca, la inventiva burlesca y la astucia, cuando representa a la barbada Trifaldi (II, 36) o cuando hace de Merlín (II, 35) o acompaña a Sancho a Barataria (II, 45); de su escuela ha de ser también, cómo no, el paje correo que lleva la carta y los presentes de la duquesa a Teresa Panza (II, 50). Los tres exacerban en su persona los atributos de la comunidad que representan, traduciéndolos en acciones, sin que eso sea suficiente para sacarlos del universo de dos dimensiones que habitan y dotar a sus cuerpos del relieve de una personalidad redonda y de un nombre.

4.8. Anónimos y derecho al retorno

Claro que tal vez lo más curioso no sea tanto que estos sinecdóticos anónimos no reciban un nombre como que, una vez constituida, su individualidad no perdure, sino en contados casos, a lo largo del relato, aunque no fuera más que como constancia y recuerdo de los eventos de un estadio diegético anterior. El nombre condensa lo sucedido y recupera la imagen bien delineada del personaje en ocurrencias sucesivas; en cierto sentido, se podría decir que el nombre es el salvoconducto que le permite volver a la historia. Y, en efecto, solo los anónimos con nombre —valga la paradoja— tienen derecho al retorno, porque el nombre tatúa sobre su piel su vicisitud personal. Esa podría ser la diferencia, por ejemplo, entre el mercader de Toledo, el mayordomo y el paje de los duques, y el niño Andrés: dado que este ha de volver a encontrar a don Quijote, es necesario dotarlo de la tarjeta que lo identifique con su vivencia en el momento de la vuelta (I, 36); lo mismo podríamos decir para el caso de Tosilos, el criado infiel de los duques por amor de la hija de doña Rodríguez, y su regreso (II, 66).

¿Quiere esto decir que los anónimos no tienen derecho al retorno? ¿En la obra maestra cervantina, al don nadie no se le concede una segunda oportunidad? La respuesta es, por lo general, no, si exceptuamos a una categoría especial de anónimos, los *anónimos de vínculo*, de los que hablaré inmediatamente. Y entonces, ¿por qué el barbero del yelmo de Mambrino vuelve a la historia para reclamar sus propiedades, si incluso en esta circunstancia permanece innominado? No resulta individualizado por un nombre, es cierto, pero la segunda vez que aparece el narrador lo distingue del barbero Nicolás, presente también en la venta de la disputa del baciyelmo, con el apelativo de «el sobrebarbero» (II, 44), en el que se encierra un valor deíctico ('el barbero de más arriba') que lo aleja del nombre común para acercarlo al nombre propio (Deleuze 1969: p. 23, subraya el valor deíctico de los nombres propios).

4.9. Anónimos de vínculo

Hay un grupo de anónimos constituido por algunos parientes y criados de otros personajes, como el ama de don Quijote, la mujer y la hija de Palomeque o el mayordomo de los duques, a los que el narrador concede el derecho al retorno. En la medida en que representan la prolongación de la personalidad de sus patronos o su marido y padre, son la transformación en clave relacional de sus identidades; no estaría bien que los duques se rebajaran a concebir y montar burlas, de ahí que en su lugar lo haga quien de algún modo reproduce sus mismos significados y valores; el ama de don Quijote y las allegadas de Palomeque actúan como su amo y pariente, en clave femenina y cuerda, en el caso del ama (el anonimato más sorprendente de la obra, en opinión de Reyre 1980: 187), cuando se relaciona con el cura y el barbero o con Sancho, y en clave también de estereotipo social, en el caso de las venteras.

Los mentados son solo una avanzadilla privilegiada de un grupo más numeroso, cuyos miembros no tienen la posibilidad de volver al relato, porque las situaciones emblemáticas para las que fueron concebidos no se vuelven a producir o porque los núcleos a los que están vinculados no vuelven a tener un papel en la historia. Formarían parte de ese grupo más amplio de anónimos de vínculo el humanista primo, que lo es del estudiante esgrimista y narrador de la historia de Basilio y Camacho (II, 19), el maestresala y el secretario de Sancho en la ínsula (II, 47), el sobrino de don Antonio Moreno (II, 62), o incluso el trujamán mancebo que acompaña a Maese Pedro en sus espectáculos (II, 26).

4.10. El nombre, en teoría

La necesidad de los anónimos de vínculo como prolongación de la identidad encerrada en un nombre revela la relación estrecha entre el nombre y la posición social o el territorio (Starobinski 1961: 195; Zonabend 1980: 8); el apellido cumple más claramente esa función, pues se liga a la historia de una familia vinculada a un espacio; el nombre, por cuanto tiende a encadenar a las generaciones mediante la repetición del mismo, puede vincular igualmente al individuo a su posición y su espacio vital. El caso de don Diego de Miranda podría ser emblemático en tal sentido: recoge en sus nombres de pila y de familia una tradición y una condición social, que se manifiesta en las relaciones sociales, ciertas formas de vida y ciertos hábitos propios de su alcurnia. Bien lo sabe aquel otro hidalgo manchego de identidad rutinaria hasta el autismo que era Alonso Quijano, el cual ha tenido que volver a bautizarse a sí mismo para romper el vínculo con el espacio y el tiempo familiares, y así dotarse de otras cualidades y otras posibilidades de acción. El contraste entre don Diego y don Quijote pone de relieve dos valores fundamentales del nombre propio: en el caso del primero, su fuerte caracterización se traduce en su individualización con nombre y apellido; para el segundo, podría servir la misma consideración, con el añadido de que sus atributos caracterizadores van íntimamente unidos a la acción, como resortes generadores de episodios; el nombre separa a un personaje de los demás, por un lado, sin necesidad de que su personalidad se traduzca en acciones, y, por otro, garantiza la proliferación de las aventuras en cuanto contenedor de atributos.

En esta formulación, tal vez se reconozcan las ideas de Barthes sobre el nombre en su análisis de la novela *Sarrasine*. Para Barthes (2004: 161), el nombre encierra una serie de atributos propios de un personaje, que son predicados del mismo —y que, por lo general, se convierten en otras tantas líneas de acción—, y conlleva una negación, la distancia del personaje respecto a los demás, lo que lo hace diferente. Esa barrera podría llevar a sacrificar algunas vías de relación, en aras de la preservación de la diferencia; Cervantes, en estos anónimos de vínculo, desgajados de la entidad principal, parece haber querido recuperar el remanente relacional excluido del cuerpo de atributos acotado por el nombre. Los anónimos con nombre, la etiqueta paradójica bajo la que cobijaba a Tosilos y al niño Andrés, ejemplifican bien esa función diferencial del nombre, la negación metafísica de la otredad, del planteamiento de Barthes: son personajes con atributos distintivos tan marcados y tan relacionados con un episodio específico que, para conseguir que vuelvan al relato con la carga mnemónica de su suceso, el narrador ha tenido que proporcionarles un nombre.

Hay que decir que también los anónimos sinecdóticos, que representan a un grupo *in praesentia*, del que se separan para interactuar con don Quijote, o *in absentia*, con su dimensión arquetípica, ayudan a comprender la idea de Barthes, pues la ausencia de cualidades individuales no los hace aptos para promover una acción propia; y es que los personajes anónimos están sujetos a esa pugna soterrada entre la propensión a la acción de la mayor parte de ellos y la tendencia al enriquecimiento de su caracterización mediante la relación con los otros. A veces, el episodio exige la manifestación por parte del anónimo de alguna cualidad distinta del epíteto que lo ha convocado, de ahí que el niño pastor azotado por intencionalmente descuidado (I, 4), cuando empieza a ampliar su caracterización con la preocupación de su futuro personal y laboral, se haga merecedor del nombre de Andrés; su amo, el cruel fustigador de sus errores profesionales, recibirá el de Juan Haldudo, cuando el muchacho quiera convencer a don Quijote de que es un patán (¡Haldudo!) incapaz de mantener la promesa de pagarle lo que le debe. El bachiller arrollado por el ciclón manchego, desde debajo de su mula, tras haberse lamentado sobre su futura condición de cojo eterno y haber jugado del vocablo con el apesadumbrado caballero, desvelará que su nombre es Alonso López (I, 19). Los tres personajes han conseguido salir del desierto de la anonimia porque han sabido encontrar la primera de las sendas que llevan al manantial de los nombres: la de la caracterización compleja de la personalidad.

Don Quijote, con su acción promueve la revelación del nombre de los anónimos que va encontrando, a quienes concede la gracia de la luz individual. El anónimo asciende en el escalafón de las identidades hasta adquirir un nombre, en esta exaltación de la cotidianidad que la acción del loco andante hace posible. Lo demuestran los citados Juan Haldudo y Andrés, Alonso López, pero también las poco nobles doña Molinera y doña Tolosa o el Pedro Alonso que lo lleva de vuelta a casa. En cambio, no servirán de nada los denuedos del hidalgo para desvelar el linaje que se oculta bajo el nombre común de los duques, porque son los potentes emblemáticos del cuento folklórico (Reyre 1980: 189-190), aunque, por ciertos indicios, se puede suponer que son los de Villahermosa (Redondo 1997: 447-452).

4.11. Escritura y anonimato

Tan hábil en el desvelamiento de identidades anónimas como don Quijote parece ser, a otro nivel del relato, la escritura; algunos personajes anónimos se sitúan de improviso bajo el foco de luz del nombre de pila tras convertirse en objetos de la acción escritural; sucede con el vizcaíno duro de pelar, de cuyo nombre, don Sancho de Azpeitia, deja constancia la portada del manuscrito de Cide Hamete (I, 9); con la sobrina de don Quijote, obstinadamente anónima hasta el último capítulo del libro, cuando en el testamento del caballero aparece mencionada como Antonia Quijana (II, 74); con el cabrero Antonio, a quien la recitación del poema compuesto por su tío expulsa del anonimato (I, 11); o con Ginés de Pasamonte (I, 19), único galeote bautizado por el narrador, tal vez porque es el único que va a firmar una autobiografía, si consigue resolver la aporía de acabarla antes de que se acabe su vida.

Por contraste con la revelación de los nombres de los personajes, no deja de ser curioso que, en el caso del autor del libro, la acción de la escritura multiplique su instancia en una legión de identidades anónimas. Ya en el prólogo de 1605, como se recordará, del prologuista se separa una instancia autorial alternativa identificada como un amigo anónimo, lo que hace posible la escenificación de un diálogo entre diferentes funciones del autor, como creo haber demostrado en otro lado (1998); ese desdoblamiento inicial propone un modelo de proliferación de heterónimos del autor —así los llama Fine (2009), porque cada uno de ellos tiene su proyecto y su visión del mundo, como los heterónimos por antonomasia de Pessoa— que cristalizará en el relato en un complicado juego de voces narrativas. El sello cervantino, la marca de la casa, se identificará, a partir de entonces, con la estrategia de distanciamiento irónico del narrador surgida de ahí y que, según Lukács (2010: 71-72), hace del *Quijote* el primer eslabón de la cadena de la novela moderna.

El juego proliferativo de los narradores de las historias interpoladas que hemos visto más arriba, en el que la anonimia tiene un papel fundamental, se propone ahora, en la raíz misma del relato, con el anonimato como elemento fundamental, pues ni siquiera es lícito decir que la voz que escuchamos en el prólogo haya de corresponder a la del autor, ya que se trata de una entidad autorial demediada por el desgajamiento del amigo; ¿será por eso por lo que se define padrastro y no padre de don Quijote? El receptor extratextual de esa voz semianónima es, a su vez, otro anónimo, el «desocupado lector», con valor de sinécdoque de la masa de lectores, suficientemente contextualizado en la situación de fruición textual y de libertad de juicio como para que cada uno pueda reconocerse en el vocativo.

La sombra del anonimato del autor se extiende a su ectoplasma más personal —aquel viajero que olvidó la maleta en la venta de Palomeque (I, 32)— y luego se refracta en las cuatro instancias emisoras del relato. El primer y segundo autor (los narradores), el autor ficticio y el traductor —tres anónimos enmarcando la figura de Cide Hamete— constituyen un sistema narrativo en equilibrio (Martín Morán 2006), capaz de adaptarse a las nuevas circunstancias de la historia en cada una de las tres ocasiones en que será necesario: las dos últimas salidas de don Quijote y la asunción en el relato de la publicación del *Quijote* de Avellaneda a partir del capítulo II, 59. Para cada una de las tres situaciones enunciativas surgidas de la modificación de las relaciones entre el autor y la materia narrada de la novela corta inicial (decisión de escribir una novela larga, continuación tras diez años de silencio y varias críticas de los lectores, y publicación del libro apócrifo), Cervantes dispone una distribución de funciones diferente entre las tres instancias implicadas en el sistema enunciativo (segundo autor, traductor y autor ficticio), hasta alcanzar el clímax del desvelamiento de la identidad de los anónimos en las frases finales del libro, en que Cide Hamete se dirige a su pluma primero y después al lector para reconocer su intención última, «poner en aborrecimiento de los hombres las fingidas y disparatadas historias de los libros de caballerías» (II, 74), que repite en eco el programa explicitado por el anónimo amigo en el prólogo de 1605: «Esta vuestra escritura no mira a más que a deshacer la autoridad y cabida que en el mundo y en el vulgo tienen los libros de caballerías». La distribución de funciones narrativas, en esta cuarta variación del sistema enunciativo, ha venido concentrando en Cide Hamete la mayor parte de las responsabilidades que antes eran del segundo autor, hasta convertirlo en una sombra del propio Cervantes; cuando, a pocas líneas del final, el morisco aljamiado se haga eco del mismo programa del prologuista, la ascensión en la espiral (Segre 1974) proliferativa desvelará paulatinamente que el nombre que se esconde tras los anónimos y el autor ficticio no es otro que el que encontramos en la portada del libro.

4.12. Conclusiones

De lo dicho hasta aquí podríamos deducir, entre otras cosas, que parece haber una resistencia por parte de los anónimos a quedarse segregados en la sombra y que, de vez en cuando, esa resistencia consigue convencer al narrador de la conveniencia de nombrarlos. Claro que no todas las estrategias alcanzan el objetivo; paradójicamente no lo alcanza la que en principio parecería más atinada: la de la relevancia de las acciones anónimas para el relato; ni la función de informadores, ni la de presentadores oblicuos, ni la de narrador de historias secundarias, ni la epifánica, ni la cardinal; por supuesto, tampoco alcanza el objetivo la estrategia de arrimarse a los buenos, tratando de ampliar su espectro de acción social, como saben bien los anónimos de vínculo. Solamente la escritura y las tres sendas que hemos visto al principio garantizan el acceso a la fuente de los nombres; Antonia la sobrina de don Quijote, el bachiller Alonso López, don Diego de Miranda y el niño Andrés son los ejemplos correlativos de que por la escritura, la caracterización, el destino diegético y la recurrencia se puede salir del anonimato.

Hablaba antes de la tensión entre acción y caracterización en los anónimos del *Quijote*. Para comprender mejor esta idea expondré brevemente la teoría de Aristóteles sobre el carácter. Dice Aristóteles (1974): «Carácter es aquello que manifiesta la decisión, es decir, qué cosas, en las situaciones en que no está claro, uno prefiere o evita» (6, 1450b 8-12); «habrá carácter si, como se dijo, las palabras y las acciones manifiestan una decisión, cualquiera que sea» (13, 1454a 17-18). La acción, para Aristóteles, es independiente del carácter de los personajes; tanto es así que, según él, puede haber tragedia sin caracteres, pero no sin acción (6, 1450a 24-25). Traído el concepto a nuestro asunto, la volatilidad del anonimato de la que he hablado, o sea, esa inestabilidad del equilibrio entre ausencia de nombre y caracterización, se podría poner en relación con esta concepción del personaje trágico en Aristóteles, al que se le exige acción y no posicionamientos éticos ante el mundo. Los anónimos del *Quijote*, en su mayoría, parecen concebidos para impulsar la trama del relato con sus acciones, ya sea como coadyuvantes de los personajes principales, como informadores, presentadores o primeros sucintos narradores de historias secundarias, ya sea como soportes de las proyecciones caballerescas de don Quijote (las mozas del partido, el ventero, la dama que va a Sevilla, etc.), ya sea como sus contrincantes (el mercader, el sobrebarbero, el cuadrillero, etc.). La mayor parte de ellos son personajes de vuelo breve, pensados para resolver un *impasse* narrativo o para plantear una nueva situación, ligados al territorio por la lógica de la pertenencia espacial, sin posibilidades de volver a ser utilizados por el narrador. Son lo que Bajtín (1989: 243-244) denominaría, si hubiera aplicado a la creación de los personajes los mismos conceptos que al tratamiento del tiempo y el espacio, *personajes técnicos* —concepto que ya he usado en los dos capítulos anteriores—, ya que ellos, como el tiempo en la novela de pruebas o de aventuras, no tienen un desarrollo biológico, una expansión caracterial y son utilizados como revulsivos de la acción en un momento específico.

5

De Aldonza a Dulcinea. Los avatares iconográficos de una labradora

Ya no hay lectores vírgenes del *Quijote*. Todos llevamos en nuestras retinas una imagen de don Quijote y Sancho, que con toda probabilidad es la de Picasso, que a su vez es la de Doré. El libro, a la altura de 1863, año de publicación de los grabados de Doré, era ya un clásico, qué duda cabe. Lo habían usado como modelo arquetípico los novelistas ingleses del XVIII y lo estaban haciendo los franceses del XIX. Pero el mito popular moderno, el icono de una cultura y una actitud ante la vida, surge en la interpretación romántica y pienso, con Schmidt (1999: 170), Lenaghan (2003a: 33) y Canavaggio (2006: 143), que, en alguna medida, surge también en las ilustraciones decimonónicas y sobre todo en las de Doré, su principal vector de difusión.

El doble emblema «don Quijote–Sancho Panza» nace cuando en un libro de burlas —tal era considerado unánimemente el *Quijote* hasta bien entrado el siglo XVIII— se depositan significados que lo trascienden y lo proyectan en una dimensión supratemporal. La representación iconográfica de Dulcinea, como la de don Quijote y Sancho, es una piedra de toque de este proceso; en su imagen, los ilustradores proyectan su lectura del libro: si ven a don Quijote como el caballero del ideal, Dulcinea será una princesa; si lo ven como un loco ridículo, será una zafia campesina de rasgos grotescos. En esas dos grandes «maneras» iconográficas reservadas a Dulcinea reconocemos las dos grandes líneas interpretativas del *Quijote* en los casi cuatro siglos de lecturas acumuladas; a decir verdad, a lo largo del siglo XIX, tras la magna edición de la Real Academia

Española de 1780, se aprecia aún una tercera manera de ilustrar a Dulcinea y todo el *Quijote*: ya no se trata de destacar un episodio, acompañar la lectura o incluso dirigirla, como hacen los dibujantes que aceptan la visión idealista o la divertida, sino de restituir al texto su contexto histórico-social, reproducir los vestidos, los objetos, los lugares e incluso la apariencia física de los personajes a un libro que, a menudo, había pagado la visión anacrónica o los intereses específicos del editor de turno. Esta lectura filológica del texto es la que hallamos en las reproducciones casi documentales de ciertas ilustraciones españolas, sin que, por otro lado, ello empezca para una interpretación idealizada de los personajes.

En las páginas que siguen, les propongo la observación, a vuelo de pájaro, de las imágenes de Dulcinea que nos han legado esas tres grandes maneras de ilustrar el *Quijote* a lo largo del siglo xix. Para ello, seguiré el orden de los episodios del relato, sin parar mientes en la cronología de las imágenes. Haré un inevitable excurso en el xviii, para ver un grabado de la edición de la Academia y otro en el xx para admirar un par de grabados de José Jiménez Aranda. Hago notar que, en principio, no establezco una distinción jerárquica entre los diferentes programas iconográficos; ello se debe a que mi interés no va encaminado tanto a entender cómo nace y se asienta el mito —para lo cual la susodicha distinción sería fundamental—, como a estudiar los modos de representación de la dama de don Quijote. De todas formas, para no perder de vista la diferente importancia de cada programa iconográfico, indico entre corchetes, al lado del nombre del dibujante, la cantidad de ediciones presentes en la colección TAMU con ilustraciones suyas o derivadas de las suyas.[9]

---

[9] Con la sigla me refiero al *Proyecto Cervantes*, dirigido por Eduardo Urbina, de la Biblioteca Cushing de Texas A&M University, consultable en línea (http://www.csdl.tamu.edu:8080/dqiDisplayInterface/searchEditions.jsp). También he consultado el *Banco de imágenes del «Quijote»: 1605-1905*, dirigido por José Manuel Lucía Megías (https://

5.1. ¿Quién es Dulcinea?

A don Quijote y Sancho, a diferencia de lo que sucede con la mayor parte de los personajes literarios, los reconocemos inmediatamente (Riley 2001: 172); pero ¿a Dulcinea, la reconocemos? ¿Es gorda o es flaca? ¿Rubia o morena? ¿Es la «moza labradora de muy buen parecer» de la que habla el narrador en el primer capítulo del libro? ¿O es la doncella de «rostro amondongado, / alta de pechos y ademán brioso», de la que habla el Paniaguado, Académico de Argamasilla, en su epitafio al final del *Quijote* de 1605? Georges Roux [1], en la edición de París de 1865, parece haber optado por la primera descripción, la del narrador, en su ilustración para el momento en que Sancho reconoce la verdadera identidad de Dulcinea en el capítulo I, 25 (figura 1). Antes que él, en 1836-1837, en París también, Tony Johannot [44] daba parecida respuesta en tres diferentes grados de intensidad idealizadora (figuras 2, 3 y 4).

De la escuela del Paniaguado se diría que son, en cambio, Rafael Ximeno [4] (figura 5) en la edición de Sancha (Madrid, 1797-1798), Robert Smirke [10], en la edición de Londres de 1818 (figura 6) y Joseph Kenny Meadows [2], en la de Londres de 1833, con traducción de Smollet y dieciocho ilustraciones, en tres volúmenes en octavo (figura 7). Tras la opción exclusiva por una u otra descripción, se esconde, como anunciaba más arriba, una de las dos grandes interpretaciones del *Quijote*: tras los secuaces del narrador, se vislumbra la lectura romántica que ve en don Quijote al caballero del ideal y en su dama, el símbolo de la transcendencia; tras los seguidores del Paniaguado se entrevé la interpretación humorística, que ve en el hidalgo a un loco descaminado y en su princesa a una zafia campesina.

Sea como fuere, lo que parece fuera de discusión es que los testimonios del texto no nos proporcionan datos ciertos para establecer el aspecto de Dulcinea; será que ni Aldonza ni

---

www.cervantesvirtual.com/portales/quijote_banco_imagenes_qbi/), de donde extraigo la mayor parte de las imágenes que acompañan mi razonamiento.

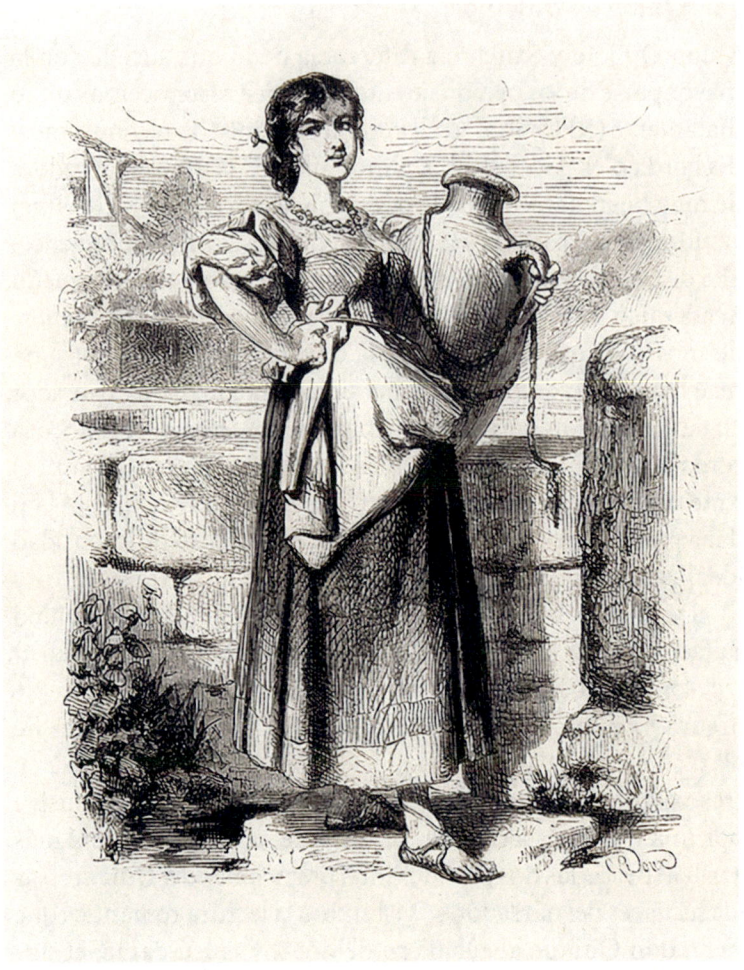

- Figura n.º 1. Georges Roux, *Dulcinée du Toboso.*
- Fuente: *Proyecto Cervantes*

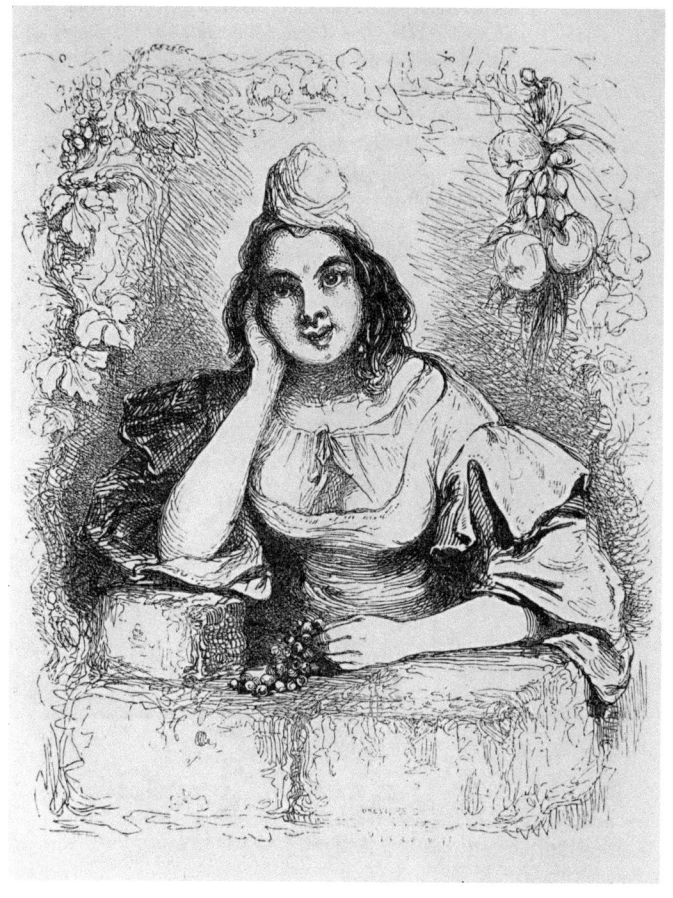

- Figura n.º 2. Tony Johannot, *Dulcinea*.
- Fuente: *Banco de imágenes del «Quijote»*

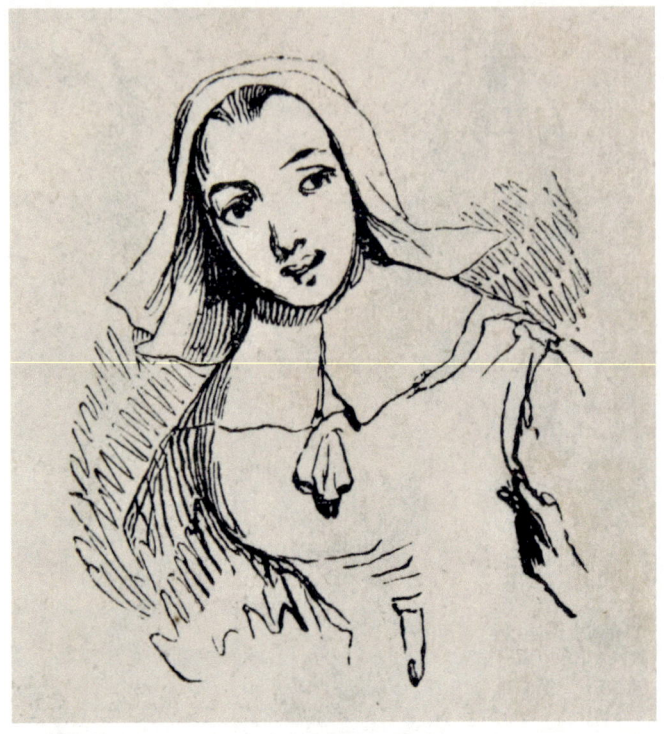

- Figura n.º 3: Tony Johannot, *Dulcinea*, París.
- Fuente: *Banco de imágenes del «Quijote»*

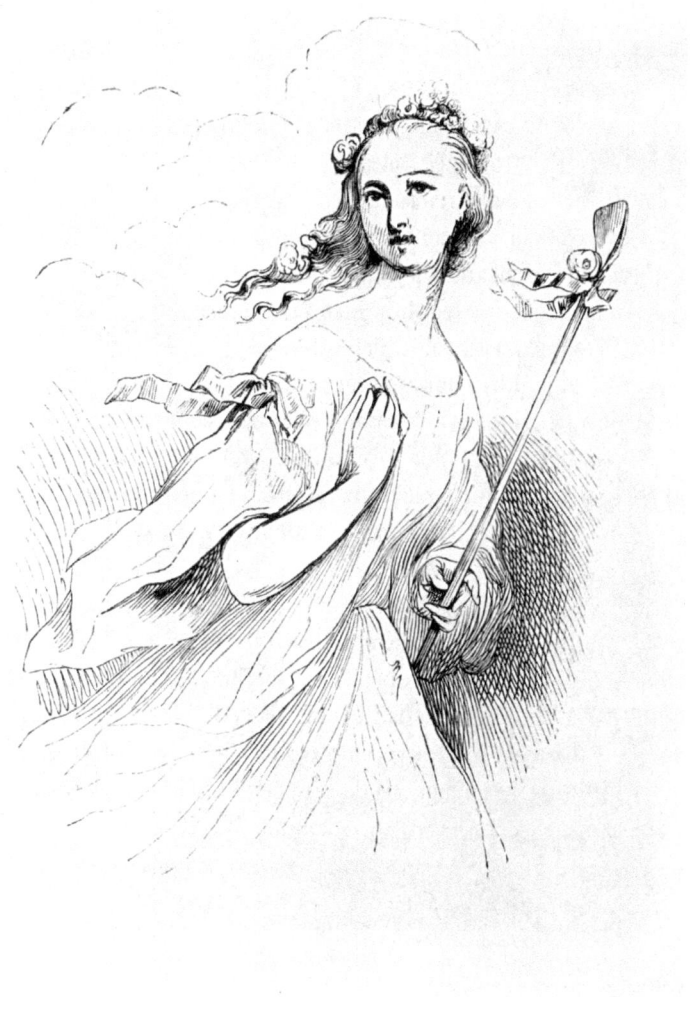

- Figura n.º 4. Tony Johannot, *The Shepherdess Dulcinea del Toboso.*
- Fuente: *Banco de imágenes del «Quijote»*

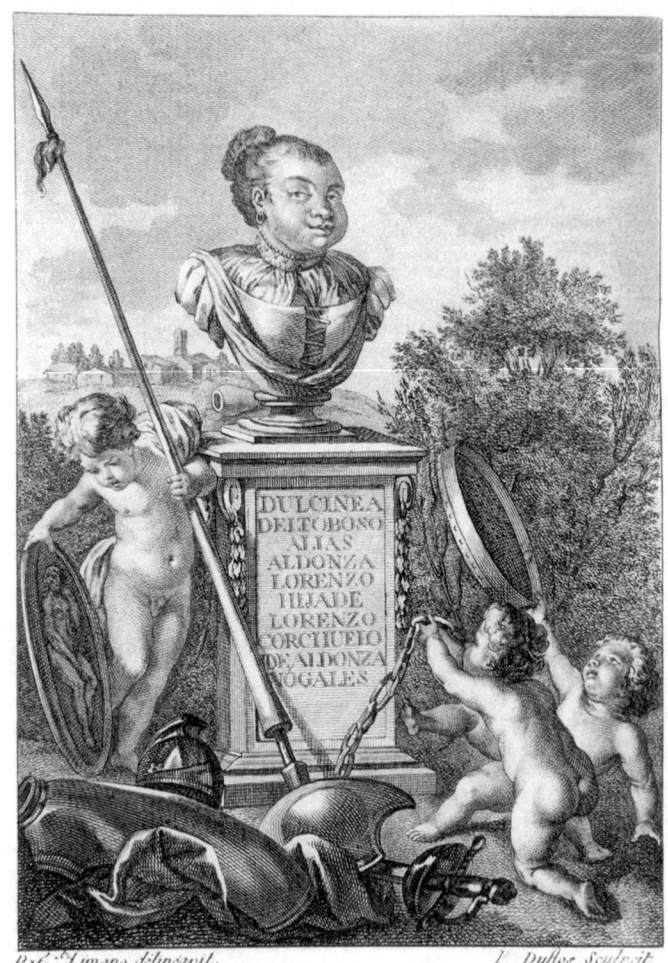

- Figura n.º 5. Rafael Ximeno, *Dulcinea del Toboso alias Aldonza Lorenzo, hija de Lorenzo Corchuelo y de Aldonza Nogales.*
- Fuente: *Banco de imágenes del «Quijote»*

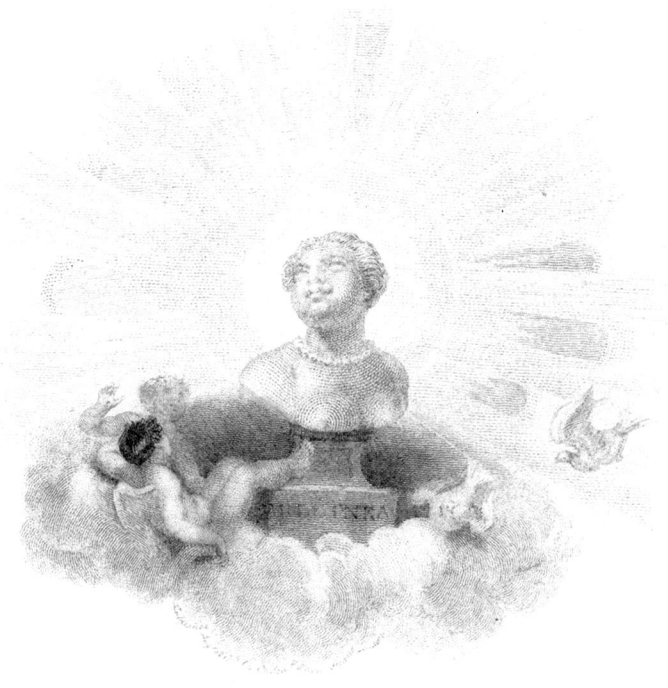

- Figura n.º 6. Robert Smirke, *Dulcinea.*
- Fuente: *Banco de imágenes del «Quijote»*

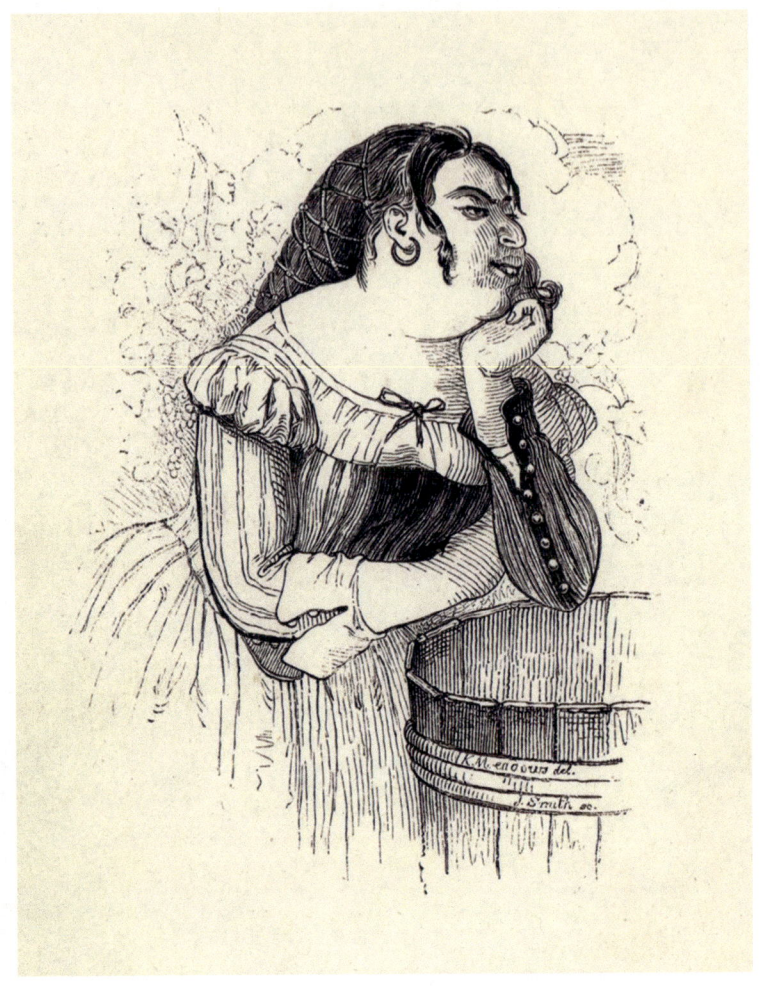

- Figura n.º 7. Joseph Kenny Meadows, *Portrait of Dulcinea*.
- Fuente: *Proyecto Cervantes*

Dulcinea participan nunca en la acción, será que la evocación de don Quijote tiende a hacerla aún más etérea y evanescente, el caso es que su estatuto de realidad no va más allá de la *deixis am phantasma* (Bühler 1979), o sea, la que indica referentes que existen solo en el recuerdo o la imaginación del hablante. Claro que su condición de *referente textual* ineludible (Karttunen 1989) nadie la pone en discusión, pues, aparte de don Quijote, dan testimonio de su existencia Sancho Panza, el narrador y aquella nota sibilina al margen del manuscrito de Cide Hamete: «Esta Dulcinea del Toboso, tantas veces en esta historia referida, dicen que tuvo la mejor mano para salar puercos que otra mujer de toda la Mancha» (I, 9). En verdad, el anónimo anotador ha de referirse a Aldonza Lorenzo, que es la que también conocen Sancho y el narrador, y la base, digamos así, de la hipóstasis caballeresca de don Quijote, cuyo palmito nadie ha visto.

En la visión del hidalgo, Aldonza sufre un proceso de sublimación inductiva desde el accidente a la esencia, que la lleva desde el particular rollizo y amondongado, según el Paniaguado, al universal de la dama receptáculo de amores y hazañas del caballero. En el trasiego de un admirador a otro, con sus respectivas encarnaciones, sufre la ignara Aldonza varios procesos de falsificación en cadena; su segundo avatar —el primero fue el imaginado por el hidalgo— se materializa cuando Sancho suplanta su identidad con la de la primera labradora que sale del Toboso (II, 10); un tercero, en la sublimación soñadora del hidalgo en la cueva de Montesinos (II, 23); y un cuarto, en la encarnación deductiva de este tercer avatar en la persona de un burlón paje del duque (II, 31), compañero del falso Merlín en el desencanto de la doncella. De modo que, entre una imagen real contradictoria —tres versiones: a la del narrador y la del Paniaguado, que ya hemos leído, se ha de añadir la de Sancho, que veremos más adelante— y su transformación en los cuatro avatares que hemos visto, no nos sorprenderá que los ilustradores no sepan muy bien a qué carta quedarse. Si a ello se añade que algunos se han dejado tentar por el frontispicio del libro para representar a la dama de don Quijote e incluso por el colofón para insertar la imagen de su catafalco, las posibilidades aumentan desmedidamente. Claro que, a decir verdad, una vez que un dibujante ha escogido una imagen de la dama, por lo general, la mantiene en los varios episodios, con la excepción del supersurtido programa iconográfico de Tony Johannot.

Haremos un breve recorrido por los avatares de Aldonza en los diferentes episodios aludidos, comenzando por la evocación referencial, anafórica, de Sancho, en Sierra Morena, cuando cae en la cuenta de quién es la amada de su amo:

> —¡Ta, ta! —dijo Sancho—. ¿Que la hija de Lorenzo Corchuelo es la señora Dulcinea del Toboso, llamada por otro nombre Aldonza Lorenzo? [...] Bien la conozco [...] y sé decir que tira tan bien una barra como el más forzudo zagal de todo el pueblo. ¡Vive el Dador, que es moza de chapa, hecha y derecha y de pelo en pecho! [...] ¡Oh hideputa, qué rejo que tiene, y qué voz! Sé decir que se puso un día encima del campanario del aldea a llamar unos zagales suyos que andaban en un barbecho de su padre, y, aunque estaban de allí más de media legua, así la oyeron como si estuvieran al pie de la torre (I, 25).

El único dibujante que ha recogido la sugestión de Sancho ha sido José Jiménez Aranda [2], en este grabado múltiple (figura 8) de la edición limitada, conmemorativa del tercer centenario de Madrid (Cabrera) de 1905-1908, en ocho volúmenes en folio, con ochocientas ilustraciones y papel de excelente calidad. Aunque a mí se me antoja que Apeles Mestres [1] (Barcelona, 1879, dos volúmenes, en cuarto) hubo de tener presente esta misma evocación de Sancho para su grabado (figura 9).

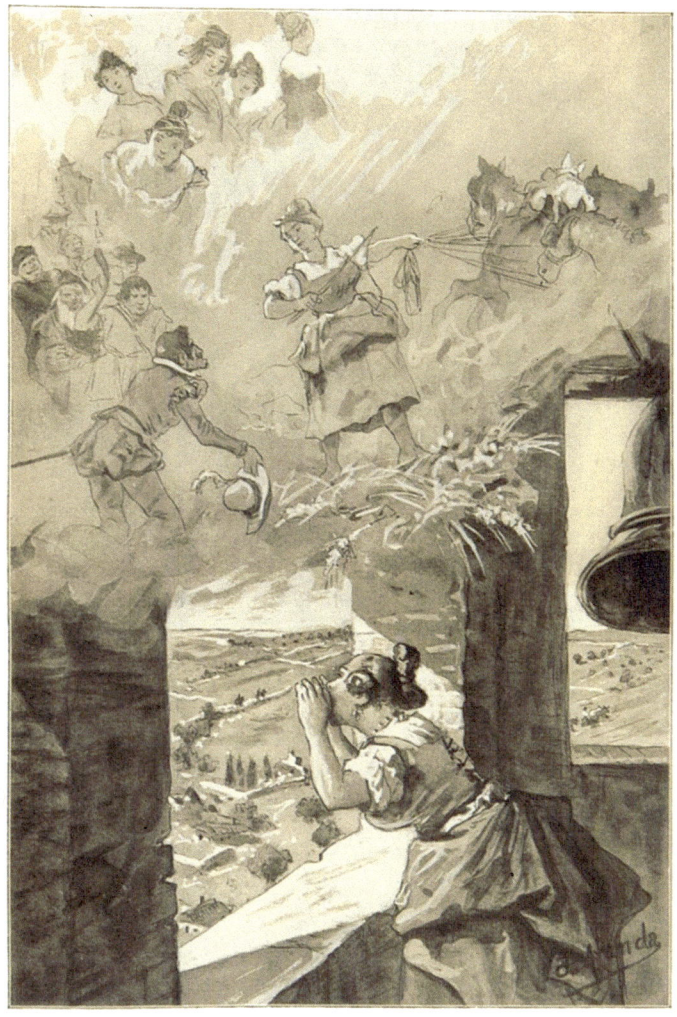

- Figura n.º 8. José Jiménez Aranda, «*Sé decir que
se puso un día encima del campanario de la aldea
a llamar unos zagales...*».
- Fuente: *Proyecto Cervantes*

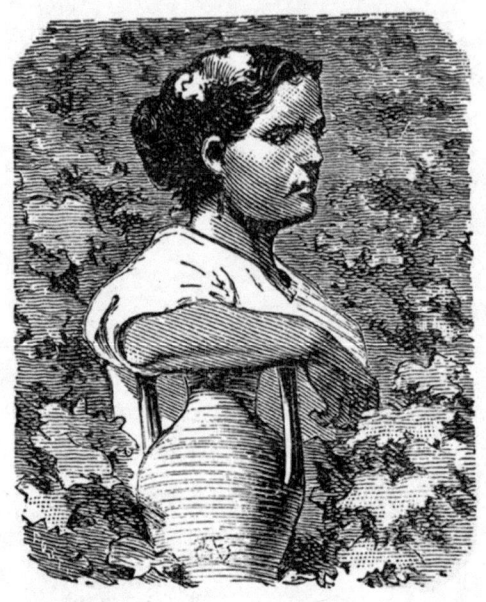

- Figura n.º 9. Apeles Mestres, *Aldonza Lorenzo.*
- Fuente: *Banco de imágenes del «Quijote»*

5.2. Los estilos de Gombrich

Como habrán notado, todas las imágenes que hemos visto hasta ahora aspiran a ser una especie de representación emblemática de uno de los personajes principales de la novela, con sus valores y sus atributos. Con excepción de la ilustración de José Jiménez Aranda (figura 8), ninguna de ellas pretende figurar acciones específicas de la moza; por lo general, ofrecen simplemente su retrato. El encuadre es plano, sin profundidad ni movimiento; Dulcinea suele mirar directamente al espectador, como si lo estuviera invitando a posesionarse por entero de su imagen y sus significados.

Gombrich (2003: 49-51) identifica dos estilos fundamentales en las imágenes: el *estilo pictográfico* o *simbólico*, que él ve sobre todo en las figuras de los santos de la Iglesia católica, y el *estilo narrativo* o *dramático*. Contrapone, luego, lo que él llama el *principio del testigo*, que rige la evolución del arte griego desde el hieratismo antiguo a la búsqueda de la mímesis y la evocación dramática del helenismo, con el precepto figurativo del papa Gregorió Magno, según el cual la pintura había de servir para los laicos analfabetos como la lectura para los clérigos. Los retratos de Dulcinea que acabamos de ver responderían más bien a estos planteamientos de Gregorio Magno, es decir, a lo que Gombrich denomina *estilo pictográfico*. Los dibujantes del estilo pictográfico tienden a hacer del personaje un símbolo; Ximeno (figura 5) y Smirke (figura 6), como hemos visto, llegan incluso a transformar la figura de Dulcinea en una estatua de medio busto que después colocan sobre un emblemático pedestal; Roux (figura 1) y Mestres (figura 9) la acompañan de una tobosesca vasija. El personaje encierra en un objeto o un elemento del contexto sus valores, su esencia, como si de un epíteto se tratara, para obtener su inmediata reconocibilidad. Es el mismo fenómeno que Gombrich ve, dentro del estilo pictográfico, en las estatuas de las fachadas góticas, por ejemplo. En nuestro caso, además de la vasija, nuestros artistas han pintado a Dulcinea al lado de un rústico pozo de agua (Roux, figura 1), una rama de parra y unas ristras de cebollas (Johannot, figura 2), un barreño burdo (Kenny Meadows, figura 7), un florido cayado pastoral (Johannot, figura 4) y unos cupidos (Ximeno, figura 5; Smirke, figura 6). El atributo seleccionado reduce el personaje a una sola dimensión, que en este caso no hay que relacionar con una cualidad o una acción específica del mismo en cierto trance fundamental de su vida, como suele suceder con las representaciones de los santos románicos y góticos, sino, sustancialmente, con su origen geográfico (la vasija del Toboso, los objetos rústicos) o su origen funcional (el emblema de la gloria, la pureza y el amor). En cualquier caso, este proceso de cosificación del personaje viene a subrayar, a mi modo de ver, su carencia de capacidad actancial en el relato. La elección del fetiche epíteto dirige la lectura de la imagen hacia una u otra de las grandes líneas interpretativas de la obra: en Johannot, el cayado florido de Dulcinea la idealiza románticamente, mientras el marco cebollil de Aldonza materializa rústicamente su idealización; la vasija de Roux no rebaja la belleza idealizada de su aldeana, sobre todo si se tiene en cuenta que ese capítulo tenía que haber dibujado la burda voceadora de Sancho. Los humoristas, por su lado, pintan la fealdad de Aldonza y la acentúan con el barreño (Kenny Meadows), o la contrastan con sus excelsos fetiches, como el pedestal (Ximeno, Smirke).

5.3. Avatar rústico y mentiroso

Al estilo narrativo, en cambio, corresponderían las ilustraciones de los pocos episodios de los dos *Quijotes* en que los avatares de Dulcinea participan activamente.

Nos trasladaremos al capítulo I, 31, al momento en que don Quijote pide cuentas a Sancho de su visita a Dulcinea con su carta para ella. En realidad, como sabemos, Sancho no ha llegado hasta el Toboso, por lo que, para salir del paso, tendrá que inventar de raíz su entrevista con la dama. Sin querer, don Quijote le ofrece el material para la invención, al proponerle una serie de tópicos petrarquistas y caballerescos para la apariencia y las acciones de su amada; el pérfido escudero no tendrá más que traducir al ámbito semántico de las labores del campo las excelsas acciones imaginadas por don Quijote, para devolver a Dulcinea a su identidad original de Aldonza Lorenzo. Y así, el bordado de oro y el ensartado de perlas se convierten en el meneo del trigo, rubión, por lo demás, y no candeal, como querría el regateador caballero; la rústica faena, como es lógico, impide a la dama coger la carta del caballero, la cual quedará momentáneamente archivada encima de un saco de cereal; el «olor sabeo» y la «fragancia aromática» que don Quijote imagina en su señora Sancho los transforma en «olorcillo algo hombruno» cuando ayuda a la dama a «poner un costal de trigo sobre su jumento»; la «rica joya en albricias» por la carta que don Quijote augura a su escudero ha quedado reducida en la versión sanchesca a «un pedazo de pan y queso [...] que me dio mi señora Dulcinea, por las bardas de un corral».

Los varios momentos imaginados en la conversación entre amo y escudero quedan recogidos en el grabado correspondiente de Jiménez Aranda, de 1905-1908 (figura 10). Nótese que el dibujante no se decanta por una u otra versión, sino que reproduce ambas en paralelo, imaginando con don Quijote una Dulcinea bordadora, que lee la carta, ataviada de todo punto, al lado de la rolliza labradora en el meneo del trigo, que luego aúpa el pesado costal sobre el lomo del burro y más tarde ofrece el condumio para el camino al mentiroso Sancho por encima de una tapia. Jiménez Aranda respeta el dialogismo del texto, sin forzar la interpretación en una u otra dirección, mientras documenta en el estilo narrativo de Gombrich las acciones de los personajes, tratando de acercar al espectador al momento histórico y el contexto social, con su atención por los trajes y los objetos. Jiménez Aranda recupera aquí, como en su otro grabado con Aldonza en el campanario, la división medieval del espacio en la imagen para representar varios momentos del episodio, aprovechando así al máximo las posibilidades del estilo narrativo. Pertenecería Jiménez Aranda a esa tercera vía filológica inaugurada por la edición de la RAE de 1780, sobre la que volveré más adelante.

En realidad, la primera ilustración para la fingida embajada de Sancho data de 1836-1837 y es obra de Tony Johannot [44]. La edición en francés (París, J. J. Dubochet), con traducción de Louis Viardot, en dos volúmenes, en cuarto, con papel de excelente calidad, cuenta con 768 ilustraciones, que serán reproducidas o inspirarán las ilustraciones de 38 ediciones del siglo XIX, haciendo de su modelo iconográfico el de mayor éxito en la centuria. Seis diferentes grabados dedica Johannot a la conversación entre don Quijote y Sancho, de los cuales tres representan las acciones aludidas por ambos: en el primero (figura 11), una Dulcinea idealizada, vestida de cortesana, borda sentada sobre sacos de trigo, en una curiosa mezcla de las dos visiones de ella propuestas por don Quijote y Sancho; en el segundo (figura 12), Sancho presenta sus respetos a Aldonza, mientras esta, descalza e idealizada, se dedica al meneo del trigo; en el tercero (figura 13), Aldonza y Sancho colocan un saco de cereal sobre el jumento. En los tres, Johannot concentra su lápiz en los primeros planos, donde se desarrolla la acción, y deja solamente esbozado el fondo. En los tres, mezcla los puntos de vista de los dos protagonistas, sin reparar en la contradicción que supone presentar a la Dulcinea quijotesca sentada en rústicos sacos de trigo o a la Aldonza imaginada por Sancho con rasgos idealizados, más acordes con la visión del narrador del primer capítulo que con las mentiras del escudero.

Johannot no se deja llevar por el impulso de recrear un ambiente, un tiempo, una sociedad; su objetivo es el de acompañar la lectura de la obra con ilustraciones constantes, que no dejen nada a la imaginación, si no es, justamente, la recreación del contexto. Hay que pensar que sus dibujos fueron grabados con la técnica de la xilografía, lo que permitía su inserción en medio del texto, a modo de «comentario visual continuo» (Lenaghan 2003b: 126). Por otro lado, como se aprecia en los dibujos que estamos comentando, Johannot concede mucho

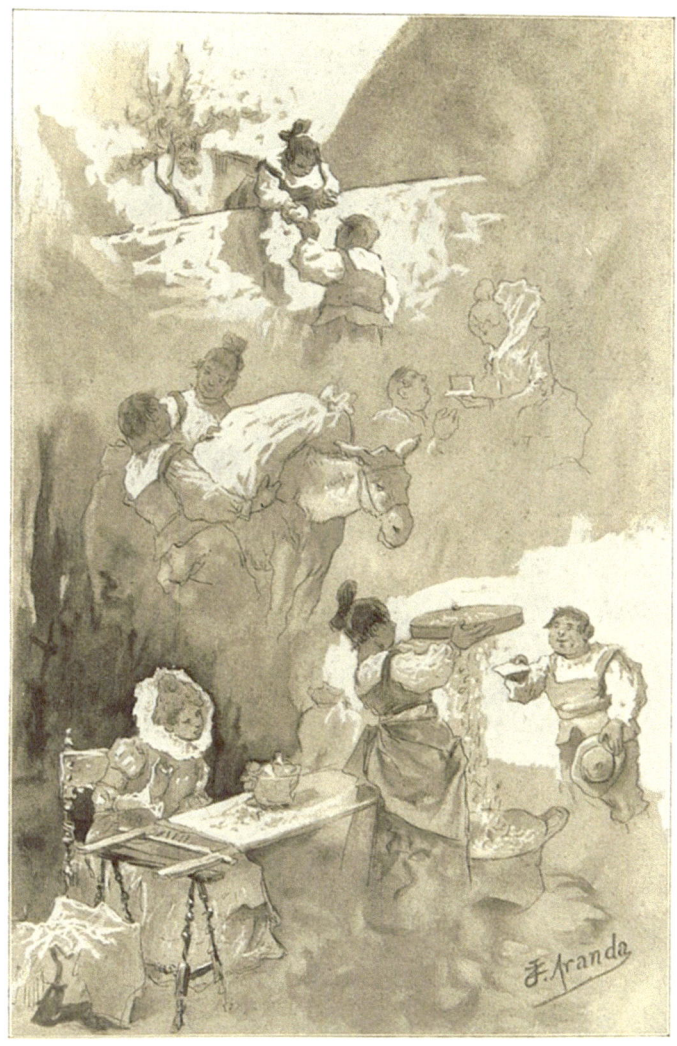

- Figura n.º 10. José Jiménez Aranda, «*A buen seguro que la hallaste ensartando perlas...*».
- Fuente: *Proyecto Cervantes*

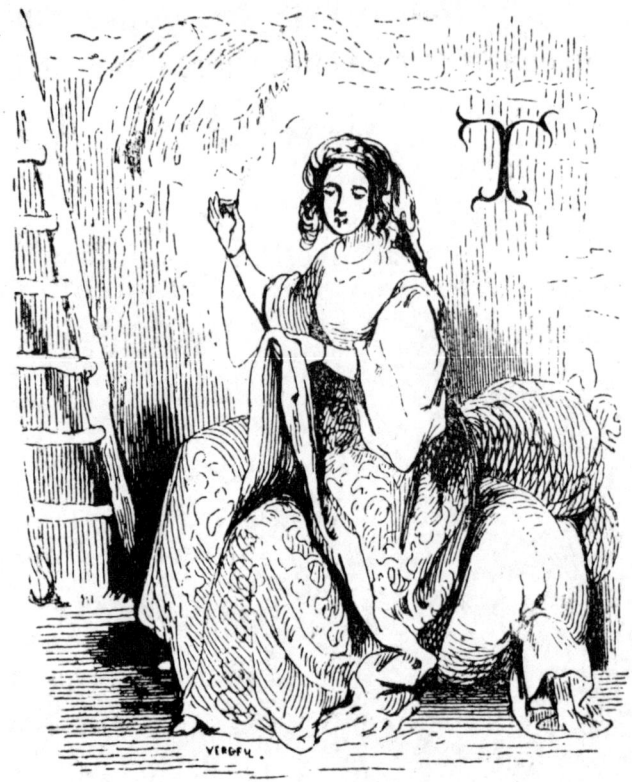

- Figura n.º 11. Tony Johannot, *Initial T with Dulcinea embroidering and sat on some sacks of wheat.*
- Fuente: *Banco de imágenes del «Quijote»*

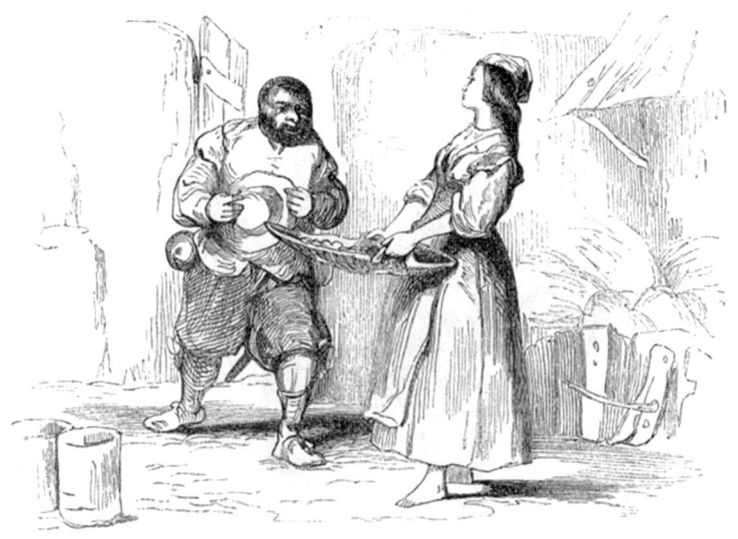

- Figura n.º 12. Tony Johannot, *Sancho's Embassy to Dulcinea.*
- Fuente: *Proyecto Cervantes*

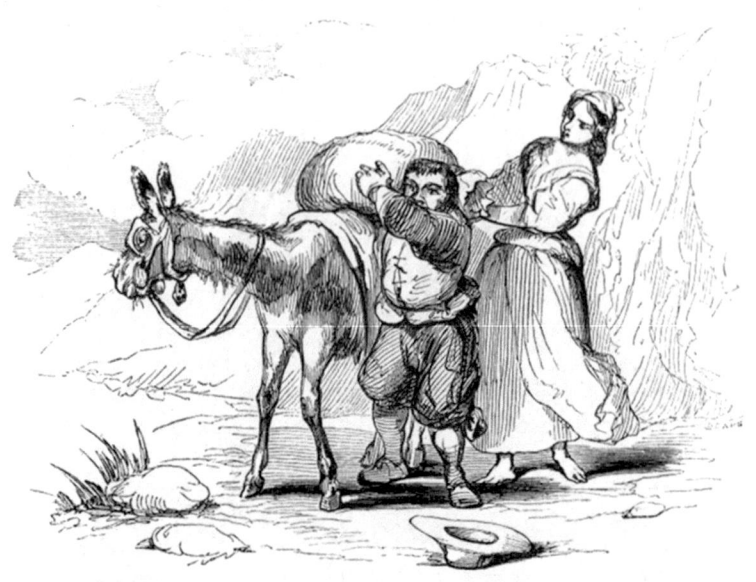

- Figura n.º 13. Tony Johannot, *Sancho Helping Dulcinea to Carry a Sack of Wheat.*
- Fuente: *Proyecto Cervantes*

espacio a la imaginación de don Quijote y también, cómo no, a las mentiras de Sancho, porque, para él, el mundo del *Quijote* no es un documento de la España del siglo XVII, sino una parábola universal de la lucha entre el ideal, la imaginación embellecedora y las altas metas del esfuerzo caballeresco, y la realidad. La interpretación romántica de la obra maestra cervantina va tomando cuerpo en estas ensoñaciones de Johannot.

Volviendo a la dicotomía de Gombrich, podríamos decir que, aquí, Johannot adopta un estilo narrativo puro, sin casi concesiones al estilo pictográfico, como, en cambio, hará Gustave Doré [36] (figura 14), en uno de los 377 dibujos con los que adorna la lujosísima reedición (París, Hachette, 1863), en dos volúmenes, en folio, de la traducción de Viardot. Su Dulcinea no es la de Sancho (alta y hombruna); parece más bien la del Paniaguado (rolliza y amondongada). La presenta cribando trigo, con un cerdo al lado, en recuerdo, tal vez, de la alusión del cartapacio de Cide Hamete a la buena mano de la tobosina para salar puercos; el cerdo se convierte así en un atributo identificativo de Dulcinea, con notable desdoro para su principesco porte. La imagen de Dulcinea en el lápiz de Doré se tiñe de realismo, como si al dibujarla hubiera olvidado la exquisita deferencia con la que ha venido tratando a la imaginación de don Quijote en la mayor parte de sus otros grabados. Su merecida fama de propalador de la visión romántica de la obra no se sostendría si solo se debiera a esta imagen de la doncella.

Otra ilustración interesante de la misma situación es la de Ricardo Balaca y Canseco [3] (figura 15), en la suntuosa edición barcelonesa de 1880-1883, en dos volúmenes, en folio, con 44 cromolitografías y 256 xilografías. Para Balaca, la caracterización de los personajes y el ambiente parece más importante que la acción, como demuestra la familia gallinácea en primer plano. La intención realista, documental, el prurito de reconstrucción del contexto histórico y social distingue su trabajo del de Johannot; claro que esa Dulcinea y ese Sancho se dirían extraídos de la realidad contemporánea del propio Balaca, más

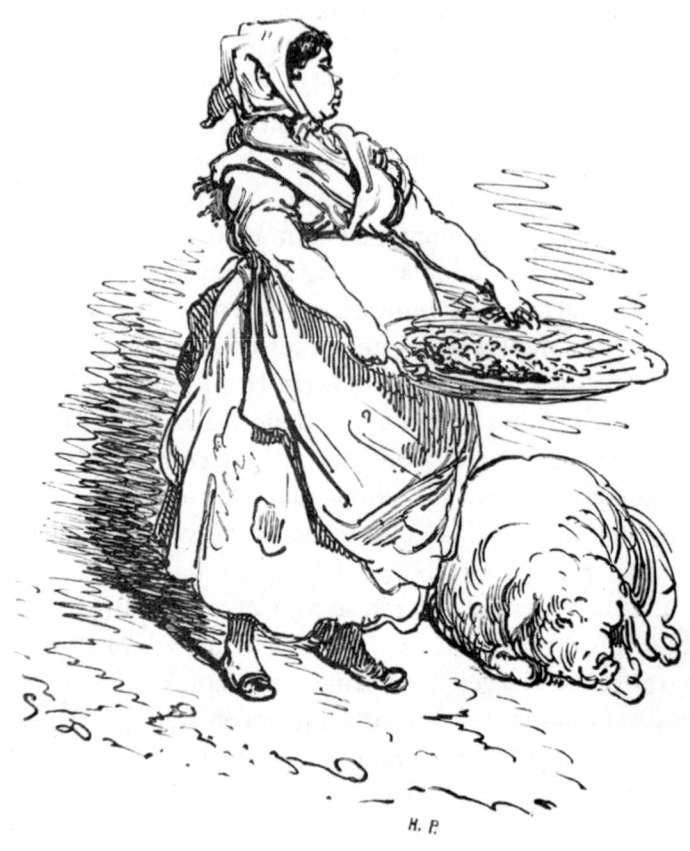

- Figura n.º 14. Gustave Doré, *Dulcinea Sifting Wheat*.
- Fuente: *Banco de imágenes del «Quijote»*

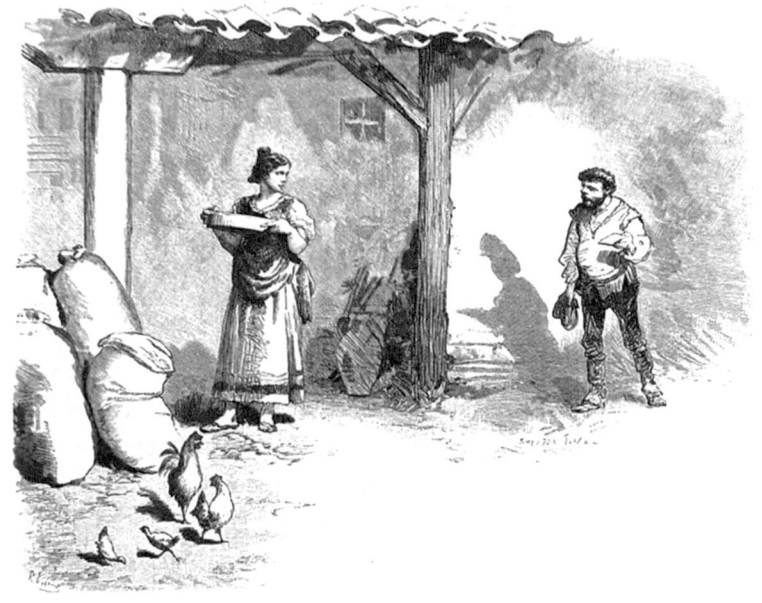

- Figura n.º 15. Ricardo Balaca y Canseco,
  Sancho and Dulcinea.
- Fuente: *Banco de imágenes del «Quijote»*

que de la España del siglo XVII. Su punto de vista parece deudor del positivismo imperante en su momento, con ciertos asomos costumbristas y no poca carga idealizadora, como se aprecia en la esbelta figura de Dulcinea, que contradice la descripción de Sancho que le hubiera debido servir de soporte. Su grabado se incluye de pleno derecho en la que he dado en llamar *tercera vía filológica*.

5.4. Avatar tobosino

De la edición de la Academia de 1780 (Madrid), extraigo un grabado de Antonio Carnicero [26] (figura 16), que dio la pauta para la representación decimonónica de la escena del encantamiento de Dulcinea (II, 10). Sancho, en el Toboso, urgido por su señor de que le lleve al palacio de su dama, opta por usar sus propios medios de transformación de la realidad zafia en excelso mundo de caballerías y en un pispás transforma a tres rústicas aldeanas en princesa y damas de compañía. El avatar sublimante de don Quijote a partir de la Aldonza Lorenzo del pueblo de al lado desciende a la tierra por obra y gracia de Sancho Panza y se encarna en un rústico avatar metonímico del inglorioso original. Así lo cuenta el texto:

> Y, diciendo esto, se adelantó a recebir a las tres aldeanas y, apeándose del rucio, tuvo del cabestro al jumento de una de las tres labradoras y, hincando ambas rodillas en el suelo, dijo:
> —Reina y princesa y duquesa de la hermosura, vuestra altivez y grandeza sea servida de recebir en su gracia y buen talente al cautivo caballero vuestro, que allí está hecho piedra mármol, todo turbado y sin pulsos, de verse ante vuestra magnífica presencia. Yo soy Sancho Panza, su escudero, y él es el asendereado caballero don Quijote de la Mancha, llamado por otro nombre el Caballero de la Triste Figura.
> A esta sazón ya se había puesto don Quijote de hinojos junto a Sancho y miraba con ojos desencajados y vista turbada a la que Sancho llamaba reina y señora; y como no

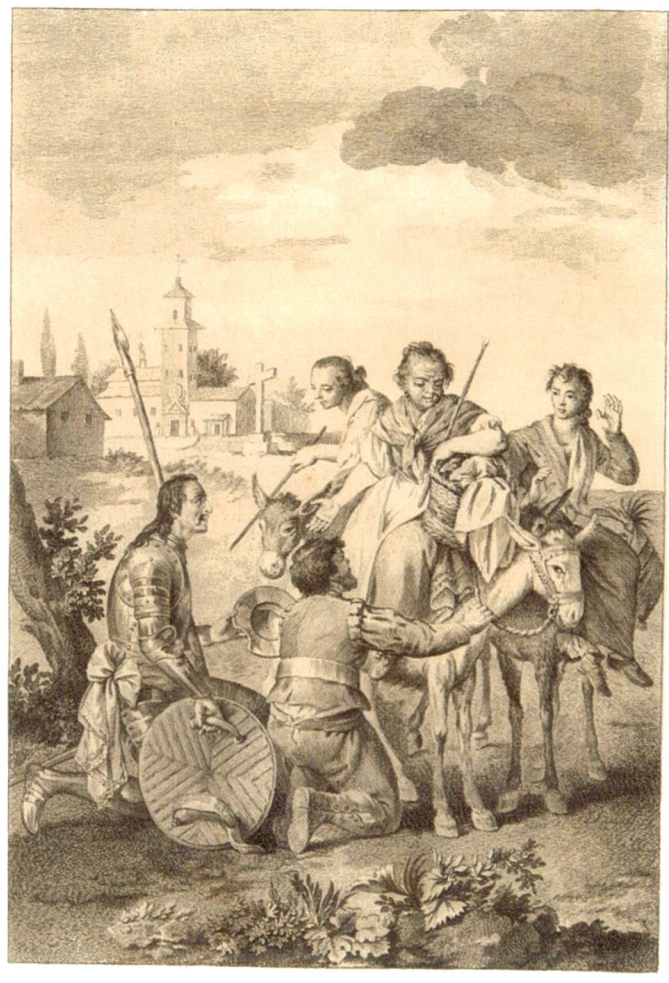

- Figura n.º 16. Antonio Carnicero, *Don Quixote Meets the Enchanted Dulcinea.*
- Fuente: *Proyecto Cervantes*

descubría en ella sino una moza aldeana, y no de muy buen rostro, porque era carirredonda y chata, estaba suspenso y admirado, sin osar desplegar los labios. Las labradoras estaban asimismo atónitas, viendo aquellos dos hombres tan diferentes hincados de rodillas, que no dejaban pasar adelante a su compañera (II, 10).

En la imagen de Carnicero se respeta la kinésica del relato, pero se la enriquece con una serie de detalles realistas, documentales, casi, como los vestidos de las aldeanas, la cara de la Dulcinea inventada, y el campanario y el crucero al fondo. A los lectores modernos no dejan de sorprendernos las facciones de don Quijote y Sancho; don Quijote concretamente lleva el pelo largo, no luce su característica perilla y, en cambio, adorna la cintura de su impoluta y completa armadura con un cortesano y aparatoso lazo. La composición, dividida en varios planos interconectados por una ondulante línea imaginaria, construye un trayecto que conduce al espectador desde una actitud contemplativa como la de Sancho y don Quijote al recorte rústico de la aldea del fondo, pasando por el movimiento y la furia contenidos de las tres aldeanas. Lenaghan (2003a: 28) señala acertadamente la influencia en los dibujos de Carnicero de los de John Vanderbank [11], ilustrador de la edición de lord Carteret, en español (Londres, Tonson, 1738). La adherencia de la imagen de Carnicero al fragmento de la novela que la inspira parece total, si exceptuamos la fisionomía de los dos protagonistas; claro que el texto, como hemos visto, le ofrece una guía imaginativa fiable al ilustrador, pues especifica la posición y actitud de cada uno de los personajes con gran detalle. Y es que, como dijo Riley (2001: 177): «El *Quijote* es una novela concebida en términos fuertemente visuales, y las cuestiones fundamentales de percepción visual se plantean dentro de la estructura del libro».

Ahora bien, con independencia de la genealogía iconográfica del trabajo de Antonio Carnicero, yo creo ver en esta imagen el fruto de una interpretación protorromántica de la obra. Ante todo, hay en ella una mezcla de estilo narrativo, con la acción contenida de las aldeanas y sus burros, y estilo pictográfico, en la disposición contemplativa de los dos protagonistas, que por un lado revela al lector sus sentimientos y caracteres (la sorpresa de don Quijote, la impertinencia y la astucia de Sancho), los adorna de sus mejores galas, con sus armas y pertrechos (aunque sin las dos cabalgaduras), y por el otro los sitúa en la posición de contemplar una escena que es la misma que, en un nivel de realidad superior, contempla el lector. La empatía con el caballero engañado por su escudero, propuesta y requerida para la lectura correcta de la imagen, se funda en la común apreciación de la fealdad de la falsa Dulcinea. No hay nada ridículo en la interpretación de Carnicero. Otros dibujantes, en la misma escena, rompen la empatía del lector con don Quijote y dirigen su interpretación hacia la parodia, construyendo un nuevo filtro contemplativo con la risa de Sancho, como Arthur Boyd Houghton [2], en la edición popular, en un volumen en octavo, con cien grabados, de Londres de 1866 (figura 17); otros se limitan a ofrecer un retrato grotesco del caballero. Carnicero no hace ni lo uno ni lo otro. En consonancia con el análisis de Vicente de los Ríos, hace de don Quijote un caballero del ideal, burlado por su escudero, que ha de vérselas con una realidad indigna de su esfuerzo. Según Rachel Schmidt (1999: 126-169), ya a finales del siglo XVIII podemos encontrar una lectura idealizada, protorromántica y trascendente de la obra de Cervantes, en algunos de los modelos iconográficos más importantes. Por lo que respecta al de la Academia, a mí me parece evidente.

Una lectura análoga a la de Carnicero es la que hace Tony Johannot (figura 18), en parecida composición, aunque invertida, en la que acentúa el aspecto idealizado del protagonista: don Quijote, austero, en segundo plano, aparece casi en actitud orante y distanciada, ante un Sancho suplicante y unas mozas salerosas. Unas páginas antes, Johannot ha insertado una representación de Dulcinea (figura 19) como debería verla

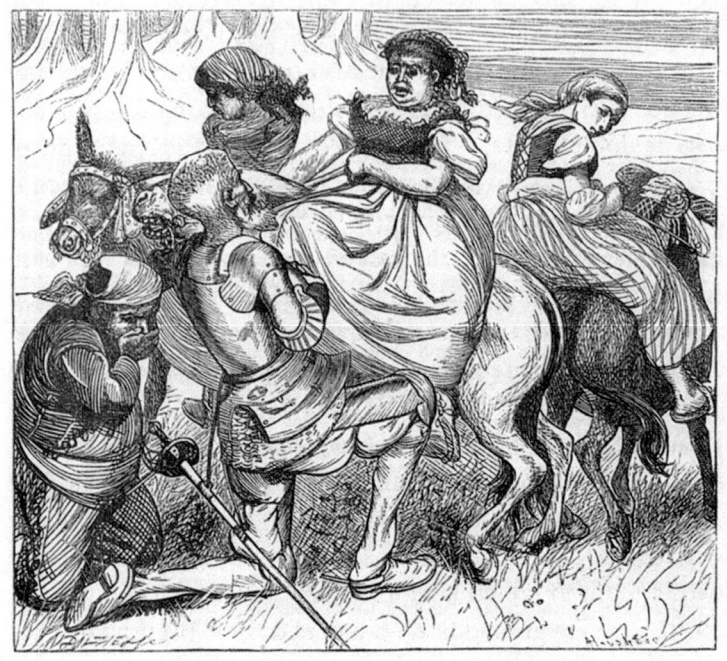

- Figura n.º 17. Arthur Boyd Houghton, «*Get out of the road, plague on ye! and let us pass by, for we are in haste*».
- Fuente: *Banco de imágenes del «Quijote»*

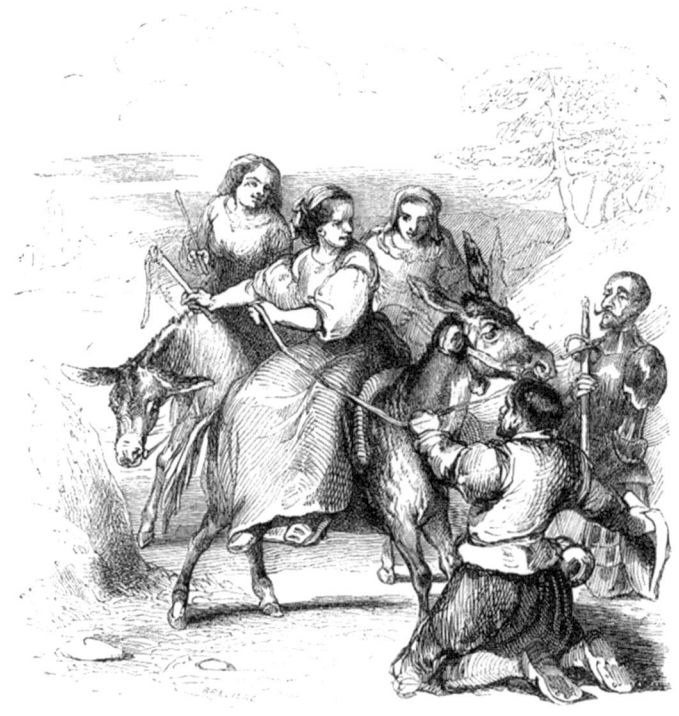

- Figura n.º 18. Tony Johannot, *Sancho Introduces Dulcinea to Don Quixote.*
- Fuente: *Proyecto Cervantes*

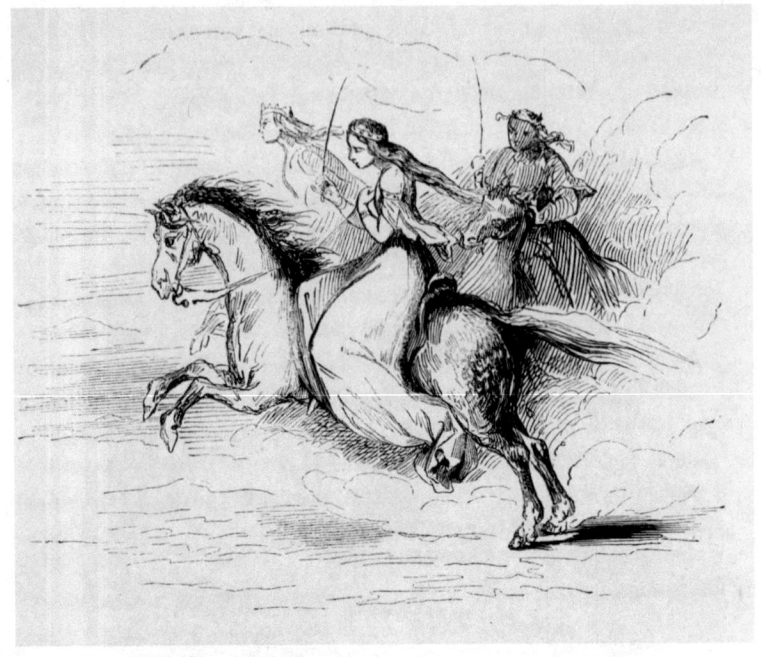

- Figura n.º 19. Tony Johannot, *Dulcinea and Her Damsels Mounted on Hackneys.*
- Fuente: *Banco de imágenes del «Quijote»*

don Quijote: acompañada de dos damas, montadas en caballos rodados, coronadas, y vestidas de velos y gasas etéreos. Los dibujos de Johannot parecen privilegiar el mundo ideal caballeresco de don Quijote frente al burdo mundo real; nótese, a este respecto, que, a diferencia de lo que hacen otros, presenta dos imágenes diferentes para Aldonza y Dulcinea.

5.5. Avatar caído

Del episodio del encantamiento de Dulcinea (II, 10), algunos ilustradores han destacado otros dos momentos: la caída del burro de la supuesta Dulcinea y su posterior recuperación con atlético salto por encima de la grupa. En la versión que da de la caída de la aldeana, Charles Dusaulchoy [1] (figura 20), en una edición parisina de 1807-1808 de obras escogidas de Cervantes, en ocho tomos, en doceavo (Imprimerie des Sciences et des Arts), con dieciséis ilustraciones, el carácter grotesco de la escena es subrayado por la risa de Sancho Panza, ante las principescas posaderas expuestas a su contemplación y a la de su amo. El tratamiento del cuerpo de los personajes apunta también hacia una concepción grotesca, hacia una mecanización de los movimientos, con un don Quijote con brazos desmesurados, como si de una marioneta se tratara. Y aquí no hará falta citar a Bergson (1973: 64 y ss.) o a Bajtín (2003: 23 y ss.) para ver en la mecanización y la caída dos de las fuentes primordiales del humorismo. La actitud de Sancho predispone al lector a una interpretación paródica de la escena; el diálogo entre las miradas de don Quijote y Dulcinea activa la interpretación del espectador: don Quijote observa las formas de la dama y ella parece pedirle recato con los ojos. Esta visión de Dusaulchoy corresponde a una interpretación jocosa de la obra, que podíamos encontrar ya en el modelo holandés (Lucía Megías 2005: 527); de ahí, por cierto, podría venir esta indecorosa representación de la aldeana, concretamente de un grabado de Frederik Bouttats [21] (figura 21), el dibujante de la edición española de Amberes de 1672-1673, en cuatro volúmenes, en octavo, con

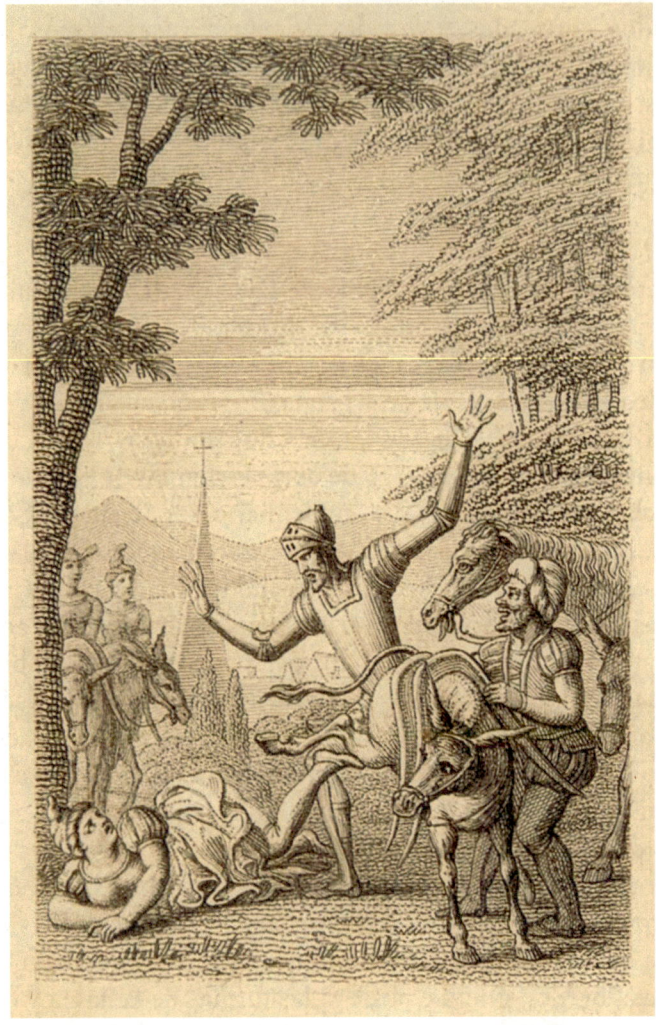

- Figura n.º 20. Charles Dusaulchoy, *Don Quichotte Accourut à la Dame pour la Relever et Sancho à la Bourique qu'il Remit sur Piede.*
- Fuente: *Proyecto Cervantes*

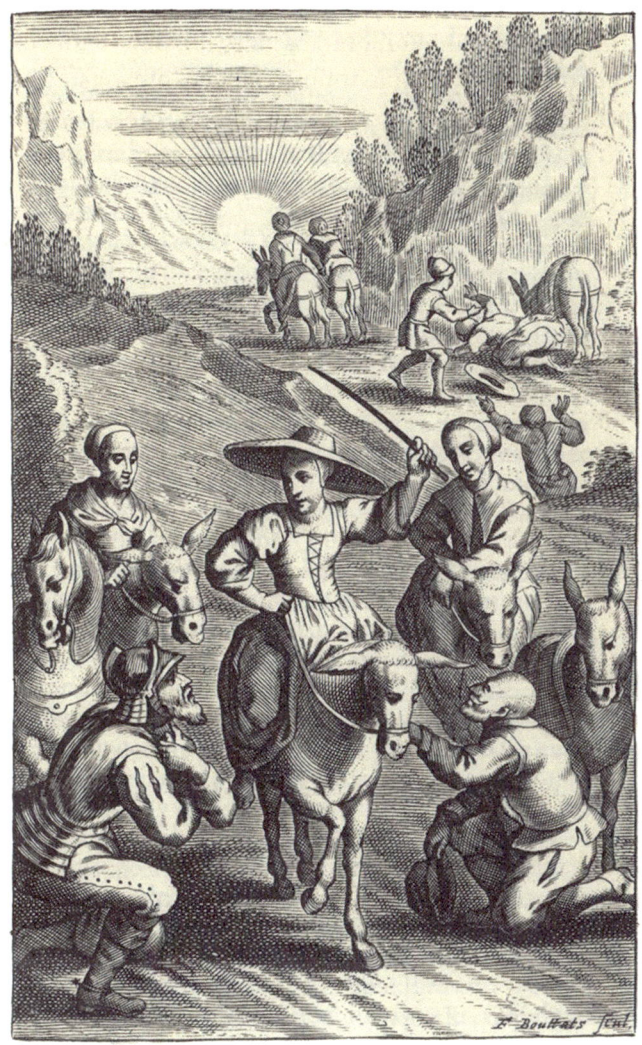

- Figura n.º 21. Frederik Bouttats, *Don Quixote Meets the Enchanted Dulcinea.*
- Fuente: *Proyecto Cervantes*

68 ilustraciones. Bouttats, en una composición muy simple, con las dos aldeanas, y don Quijote y Sancho formando un cuadrado, en cuyo centro queda la tobosina aspirante a princesa, se concentra en la presentación de la airada aldeana, pero en un segundo plano dibuja el segundo momento del episodio, con la caída y exposición de las posaderas de la doncella, un don Quijote premuroso y un Sancho apresurado.

Claro que Dusaulchoy podría haberse inspirado también en un dibujo de Daniel-Nicolas Chodowiecki [8] (figura 22), de la edición de Karlsruhe de 1776-1778, en seis volúmenes, en octavo, con traducción de F. Bertuch, en que vemos también a Dulcinea tendida en el suelo y a don Quijote con los brazos extendidos hacia ella; las miradas de los dos se cruzan como si ella quisiera capturar la de don Quijote y evitar que contemple sus piernas al descubierto y quién sabe qué más. Sancho ha pasado de la derecha a la izquierda y del primer plano al segundo o tercero, tal vez por exigencias del formato, considerablemente más estrecho que el de Dusaulchoy. La comparación entre las dos imágenes nos ayuda a comprender la presencia de dos extraños testigos en la imagen de Dusaulchoy que podrían ser la evolución figural de una insuficiente comprensión de la imagen de las dos doncellas de Chodowiecki.

5.6. Avatar masculino

El último avatar de Aldonza Lorenzo es el que encontramos en el episodio en que Merlín, montado en un carro tirado por mulas, con amplio cortejo de fantasmales figuras, al son de trompetas, clarines y chirimías, impone la autoflagelación de Sancho como única vía para el desencantamiento de la doncella que va a su lado y que no es otra que la Dulcinea que Sancho había encantado en el Toboso (II, 10) y don Quijote entrevisto en la cueva de Montesinos (II, 23). Es pues un avatar de cuarto grado; se trata de la personificación en un paje de los duques de la Dulcinea soñada por don Quijote, a partir de la personificación en burda campesina por obra de Sancho, la cual, a

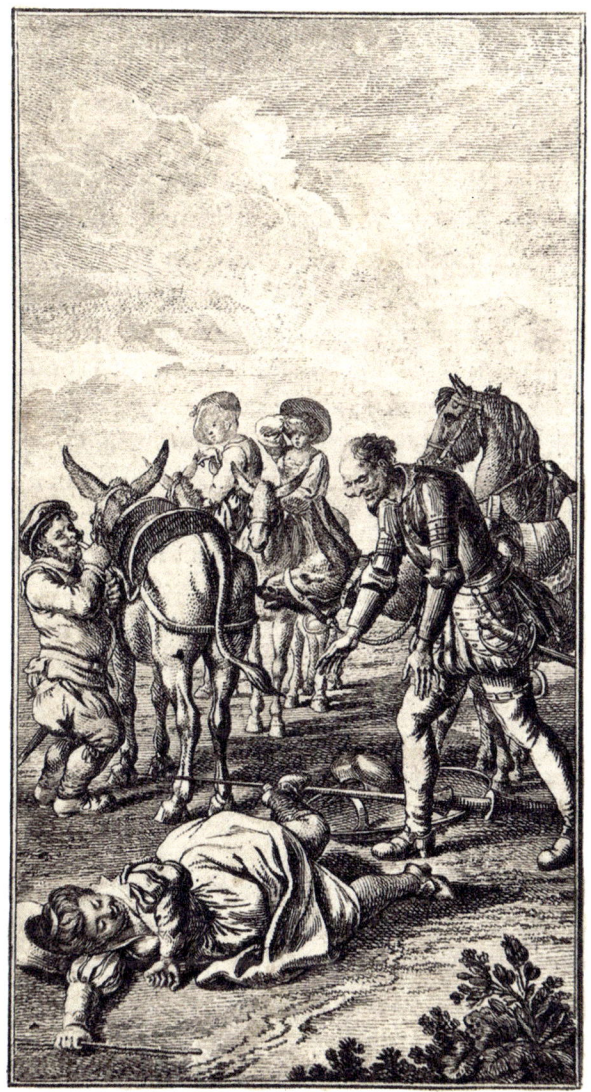

- Figura n.º 22. Daniel-Nicolas Chodowiecki,
  Don Quixote Trying to Help the Enchanted Dulcinea.
  Carlsruhe, Schmiederischen Buchhandlung.
- Fuente: *Banco de imágenes del «Quijote»*

su vez, era la materialización de la sublimación de Aldonza en Dulcinea: encarnación de una sublimación de una materialización a partir de una idealización.

En la interpretación de la escena hecha por Antonio Rodríguez para la edición de la Imprenta Real (Madrid, 1797-1798) (figura 23), no quedan rastros de esta cuádruple falsificación de Aldonza; Dulcinea aparece vestida de alta dama de corte, al lado de Merlín, en una escena casi fantasmal, si no fuera que en las caras de algunos de los encapirotados se dibuja una sonrisa que parece querer dirigir la interpretación en sentido humorístico. En primer plano aparecen don Quijote y Sancho, irreconocibles para los lectores modernos, pero directamente emparentados con los de la edición de la Academia, como sugiere la faja de don Quijote y su reluciente armadura completa. En cambio, en la ilustración de Albert d'Arnoux «Bertall» [6] (figura 24) para la edición de Paris, Hachette, 1863, en un volumen en octavo, con 64 ilustraciones, que vuelve a proponer la edición de 1859, el disfraz del paje queda al descubierto por la superposición evidente de una peluca rubia sobre un ensortijado cabello negro. Ambos dibujantes se inscriben en la lectura del *Quijote* como libro de burlas, aun cuando el primero acepte modelos representativos propios de la lectura filológica de la obra.

5.7. Corolario sociológico-tipográfico

En este recorrido por las ilustraciones decimonónicas de Aldonza Lorenzo y sus avatares, hemos podido constatar que la aparición de la nueva lectura romántica que idealiza a la dama de don Quijote no ha conseguido soterrar la lectura cómica que la ve fea y, a veces, incluso grotesca. Simultáneamente, se ha ido afirmando la otra visión de la obra, la filológica, que trata de ambientar correctamente los hechos y los personajes, a partir, entre otras cosas, del estudio de los cuadros de la época, como declara el prólogo de la edición de la Academia. En realidad, como hemos visto, tras el modelo filológico se percibe un afán idealizador, que bien se corresponde con el orgullo por

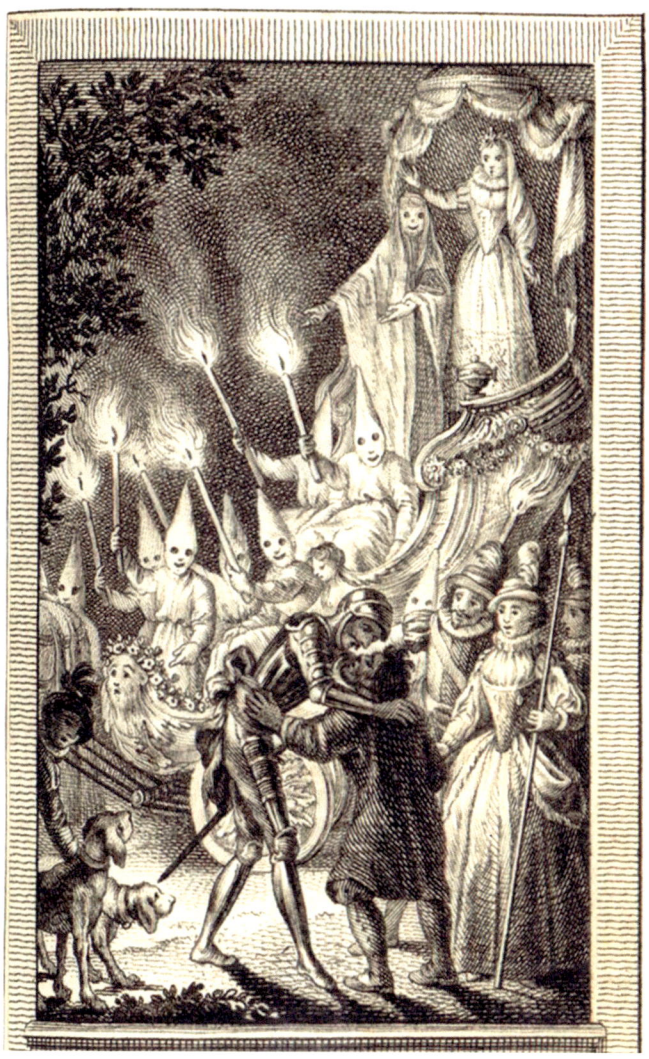

- Figura n.º 23. Antonio Rodríguez, *Aventura del Desencanto de Dulcinea*.
- Fuente: *Proyecto Cervantes*

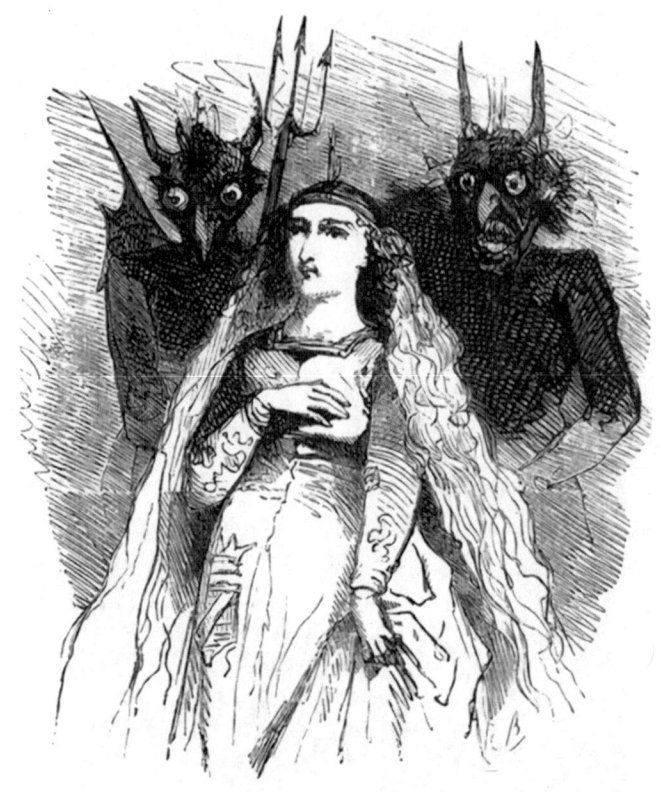

- Figura n.º 24. Albert d'Arnoux «Bertall», «*O écuyer malencontreux! s'écria-t-elle*».
- Fuente: *Banco de imágenes del «Quijote»*

la reconstrucción de un mundo perdido y la reapropiación en clave nacionalista de un libro y un ambiente que los extranjeros estaban tergiversando; tal es el objetivo de la RAE, ya lo he dicho, pero también el de Sancha en su edición de 1797 y se percibe en transparencia tras las magnas ediciones de la segunda mitad del siglo xix, concebidas para hacer del *Quijote* un monumento (una se autoproclama incluso «monumental»); entre ellas se pueden contar dos de las referidas en este trabajo: la de Barcelona de 1880-1883, con dibujos de Balaca y Canseco, y la de Madrid de 1905, con dibujos de Jiménez Aranda.

Así que, a toro pasado, si ensartamos en el mismo collar las ilustraciones que proponen una lectura transcendente de la obra maestra cervantina —y por tal entiendo tanto la romántica, que busca la constante humana en el conflicto entre el loco hidalgo y su entorno social, como la filológica, que busca reconstruir un mundo—, nos percataremos de que son prácticamente todas ellas ediciones de lujo, en formato de buen o gran tamaño (de octavo para arriba), con profusión de ilustraciones, algunas incluso en cromolitografía. *Mutatis mutandis*, las que proponen una interpretación cómica suelen ser ediciones en formato pequeño, a lo sumo en octavo, y con escasos medios tipográficos. En el grupo de las ediciones caras citadas en este trabajo, publican en folio sus dibujos Antonio Carnicero (1780), Gustave Doré (1863), Ricardo Balaca y Canseco (1880-1883) y José Jiménez Aranda (1905-1908); en cuarto, Tony Johannot (1836-1837), Georges Roux (1865) y Apeles Mestres (1879). Cuando bajamos al octavo encontramos una cohabitación de lectura transcendente, con los dibujos de Rafael Ximeno (1797-1798) y Robert Smirke (1818); y lectura cómica, con los de Joseph Kenny Meadows (1833), Albert d'Arnoux «Bertall» (1863) y Arthur Boyd Houghton (1866). Ni que decir tiene que el doceavo (Charles Dusaulchoy, 1807-1808) y el dieciseisavo (Antonio Rodríguez, 1797) son dominio exclusivo de la interpretación humorística del libro.

Cabría preguntarse los motivos de esta distinción, aunque creo que resultan bastante evidentes. Con el desarrollo de la industria tipográfica, se produce una eclosión de ediciones ilustradas del *Quijote* —un dato: en TAMU las ediciones ilustradas del siglo XIX duplican con creces las del XVIII (204 y 79, según mis cuentas)—, pero también un abaratamiento de los costes de producción, lo que, junto a la expansión de la clase media y el aumento de los niveles de cultura, amplía considerablemente el mercado de los libros; había llegado el momento de diversificar el producto para llegar a todos los sectores sociales del mercado. Es indicativa, a este respecto, la política de la editorial Hachette, de París, la cual en 1863 ofrecía al público, por un lado, la edición con los 377 grabados de Pisan sobre dibujos de Doré, en dos volúmenes en folio, y, por el otro, la reedición de la de 1859, en un volumen en octavo, con 52 viñetas de Albert d'Arnoux «Bertall» y Eugène-Hippolyte Forest. Parece evidente que la primera edición iba destinada a un público de alto nivel adquisitivo y la segunda al de escasos posibles. Pero, para nosotros, tan interesante como eso es que en la edición cara la editorial usa unos dibujos que difunden la visión romántica y en la barata los de la visión cómica. Para entender los motivos de esta decisión, hay que pensar que la nueva interpretación trascendente se iba difundiendo entre las élites culturales europeas, mientras que el pueblo seguía leyendo el *Quijote* como un libro divertido.

Volviendo a la camisa de diez varas, tras la holgura de la de once, en el anterior vuelo pindárico-sociológico-tipográfico, tal vez esperarías, lector paciente, que yo ahora, en conclusión de este escrito, relacionara la belleza de Dulcinea con el tamaño del libro, pero no haré tal: me limitaré a señalar que dada la evanescencia de su figura quijotesca y la inestabilidad de sus cuatro avatares, la imagen de Dulcinea se ofrece como excelente papel de tornasol de las tres diferentes vías interpretativas de la obra maestra cervantina.

6

Caras y caretas de un mito. Dulcinea en las ediciones ilustradas del *Quijote* en el siglo xx

Dulcinea es un misterio. Dulcinea es una ausencia, un deseo, una ambición. Dulcinea es el misterio de la mujer amada. El misterio del amor, de la ilusión y el ideal, pero también el misterio alquímico de la transformación de un ente de naturaleza burda en excelsa criatura, depositaria de todas las gracias y todas las virtudes. En las páginas que siguen, les propongo los resultados de mi personal asedio al enigma de Dulcinea, que no es más que una tentativa de definición de su fisonomía, a partir de la letra del texto, de la visión de los otros personajes y de sus retratos por mano y obra de algunos ilustradores del *Quijote* en el siglo xx. Quién sabe si al final de esta elucubración tendremos una idea más clara de su belleza y su talante.

Para acotar el ámbito semántico de referencia del nombre de la amada de don Quijote, se podría recurrir al diccionario de la RAE, que define el sustantivo «Dulcinea» como «1. Mujer querida. 2. Aspiración ideal, fantástica comúnmente». Pero, como se puede apreciar, la lexicografía académica —el poso de los siglos en torno a un nombre— no nos ayuda en nuestro descabellado intento de poner puertas al campo. En alternativa, podríamos seguir un método aparentemente más filológico y reducir al personaje a la visión que de él tienen sus más próximos estimadores, es decir, don Quijote y Sancho. Obtendríamos una mayor concreción textual y tal vez una descripción por reflejo en la luna del ídolo de los modos de ver el mundo del caballero y su escudero. No cabe duda de que, en torno a la imagen de la campesina del Toboso, se cincelan las dos visiones del mundo contrapuestas de las que se nutre la novela cervantina. Otras voces completan la imagen de la campesina ascendida a princesa, como la del narrador, anónimo estimador de su belleza y la del Paniaguado, menos entusiasta que el «primer autor». Todos ellos, don Quijote y Sancho, el narrador y el académico de Argamasilla, tienen un conocimiento directo de la interesada, aunque sus apreciaciones parezcan contradictorias; lo cual, dicho sea de paso, añade aún más misterio a una figura capaz de suscitar simultáneamente admiración y repulsa, como veremos más adelante, cuando reproduzca literalmente dichas apreciaciones. Las acompañarán las imágenes de los ilustradores del siglo XX, una selección muy reducida, extraída del banco de datos de la Universidad de Texas, que debería plasmar sobre el papel las varias modalidades de la belleza de la princesa aldeana. En ellas, constataremos el grado de adhesión de los artistas gráficos a la apreciación del personaje de turno, pero también su militancia en pro de una u otra (u otra más, que añadiré inmediatamente) de las interpretaciones predominantes de la obra maestra cervantina. Pero antes de deleitar nuestros ojos con las bellas imágenes quijotescas, habrá que hacer un par de consideraciones sobre la función y el sentido de las ilustraciones en las ediciones del *Quijote*.

Decía Lucía Megías, en su ensayo sobre las ediciones ilustradas del *Quijote* (2006: 39-64), que un grabado interactúa con el texto desde tres perspectivas posibles: puede 1) destacar algún episodio específico, según un programa iconográfico preestablecido por el editor o el grabador; 2) complementar la lectura, desplazando el foco de atención hacia un determinado aspecto del episodio; y 3) interpretar la letra del texto con formas y colores de un lenguaje gráfico dado, en correspondencia de la visión del mundo y la ideología del contexto histórico en que se producen. En el breve conjunto de imágenes que voy a tomar en consideración, dada la finalidad específica para la que me sirven, es decir, acotar y definir la imagen de Dulcinea, me permitiré una reelaboración de la triada de Lucía Megías, para adaptarla a mis exigencias. No me interesa constatar tanto el reflejo de la mentalidad de una época en un grabado (perspectiva n. 3), como el de una de las dos grandes interpretaciones históricas de la obra: la trascendente (3.1) y la cómica (3.2); del mismo modo, en lugar de la función de complemento del texto (2), me convendrá rastrear los signos de una nueva propuesta de lectura en un grupo de imágenes; y más que el reconocimiento de un subrayado de una escena (1), buscaré los modos en que la apoyan gráficamente. Para poder analizar los grabados según estas tres perspectivas diversas, me serviré de la distinción entre *estilo pictográfico* o *simbólico* y *estilo narrativo* o *dramático* hecha por Gombrich (2003: 49-51) que ya he expuesto en el capítulo anterior.

Un buen ejemplo de estilo pictográfico lo tendríamos en la figura n.º 25, en la que Harry George Theaker, en una edición infantil de 1929 en Londres, representa a Dulcinea como una bella campesina, de tres cuartos, mientras se desplaza a paso lento —el hieratismo queda así parcialmente mitigado—, con un brazo en jarras que sostiene un cesto cargado de fruta y en la mano del otro una vasija sellada. Los dos objetos, dos epítetos, resumen emblemáticamente su doble identidad de tobosina (la vasija) y campesina recolectora de los frutos de la tierra. La imagen ilustra la sucinta descripción de la moza ofrecida por el narrador:

> En un lugar cerca del suyo había una moza labradora de muy buen parecer, de quien él un tiempo anduvo enamorado, aunque, según se entiende, ella jamás lo supo, ni le dio cata dello. Llamábase Aldonza Lorenzo (I, 1).

Se podría pensar que Theaker apoya asépticamente, según la perspectiva 1, la letra del texto; pero en seguida se hace evidente cierta idealización de la zagala, en la pulcritud de su vestimenta, la ausencia de sensualidad en su figura y la belleza etérea, casi mística, de su rostro, por lo que diría que en la estampa prima la perspectiva 3, o sea, la adhesión a una interpretación

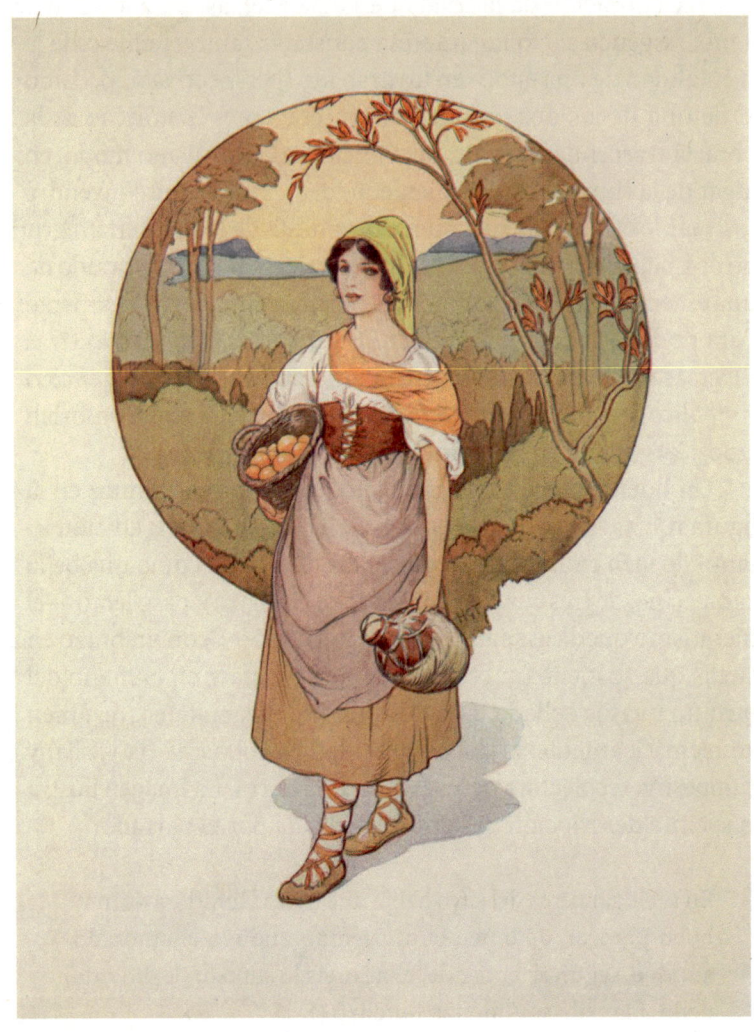

- Figura n.º 25. Harry George Theaker, «*In a Neighbouring Village Reside a Good-looking Peasant Girl Called Aldonza Lorenza [sic]*».
- Fuente: *Proyecto Cervantes*

de la obra, la romántica idealizadora del caballero (3.1) y todo lo a él concerniente.

La misma frase del narrador había sido ilustrada por José Jiménez Aranda, para una edición madrileña publicada entre 1905 y 1908 (figura 26), con criterios diferentes a los de Theaker. Jiménez Aranda representa una escena de vida cotidiana en un pueblo de la Mancha, en el siglo xvi, a juzgar por el atuendo del hidalgo, en que dos campesinas platican, mientras desde el fondo avanza un arriero con su recua y a la derecha una señora observa divertida la circunspección del hidalgo contemplador de la belleza y el donaire de una de las dos platicantes: Aldonza Lorenzo. La imagen podría corresponder de lleno al estilo narrativo de Gombrich, por la interacción entre las figuras y la composición de la escena a partir de varias de esas interacciones. Se relaciona con el texto desde la perspectiva 1, la apoyatura aséptica, pero si tuviera que decir cuál de las tres perspectivas prevalece, diría que en ella queda bien ejemplificada la n. 3, la que afila el buril del grabador en la piedra de una de las dos grandes interpretaciones, más una; en este caso, la gran interpretación del pasado sería la «más una», o sea, la filológica (3.3), la que hace del texto un documento de una época, que comenzó a tomar pie en el campo de la gráfica aplicada al *Quijote* a partir de la magna edición de la Real Academia de 1780, como veíamos en el capítulo anterior. Con ella, como es sabido, la institución trataba de devolver al libro el contexto histórico-social en el que había nacido, a despecho de tanta manipulación anacrónica de algunas ediciones extranjeras.. En la edición de Tonson (Londres, 1738), por ejemplo, costeada por lord Carteret, ministro *whig* (conservador) de la reina, don Quijote aparecía retratado con el atuendo de los opositores políticos del mecenas.

Por ahora, nuestro esfuerzo de distinción de las grandes modalidades de representación gráfica va siendo bastante rentable, pues con solo dos grabados hemos ejemplificado los dos estilos de Gombrich y dos de las tres perspectivas de relación entre la imagen y el texto: la 1, que ilumina la letra de la historia,

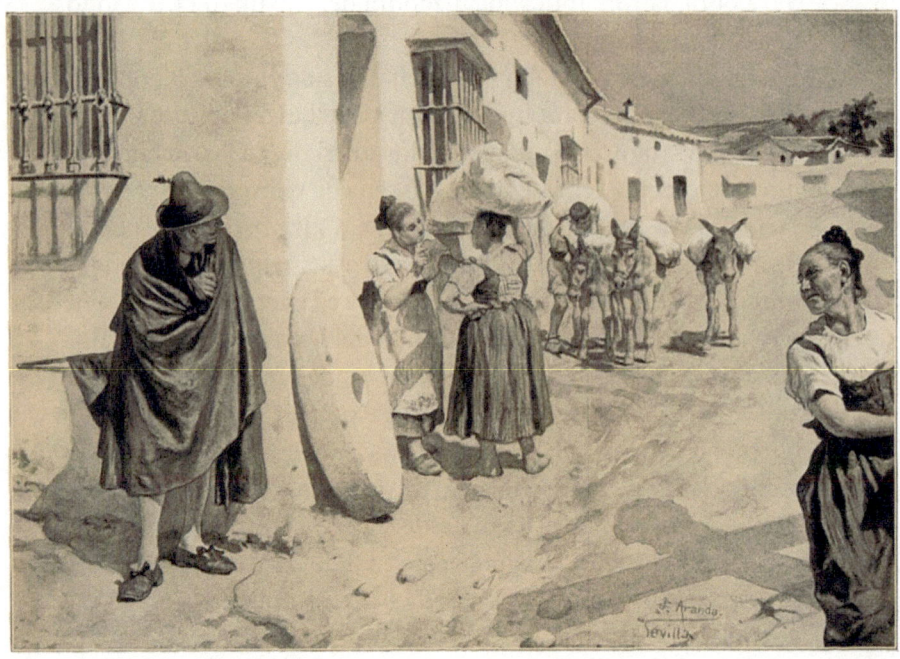

- Figura n.º 26. José Jiménez Aranda, *«Había una moza labradora de muy buen parecer…»*.
- Fuente: *Proyecto Cervantes*

y la 3, que fuerza la lectura del episodio representado según una de las dos —más una— interpretaciones históricas. Dentro de esta tercera perspectiva, hemos visto un par de realizaciones gráficas que corresponden, la primera, la de Theaker, a la interpretación trascendente, y la segunda, la de Jiménez Aranda, a la «más una» la filológica. Para ilustrar la otra gran interpretación histórica del libro, me serviré de un grabado de Piero Bernardini, para una edición infantil de Turín (1935) (figura 27), en la que, con poco respeto al dictado inicial del narrador, el artista ve, ya no «la moza labradora de muy buen parecer», sino la Aldonza Lorenzo de Sancho de más de veinte capítulos más adelante. La deformación casi grotesca del cuerpo de la doncella y su porcina dedicación hacen de ella un elemento de subversión carnavalesca de la primera imagen cuasi idealizada del narrador.

***

Una vez resuelto el trámite de los preliminares conceptuales, podemos adentrarnos, con esa mínima brújula teórica, en el laberíntico bosque de las representaciones gráficas de Dulcinea. A la amada de don Quijote la conocen directamente, como decía más arriba, además del susodicho y del ya citado narrador, Sancho y el académico de Argamasilla el Paniaguado. Los testimonios textuales de los cuatro son las visiones más cercanas al personaje que podemos tener, habida cuenta de su total ausencia del relato. Encontramos además una serie de cuatro diferentes transformaciones interesadas de la imagen de la campesina del Toboso —los cuatro avatares del capítulo anterior—; cuatro superposiciones de imágenes alternativas sobre la base real del personaje ausente; cuatro deformaciones generadas una de otra, en cadena, con efecto dominó. El primer manipulador de la figura de Aldonza Lorenzo es el propio don Quijote, quien hace de la modesta campesina una princesa caballeresca, ascendida en un arranque incontenible a «emperatriz de la Mancha» (I,

4); sobre esta base alterada construirá Sancho el ectoplasma invisible de la dama acompañada de dos doncellas, a las puertas del Toboso (II, 10); el cual servirá de base, a su vez, para la reelaboración onírica de don Quijote, en la cueva de Montesinos (II, 23) y para la puesta en escena del desfile de Merlín, con la mismísima Dulcinea encantada que miente en su disfraz un socarrón paje de los duques (II, 35). De todas estas hipóstasis de la encumbrada emperatriz de la Mancha trataremos en las próximas páginas, pues de todas ellas queda constancia en las ilustraciones de la obra.

Empezaremos, claro está, por los testimonios directos, que serán los que nos ofrezcan materiales más fiables en nuestra tentativa de aproximación a la fisionomía auténtica de la misteriosa Dulcinea. Uno que se diría que ha inspirado, si no directa, sí indirectamente a algunos ilustradores (véase por ejemplo, la figura 27), es, sin duda, el que nos da el Paniaguado, al final de la primera parte, en un soneto, cuyo primer cuarteto dice así:

> Esta que veis de rostro amondongado,
> alta de pechos y ademán brioso,
> es Dulcinea, reina del Toboso,
> de quien fue el gran Quijote aficionado.

Es difícil no pensar en esta malévola descripción cuando uno tiene delante el grabado de Piero Bernardini en la figura 27, que acabamos de ver, o este otro de Enrico Sacchetti, en una edición milanesa de 1910 (figura 28). Los artistas que dan crédito al maldiciente Paniaguado suelen adoptar el estilo pictográfico de Gombrich y suelen imprimir cierto hieratismo a la figura de la dama, elevándola al valor de emblema de la lectura cómica, según la perspectiva 3.2, con una concepción de la imagen cercana a la del frontispicio de la edición: medio cuerpo, o cuerpo entero, de frente y sin movimiento, como en las dos que hemos visto y en esta de Antonio Mingote Barrachina, para una edición de 2005 en Barcelona (figura 29).

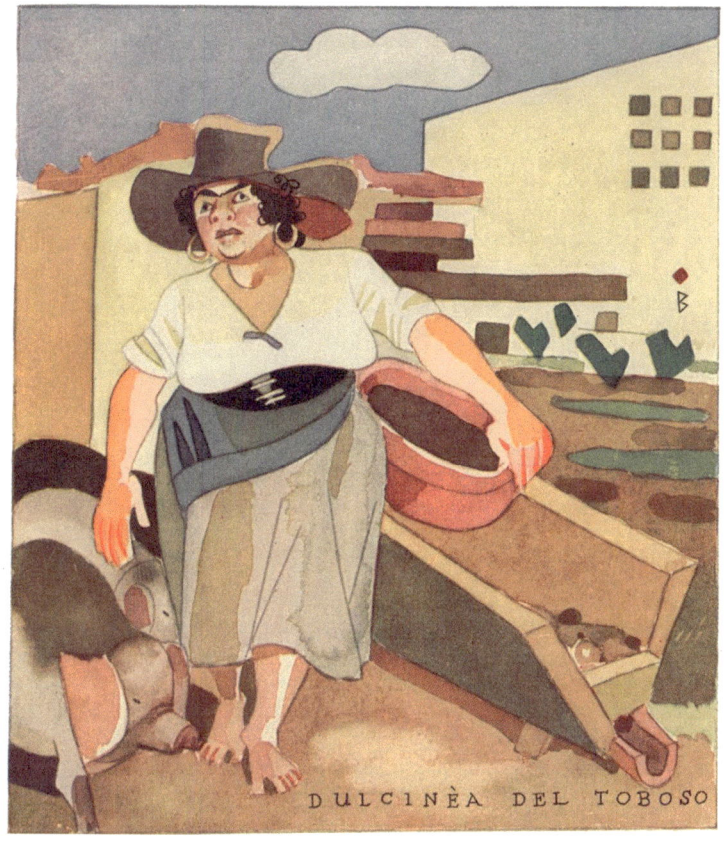

- Figura n.º 27. Piero Bernardini, «...e la chiama Dulcinèa, nome che sa di miele e suona rotondo e melodioso».
- Fuente: *Proyecto Cervantes*

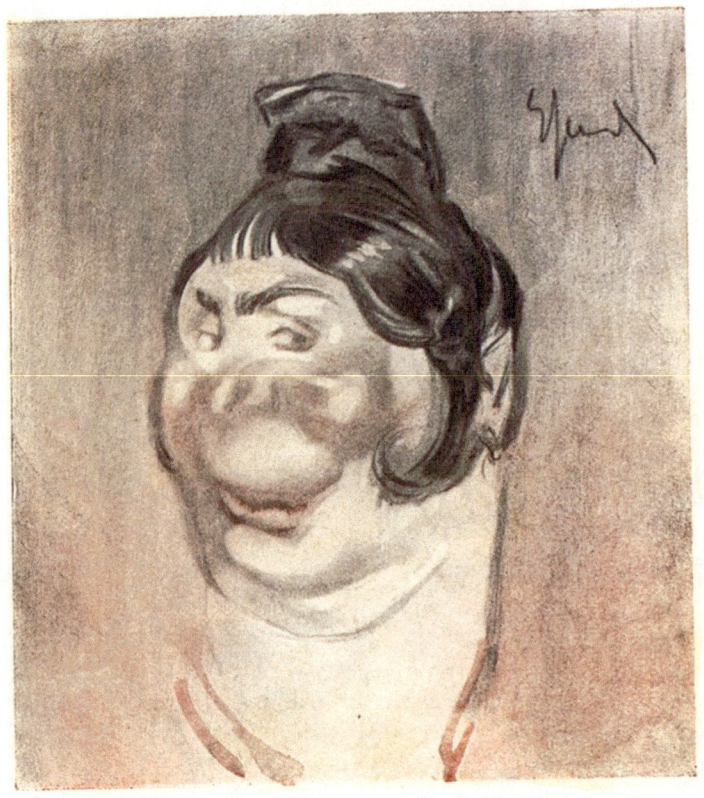

- Figura n.º 28. Enrico Sacchetti, *Dulcinea nella realtà*.
- Fuente: *Proyecto Cervantes*

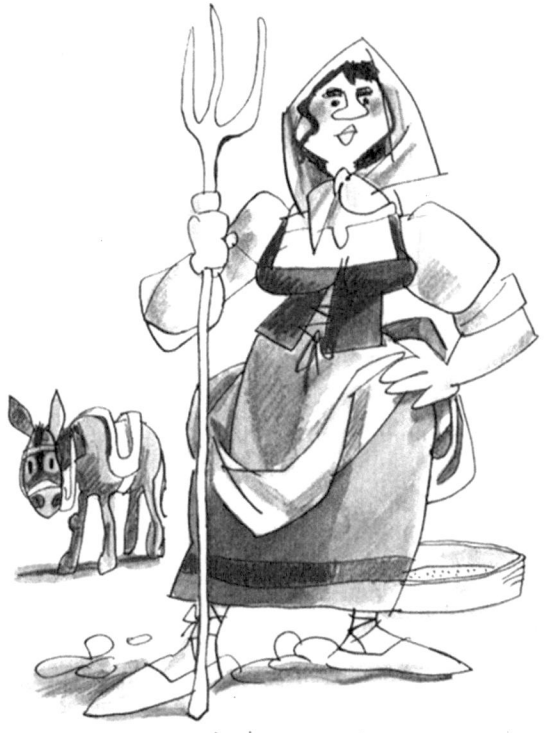

- Figura n.º 29. Antonio Mingote Barrachina,
  «*Vino a llamarla Dulcinea del Toboso*».
- Fuente: *Proyecto Cervantes*

Claro que, entre los testimonios directos de la prestancia física de Dulcinea, el que se lleva la palma por número de representaciones gráficas es, cómo no, el de Sancho:

—¡Ta, ta! —dijo Sancho—. ¿Que la hija de Lorenzo Corchuelo es la señora Dulcinea del Toboso, llamada por otro nombre Aldonza Lorenzo?

—Esa es —dijo don Quijote—, y es la que merece ser señora de todo el universo.

—Bien la conozco —dijo Sancho—, y sé decir que tira tan bien una barra como el más forzudo zagal de todo el pueblo. ¡Vive el Dador, que es moza de chapa, hecha y derecha y de pelo en pecho, y que puede sacar la barba del lodo a cualquier caballero andante, o por andar, que la tuviere por señora! ¡Oh hideputa, qué rejo que tiene, y qué voz! Sé decir que se puso un día encima del campanario del aldea a llamar unos zagales suyos que andaban en un barbecho de su padre, y, aunque estaban de allí más de media legua, así la oyeron como si estuvieran al pie de la torre. [...] Pensaba [yo] bien y fielmente que la señora Dulcinea debía de ser alguna princesa [...] tal que mereciese los ricos presentes que vuestra merced le ha enviado: así el del vizcaíno como el de los galeotes [...]. Pero, bien considerado, ¿qué se le ha de dar a la señora Aldonza Lorenzo, digo, a la señora Dulcinea del Toboso, de que se le vayan a hincar de rodillas delante della los vencidos que vuestra merced le envía y ha de enviar? Porque podría ser que, al tiempo que ellos llegasen, estuviese ella rastrillando lino, o trillando en las eras, y ellos se corriesen de verla, y ella se riese y enfadase del presente (I, 25).

La cita es larga, pero necesaria, pues a los diferentes episodios allí aludidos remitirán algunas de las ilustraciones, como la citada figura 26. Jiménez Aranda representa en este mosaico de imágenes los episodios que Sancho aparentemente ha vivido en primera persona (Dulcinea llama a sus zagales desde el campanario) y otros que se imagina, como la llegada del vizcaíno mientras ella trilla en las eras o la de los galeotes mientras rastrilla lino. El primero está en primer plano, con buena definición, mientras los segundos aparecen en lo alto, con un tratamiento difuminado que les devuelve su calidad de ensoñaciones del escudero. Se reconoce el estilo narrativo de Gombrich, tras la potencia visual del grabado, capaz de representar diferentes momentos de la acción en una sola imagen múltiple, y el enfoque según la perspectiva 3.3, filológica, restauradora del contexto histórico-social, aunque hay que destacar también la n.º 1 —la apoyatura gráfica—, por su fidelidad extrema a la letra del texto. Todas estas características del grabado hicieron de él un modelo a seguir por los ilustradores posteriores, como prueba esta imagen de René de Pauw para una edición parisina, en cuarto, del año 1947 (figura 30).

De Pauw recoge la concepción gráfica de la escena de Jiménez Aranda, pero, en su visión de la campesina, desde la perspectiva 3.3, se deja inspirar también por la 3.2, la cómica, juntando en una sola las interpretaciones de Sancho y el Paniaguado, con lo que, a la rolliza moza del escudero, encarnación de las fuerzas de la naturaleza y poco amante de ceremonias y sutilezas cortesanas, se le superpone la deformación grotesca de la descripción del académico de Argamasilla.

***

El manojo de figuras derivadas de los testimonios directos de la fisionomía de Dulcinea podría ampliarse mucho más, pero la muestra elegida ofrece ya un panorama de los diferentes cuerpos de Dulcinea surgidos del misterio de su ausencia, según que el ilustrador adopte una u otra perspectiva y uno u otro estilo de representación. La niebla en torno al personaje comienza a disiparse, pero no su tendencia al polimorfismo proteico. Tal vez un recorrido por las figuraciones gráficas de

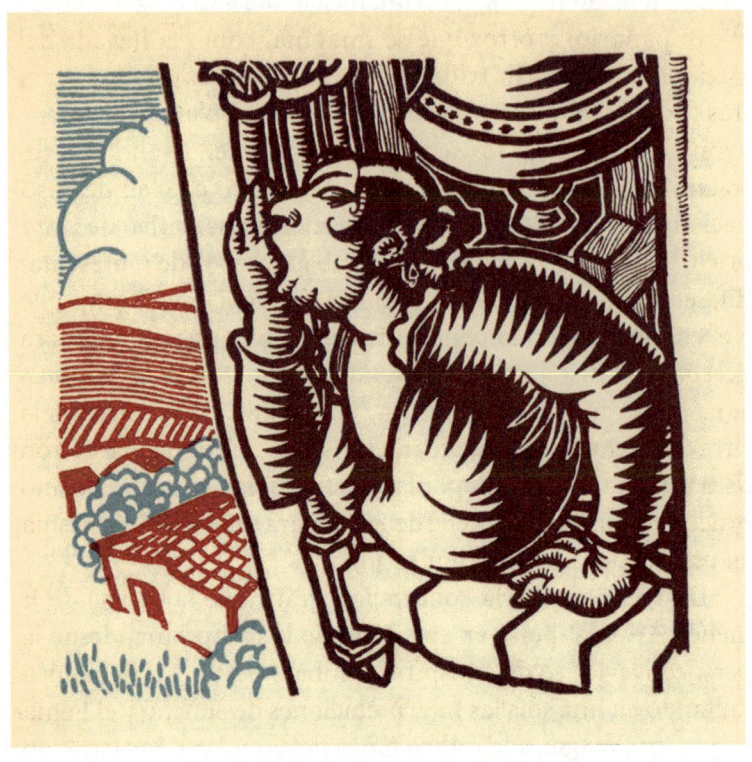

- Figura n.º 30. René de Pauw, «*Qui traite des choses étranges qui arrivèrent dans la Sierra-Morena [sic]*».
- Fuente: *Proyecto Cervantes*

las cuatro transformaciones interesadas de la campesina nos ayude a reducir su esencia proliferante. Pero antes de pasar a la galería de imágenes, repasaremos los aspectos comunes del procedimiento por el que los tres falsificadores de la figura de Aldonza llegan a sus respectivas creaciones, en cuatro momentos diferentes. Don Quijote (I, 1), Sancho (II, 10), de nuevo don Quijote (II, 23) y, por fin, el paje de los duques (II, 31), para elaborar sus ectoplasmas, se basan en una imagen previa, a su vez elaborada por otros, que proyectan sobre un soporte real distinto al cuerpo de Aldonza: don Quijote proyecta sobre su recuerdo de la amada, que tal vez ni siquiera se haya percatado de su asedio mirón, la figura de la princesa caballeresca. Sancho, a las puertas del Toboso, se sirve del soporte de una burda campesina a horcajadas de una burra para iluminar el recuerdo de esa misma princesa caballeresca. El soporte de don Quijote en la ensoñación de la cueva de Montesinos para su rememoración de Dulcinea será un híbrido de la princesa pergeñada por Sancho y la campesina que corre y salta por los campos del Toboso, ante los ojos atónitos de él mismo que la sueña y se sueña, en compañía de Montesinos. Para el paje de los duques, el soporte físico del híbrido quijotesco (Dulcinea + campesina saltarina) será su propio cuerpo, cuando se disfrace de la princesa encantada por Sancho. En estos cuatro esquemas, se puede reconocer el triángulo del deseo con el que Girard (1961; ver también Bandera 1974 y Pini Moro 1990) había iluminado la relación entre don Quijote y Aldonza Lorenzo. El hidalgo se enamora de Aldonza no directamente, sino por medio del recuerdo del deseo de los caballeros por sus princesas. Las operaciones de Sancho y el paje mantienen la misma estructura triangular, pero, a diferencia de lo que hacía el caballero, el destinatario de la identificación entre el soporte y el ectoplasma ya no serán ellos mismos, sino el propio don Quijote, a quien le presentan su recuerdo de Dulcinea alterado por las circunstancias del momento: una campesina zafia y un paje barbiponiente. La transformación circunstancial de la transformación idealizada de Aldonza, en contra de lo que cabría esperar, no tiene un doble poder sublimador de Dulcinea; más bien, al contrario, funciona como instrumento para desmontar el triángulo del deseo, en el Toboso, cuando don Quijote se resiste a comulgar con la triple rueda del molino de las aldeanas; y es que las ilusiones nunca se encarnan en la misma forma compartida por dos sujetos y, sobre todo, no lo hacen a su capricho, el de ellos, o como objeto de una burla del uno contra el otro. Cuando don Quijote dé crédito a la falsificación de Sancho, en la cueva, su triángulo amoroso empezará a parecerse a un prisma óptico, capaz de descomponer la luz del deseo sublime por la etérea princesa en el componente material de la Dulcinea encantada, con sus saltos de cabra y su petición de dinero al rendido caballero. En la impostura del paje, la creación de Sancho ha dejado de alterar el prisma deseante de don Quijote, para abrirse a la parodia del espectáculo que expone el prisma con un doble mensaje: el primero, captado por todos los presentes, enuncia la desgracia del caballero andante enamorado de una dama encantada; el segundo, captado solo por los conocedores de la suplantación del paje, se ríe de esa desgracia y de quienes la consideran real (don Quijote y Sancho).

En las ilustraciones de los episodios de alteración de la imagen de Aldonza, no se suele tener presente esta relación estrecha entre los cuatro momentos, pero algunos ilustradores parecen percibir los varios niveles de significación de cada uno de ellos y sus mensajes paradójicos.

***

Comenzaremos nuestro recorrido por las elaboraciones interesadas de la imagen de Aldonza Lorenzo atendiendo a la de don Quijote, primero y principal entre todos los transformadores de aldeanas de muy buen parecer, como documenta la cita que inspira a los ilustradores; hela aquí:

Llamábase Aldonza Lorenzo, y a esta le pareció ser bien
darle título de señora de sus pensamientos; y, buscándole
nombre que no desdijese mucho del suyo y que tirase y se
encaminase al de princesa y gran señora, vino a llamarla
«Dulcinea del Toboso» porque era natural del Toboso: nombre, a su parecer, músico y peregrino y significativo, como
todos los demás que a él y a sus cosas había puesto (I, 1).

La transformación de Aldonza por don Quijote suele inspirar grabados desde la perspectiva 3.1, la que sigue la interpretación trascendente del libro. Lo podemos apreciar en este
de Jean de Bosschère, en una edición londinense de 1922, para
ilustrar la elección de nombres de don Quijote para su caballo,
sí mismo y su amada en el primer capítulo del libro (figura 31).
La posición del grabado entre las primeras páginas del libro
favorece, sin duda, su planteamiento emblemático, según el
estilo pictográfico de Gombrich, que tiende a condensar en una
imagen los valores simbólicos de la trama; aquí está claro que
esos valores son los del propio protagonista, el cual contempla
intrépido la aparición sobre una nube de una espléndida dama
envuelta en tules y con un poco filológico miriñaque. Al mismo
estilo y la misma perspectiva parece responder el grabado de
Edward McKnight Kauffer para otra edición de Londres de 1930
(figura 32). Don Quijote cabalga en la noche, mientras a su espalda, como impulsándolo a la acción, una etérea dama apenas
se transparenta entre los cendales del aire. La atmósfera onírica
y la inspiración expresionista del grabado dan forma al mundo
idealizado del personaje. Trazo onírico y a la vez simbólico lo
encontramos también en esta imagen de Roberto J. Páez, en
una edición de Buenos Aires de 1969 (figura 33). Don Quijote
pica espuelas a la entrada del laberinto que lo ha de conducir
hasta Dulcinea. El dinamismo de la imagen, patente en el ímpetu guerrero del centauro y en su repetición fuera y dentro del
laberinto, la harían un buen ejemplo del estilo narrativo, pero
lo que salta a la vista en ella es una perspectiva 2 insólita, la que

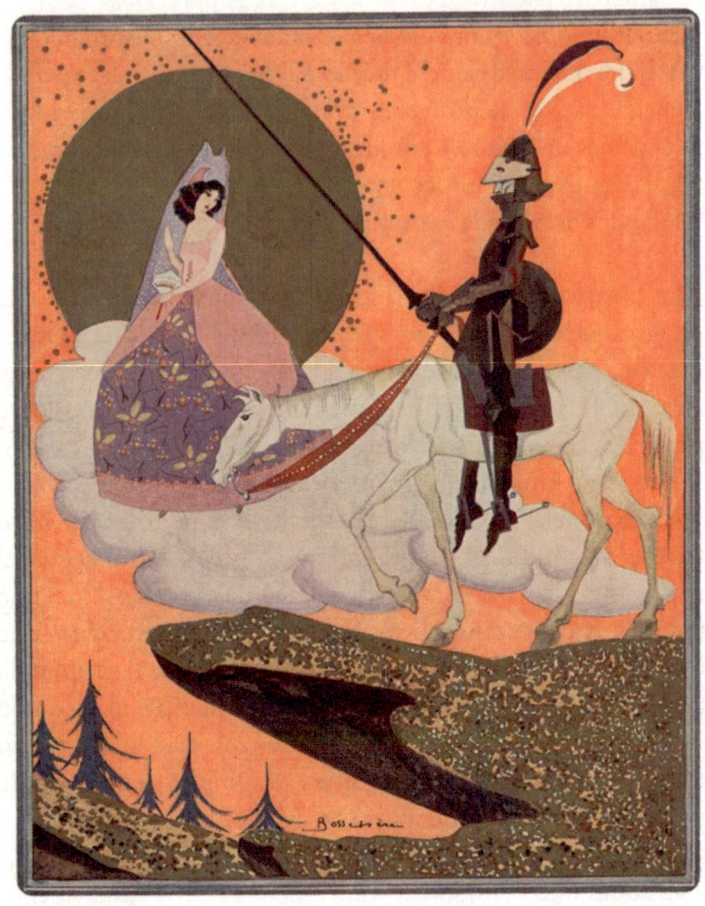

- Figura n.º 31. Jean de Bosschère, *Don Quixote and Dulcinea*.
- Fuente: *Proyecto Cervantes*

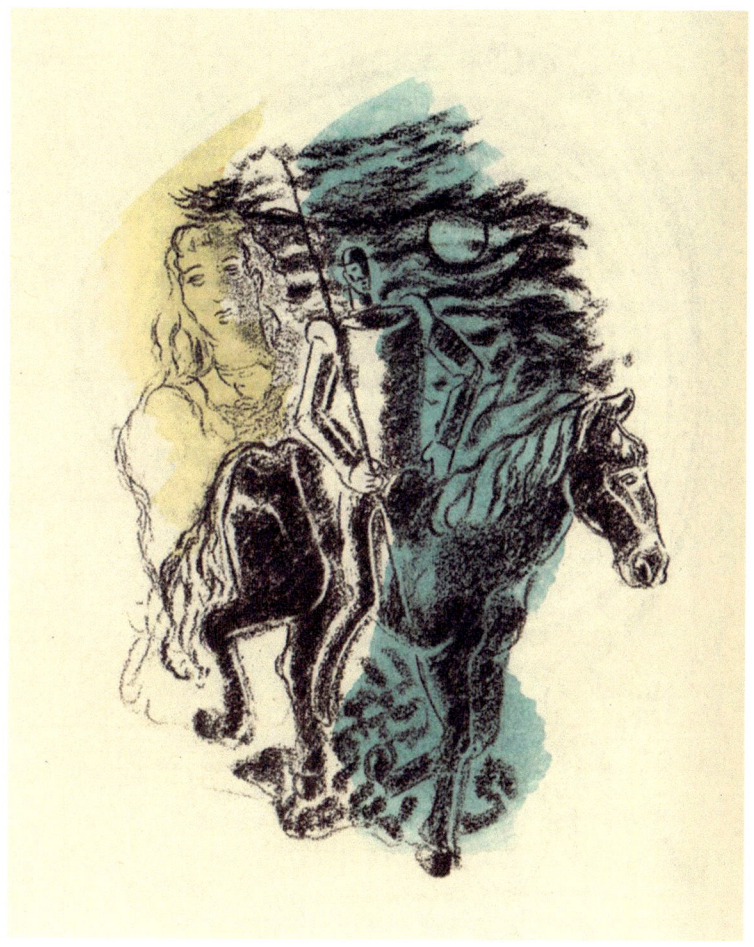

- Figura n.º 32. Edward McKnight Kauffer, *Don Quixote on Rocinante and the Vision of a Female Figure.*
- Fuente: *Proyecto Cervantes*

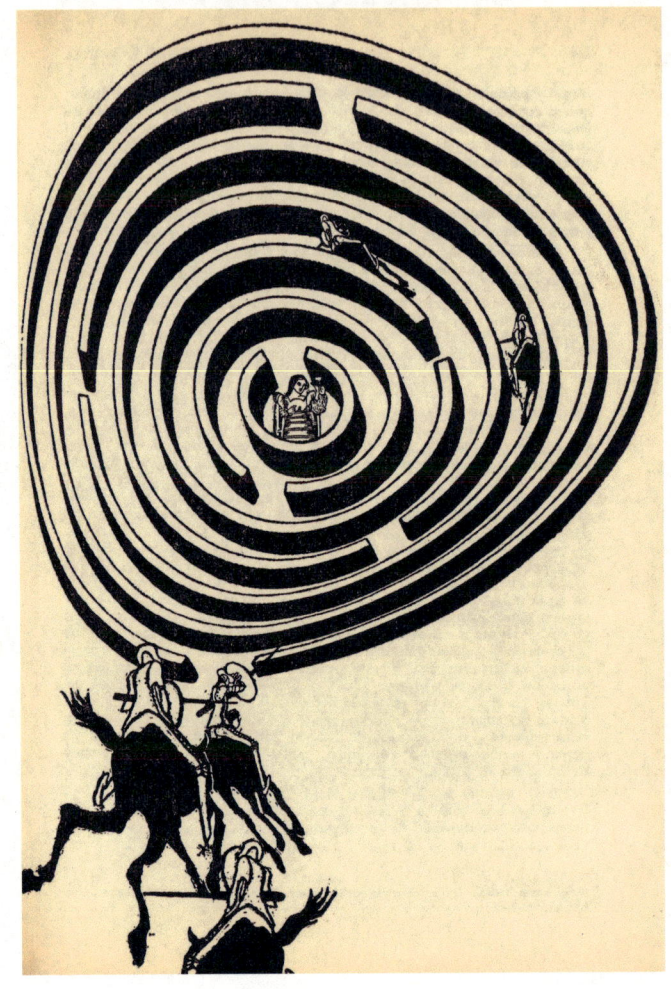

- Figura n.º 33. Roberto J. Páez, *Don Quixote Looking for Dulcinea in a Labyrinth*.
- Fuente: *Proyecto Cervantes*

sugiere una nueva lectura para el texto. Páez parece invitar al lector a buscar la dimensión simbólica de la acción del caballero y de la misma Dulcinea, situada en el centro del dédalo, cual meta inalcanzable, a menos que el explorador no lea bien el espacio y, a su vez, se deje leer por él.

La segunda transformación de Dulcinea, la que perpetra Sancho en el Toboso, tendrá consecuencias importantes para el relato y para la cadena de identidades alteradas de la dama campesina, pues, como he dicho, de ella descienden la posterior de don Quijote en la cueva de Montesinos y la del paje de los duques en el desfile del carro de Merlín. El fragmento textual inspirador debería ser este que explica la reacción de don Quijote ante las tres aldeanas que Sancho quiere que sean Dulcinea y dos damas de compañía:

> A esta sazón ya se había puesto don Quijote de hinojos junto a Sancho y miraba con ojos desencajados y vista turbada a la que Sancho llamaba reina y señora; y como no descubría en ella sino una moza aldeana, y no de muy buen rostro, porque era carirredonda y chata, estaba suspenso y admirado, sin osar desplegar los labios (II, 10).

José Luis Rey Vila da su propia interpretación del episodio, en una edición parisina de 1958 (figura 34). En una imagen en la que dominan el color y la perspectiva, sin perfiles bien definidos, un don Quijote de rodillas, en primer plano, abre la cadena de personajes en planos progresivamente distanciados; tras él vienen Sancho de rodillas también, la supuesta Dulcinea y luego sus dos acompañantes. El estilo narrativo subraya la aparatosidad del encuentro con el brazo armado de don Quijote cerrando el paso, los brazos abiertos de Sancho, la actitud amenazante de la aldeana, mientras restituye el ambiente histórico-social desde la perspectiva 3.3.

En la figura 35 (figura 35) de la edición conmemorativa del tercer centenario de la publicación de la primera parte

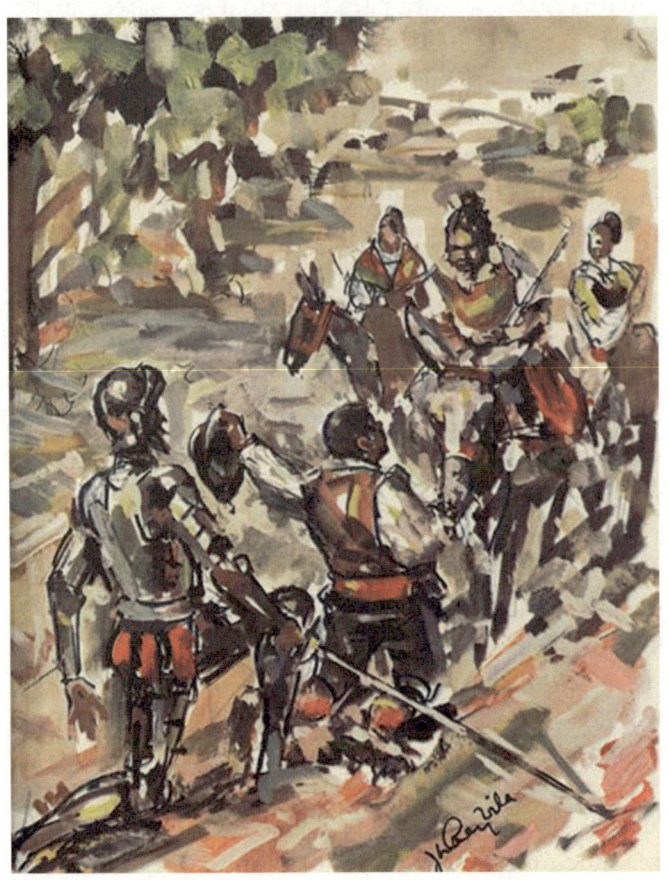

- Figura n.º 34. José Luis Rey Vila, *Don Quixote and the Enchanted Dulcinea.*
- Fuente: *Proyecto Cervantes*

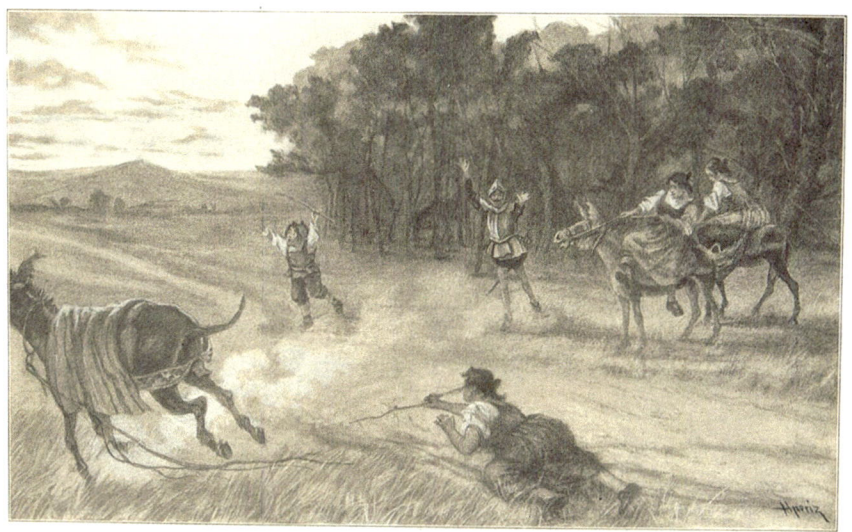

- Figura n.º 35. Nicolás Jiménez Caballero Navarro Alpériz,
  «...*comenzó á dar corcovos, de manera que dió
  con la señora Dulcinea en tierra...*».
- Fuente: *Proyecto Cervantes*

del *Quijote* (Madrid, 1905-1908), Nicolás Jiménez Caballero Navarro Alpériz incide no tanto en el carácter de la aldeana, como en el accidente de su caída del burro encabritado, lo que rebaja drásticamente las pretensiones de encumbramiento de Sancho; en un segundo plano, encontramos al amo y al criado haciéndose cargo del dramatismo de la escena, con los brazos en alto. De Dulcinea no nos es dado apreciar el rostro, aunque deducimos por su complexión corporal una cierta capacidad deportiva, que será la que luego le permita capturar al animal y saltar por encima de su grupa para recuperar la dignidad perdida; pero este desenlace ya no está en la ilustración. El estilo narrativo y la atención a la ambientación y los vestidos sitúan la imagen en la línea 3.3, filológica, pero contaminada por la perspectiva 3.2, la interpretación cómica.

La elección del momento del episodio por parte de Jiménez Caballero Navarro Alpériz es bastante insólita, aunque no original. Otra elección poco habitual es la de Eberhard Schlotter (figura 36), en una edición de Mainz de 1989; el momento elegido es el inmediatamente posterior al encuentro, cuando ya las tres aldeanas han retomado su camino —las vemos en un tercer plano bastante difuminado—; don Quijote aparece en segundo plano, apesadumbrado por la reciente noticia del encantamiento de su dama, la cual ocupa el primer plano del cuarto inferior derecho del grabado, superpuesta al corazón del caballero. Schlotter resuelve el episodio con una mezcla de estilo narrativo y estilo pictográfico, para dar expresión a la interioridad del protagonista en uno de los momentos más dramáticos de la historia y, a la vez, elevar a Dulcinea al estatus de emblema de la acción caballeresca de don Quijote. El grabado respondería a la perspectiva 2, que destaca un momento específico del episodio y lo satura de sentido.

Conviene aclarar que el momento más visitado del episodio no es el elegido por Schlotter ni tampoco por Jiménez Caballero Navarro Alpériz, sino el elegido por Rey Vila. Roberto J. Páez, en la edición bonaerense ya mencionada, dibuja la presentación

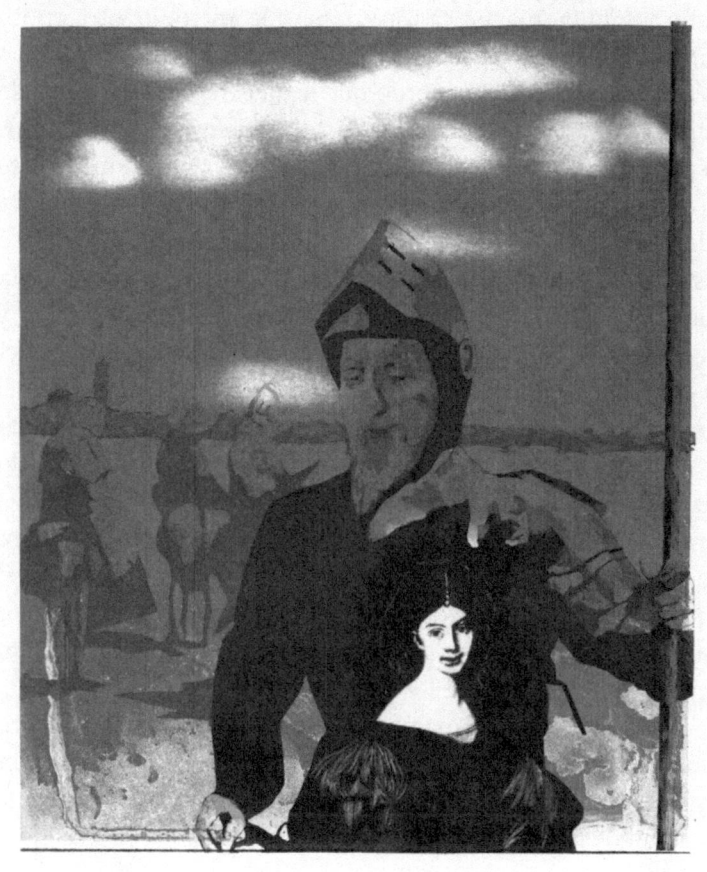

- Figura n.º 36. Eberhard Schlotter, *Don Quixote and the Three Peasant Girls.*
- Fuente: *Proyecto Cervantes*

a don Quijote por Sancho de Dulcinea y sus dos damas de compañía según la imagen canónica, pero le antepone otra en un primer plano muy invasor (figura 37), tremendamente invasor: las traseras partes de un cerdo que hoza el terreno en busca de comida ocupan las tres cuartas partes de la figura; en un segundo plano alejado, en sombra, se percibe el perfil de don Quijote arrodillado ante las aldeanas en sus monturas. La perspectiva 2 de Páez busca dirigir la interpretación del episodio en clave desacralizadora, al imponer la lógica del cuerpo abierto carnavalesco, con sus orificios en primer plano (Bajtín 2003: 22-33 y 284-292), del animal sobre el que se funda buena parte de la cocina española, mientras precisamente se afana en la búsqueda del yantar; animal, por otro lado —todo hay que decirlo—, que tanta relación tiene con la pericia profesional de Dulcinea (Redondo 2021: 259), la cual «tuvo la mejor mano para salar puercos que otra mujer en toda la Mancha» (I, 9). El rebajamiento del encuentro del caballero con su dama no podía ser más cruel. En realidad, el pérfido narrador ya propone una perspectiva análoga cuando cuenta el costalazo que se pega la aspirante a Dulcinea al intentar huir de los requiebros de los señores.

La tercera transformación de Dulcinea se cumple en el relato de don Quijote acerca de lo sucedido en la cueva de Montesinos. Un momento específico del episodio ha retenido la atención de los ilustradores; este:

> —Me mostró [Montesinos] tres labradoras que por aquellos amenísimos campos iban saltando y brincando como cabras, y apenas las hube visto, cuando conocí ser la una la sin par Dulcinea del Toboso, y las otras dos aquellas mismas labradoras que venían con ella, que hallamos a la salida del Toboso (II, 23).

Manuel Ángel Álvarez, en una imagen de una edición madrileña de 1904, decide iluminar justamente estas palabras (figura 38). Los ilustradores no suelen prestar atención a este

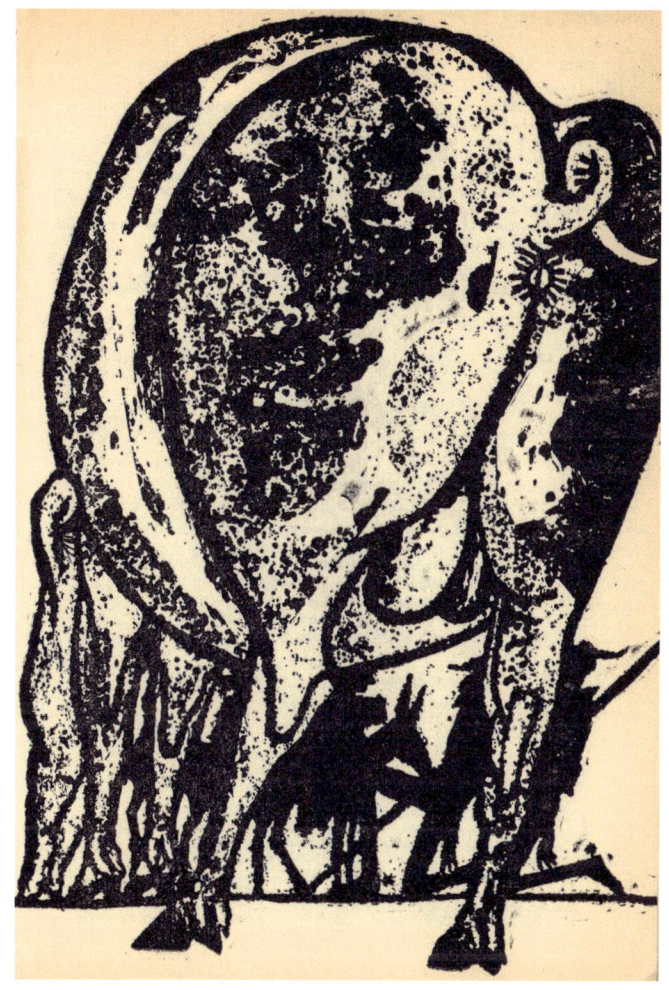

- Figura n.º 37. Roberto J. Páez, *Don Quixote
  and the Enchanted Dulcinea.*
- Fuente: *Proyecto Cervantes*

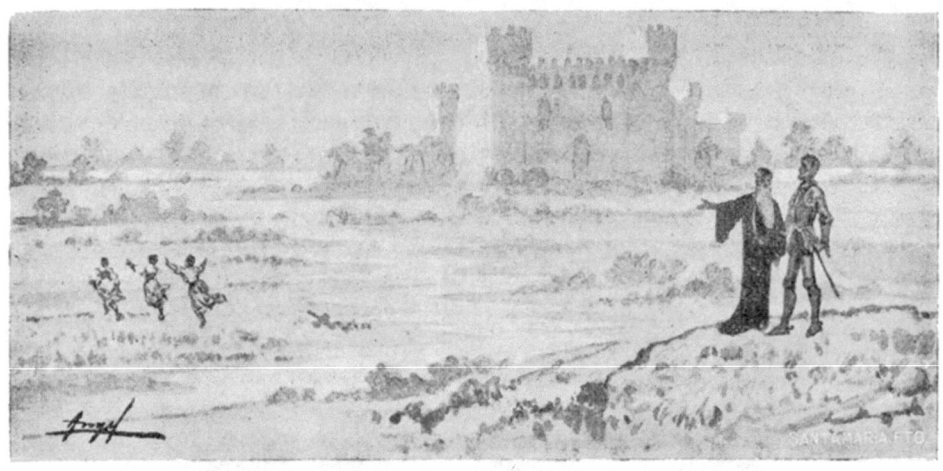

- Figura n.º 38. Manuel Ángel Álvarez, *Montesinos Shows to Don Quixote Three Peasant Girls.*
- Fuente: *Banco de imágenes del «Quijote»*

momento del episodio, por lo que la selección de Álvarez es ya significativa; podríamos considerar esta figura como expresión de la perspectiva 1, aunque la atención al ambiente arquitectónico y natural me lleva a incluirla también entre los ejemplos de perspectiva 3.3, así sea mitigada por la falta de detalles en la descripción.

En el mismo momento del episodio se inspira Hermann Paul, para este grabado de la edición de 1929 en Mastricht (figura 39). Don Quijote no aparece, pero, en su lugar, un severo y patriarcal Montesinos soporta estoicamente las cabriolas de las tres aldeanas por detrás de él, sobre un prado lleno de flores, con una lonja árabe en el fondo. El estilo narrativo describe cuerpos en voltereta, piernas desnudas, posaderas al aire (¿serán las de Dulcinea?), con perspectiva 3.2, cómica, acentuada por el trazo marcado y la ausencia de color.

El cuarto avatar de la princesa de la Mancha lo encarna el socarrón paje de los duques, al disfrazarse de la Dulcinea encantada que acompaña a Merlín en el carro del desfile. La cita del texto es esta:

En un levantado trono venía sentada una ninfa, vestida de mil velos de tela de plata, brillando por todos ellos infinitas hojas de argentería de oro, que la hacían, si no rica, a lo menos vistosamente vestida. Traía el rostro cubierto con un transparente y delicado cendal, de modo que, sin impedirlo sus lizos, por entre ellos se descubría un hermosísimo rostro de doncella, y las muchas luces daban lugar para distinguir la belleza y los años, que, al parecer, no llegaban a veinte ni bajaban de diez y siete. Junto a ella venía una figura [...] cubierta la cabeza con un velo negro; [...] levantándose en pie la figura de la ropa, la apartó a entrambos lados, y quitándose el velo del rostro, descubrió patentemente ser la mesma figura de la muerte, descarnada y fea [...]. Tenía un mayordomo el duque de muy burlesco y desenfadado ingenio, el cual hizo la figura de Merlín y acomodó todo el

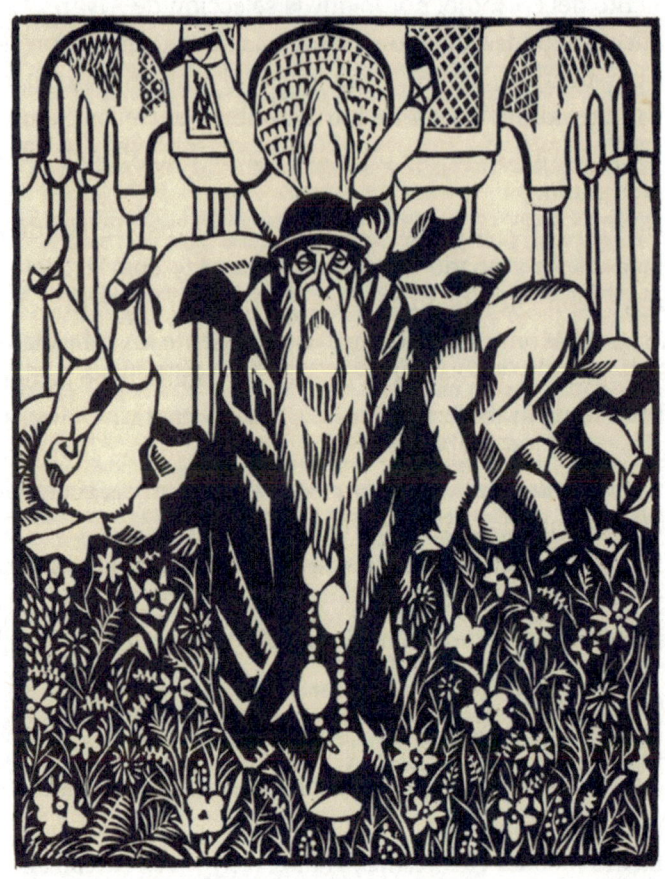

- Figura n.º 39. Hermann Paul, *Montesinos
and Dulcinea and Her Maidens.*
- Fuente: *Proyecto Cervantes*

aparato de la aventura pasada, compuso los versos y hizo que un paje hiciese a Dulcinea (II, 35).

Daniel Urrabieta Vierge propone una lectura fiel, según la perspectiva 1, que también conjuga la finalidad filológica (3.3) de la reconstrucción de los vestidos y el ambiente, en esta ilustración de una edición neoyorquina de 1906 (figura 40). En él aparece un Merlín con semblanzas mortíferas y una atemorizada Dulcinea, en un segundo plano que deja espacio en el primero a los espectadores del cortejo, entre los que se encuentran la duquesa y don Quijote, así como los encapirotados con sus hachas encendidas en las manos. En contra de lo que sugiere el propio texto, no hay rastro de comicidad en esta imagen, que parece incidir en la interpretación romántica según la línea 3.1.

Tampoco hay comicidad en la imagen que propone Eberhard Schlotter para iluminar la misma escena (figura 41). El punto de vista del ilustrador parece reproducir la visión de Sancho, a quien se podría entrever en la silueta a la izquierda en la que se inscribe su proyección en el inmediato futuro, mientras se azota para liberar a Dulcinea, tal y como le está pidiendo un gigantesco Merlín, transmutado en diablo, con sus garras afiladas extendidas hacia el escudero. Los cariacontecidos clérigos acompañantes del carro y la no menos carilarga Dulcinea entronizada subrayan el dramatismo y la dimensión tétrica y demoniaca de la escena. Don Quijote y los duques desaparecen de la imagen y, con ellos, la connotación burlesca de la escena.

Hermann Paul propone una visión aún más condensada del mismo episodio, en la edición citada de Mastricht (figura 42): unas manchas de color blanco sobre un fondo negro dominante diseñan las figuras de los encapuchados y sus antorchas, en torno a un palco central en el que campean la imagen de Merlín mientras se quita el velo del rostro y descubre la figura de la muerte, y, a su lado, una Dulcinea encantada marcadamente masculina, envuelta en ropajes y con el pelo negro cubierto por lo que podría ser una peluca rubia. El trazo expresionista y el

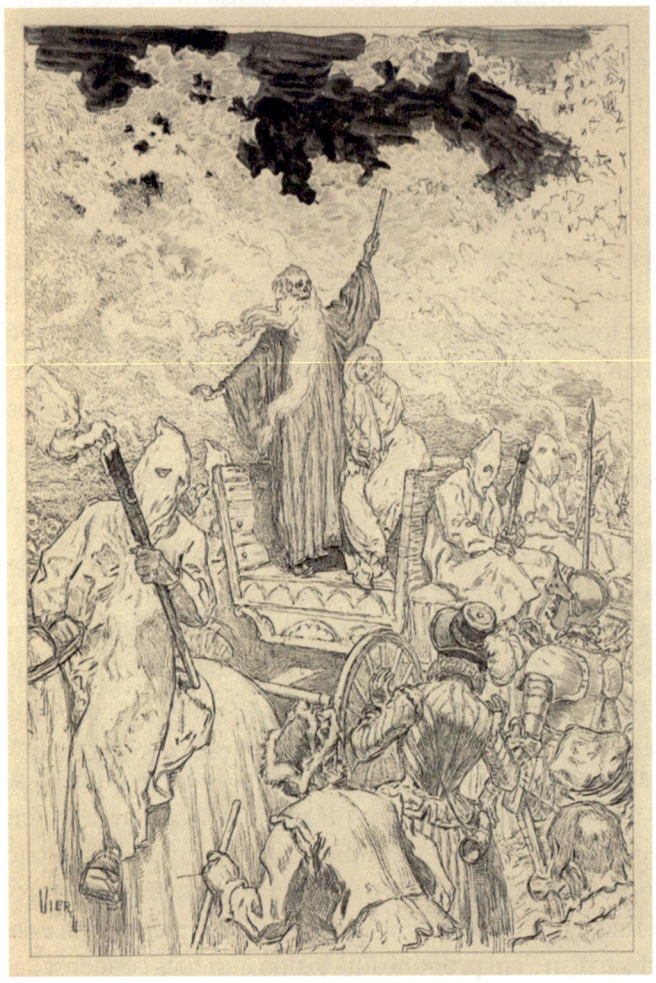

- Figura n.º 40. Daniel Urrabieta Vierge,
  Merlin and Dulcinea.
- Fuente: *Proyecto Cervantes*

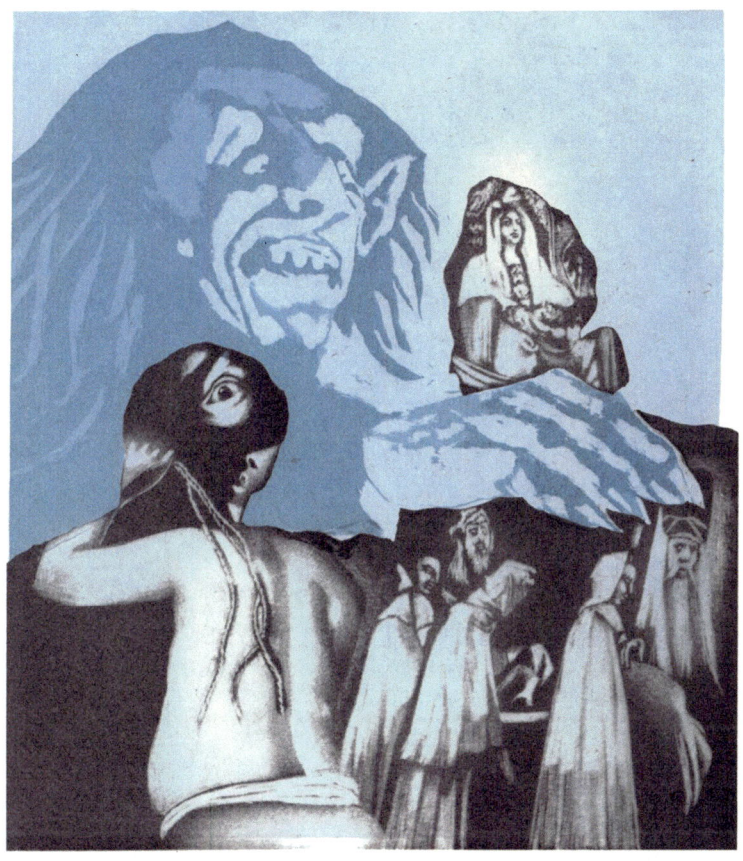

- Figura n.º 41. Eberhard Schlotter, *Merlin Orders Sancho to Lash Himself to Disenchant Dulcinea.*
- Fuente: *Proyecto Cervantes*

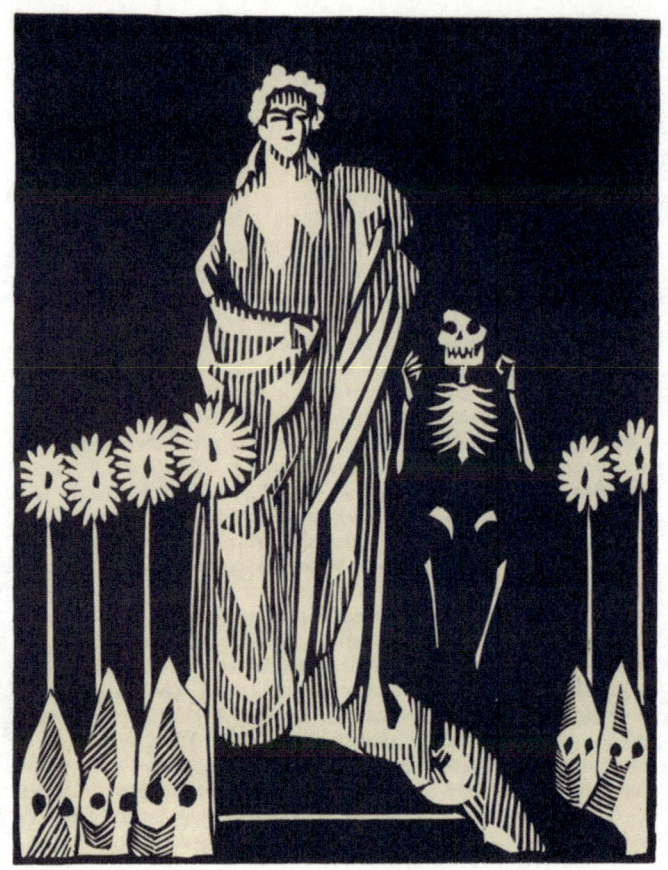

- Figura n.º 42. Hermann Paul, *The Enchanted Dulcinea and Merlin.*
- Fuente: *Proyecto Cervantes*

ambiente lúgubre hacen resaltar las connotaciones de la escena cervantina desde la perspectiva 1, pero no ocultan, a mi modo de ver, la interpretación cómica, 3.2, patente en la antítesis paradójica del atuendo femenino sobre el cuerpo masculino del paje, reducida a su mínima expresión en el tratamiento de la cabellera.

En el episodio en que se manifiesta este cuarto avatar de Dulcinea, se actualiza la estructura triangular del deseo subyacente a las otras tres falsificaciones, cuyo resorte semántico, como decía más arriba, se basa en la proyección sobre un soporte real —en este caso, el cuerpo del paje— de una fantasmagoría ajena —en este caso, la Dulcinea encantada de Sancho—, para reactivar el proceso deseante en el destinatario principal de la puesta en escena —en este caso, don Quijote y Sancho—. En esta cuarta transformación de la dama, además de los directos interesados, hay un coro de espectadores al tanto del montaje burlesco que son los destinatarios del segundo mensaje —el de contenido paródico— de la representación (el primero, la exposición del encantamiento de Dulcinea, está reservado solo a don Quijote y Sancho). Al prescindir de los destinatarios en su grabado, Paul ha de enfatizar la antítesis masculino/femenino de la figura del paje/Dulcinea; pero, aun así, se pierde la doble dimensión comunicativa de la escena, expositiva y paródica; para restaurarla, se diría que el ilustrador cuenta implícitamente con el apoyo del texto, el cual debería proporcionar al lector el contexto pragmático de la imagen que él nos ofrece. Se diría que el artista invierte la relación entre imagen y palabra que hemos encontrado en la mayor parte de las imágenes estudiadas y a la que he denominado perspectiva 1: aquí es el texto el que ha completar el significado de la imagen y no viceversa. Si en este punto rebobinamos la cinta del razonamiento, nos daremos cuenta de que ya hemos encontrado alguna imagen con la misma lógica relacional imagen–texto; por ejemplo, los grabados de Páez (figs. 33 y 37) parecen solicitar la relectura del texto para captar la dimensión simbólica del laberinto que encierra a Dulcinea (figura 33) y la paródica del cuarto trasero del cerdo ante don Quijote de rodillas (figura 37).

***

Al final de esta pesquisa en busca del verdadero semblante de Dulcinea, hemos de constatar que hemos encontrado sobre todo las caretas y no las caras de la dama. Las imágenes que se fundan en los testimonios de quienes la han visto directamente la retratan de modos contradictorios entre sí: la belleza y la elegancia de Aldonza Lorenzo que constata el narrador y que han sabido reflejar Theaker (figura 25) y Jiménez Aranda (figura 26) no aparecen en la cruel descripción del Paniaguado que inspira las visiones de Bernardini (figura 27), Sacchetti (figura 28) y Mingote Barrachina (figura 29). A la moza de muy buen parecer de los primeros, contraponen los segundos el cuerpo y el rostro grotescos de una burda campesina. El recuerdo de Sancho deja margen a la interpretación, según que el ilustrador se incline hacia la benevolencia, como Jiménez Aranda (figura 26), o hacia la malevolencia, como René de Pauw (figura 30). De la evocación idealizada de don Quijote no podemos extraer más que imágenes etéreas, como las de Jean de Bosschère (figura 31) y McKnight Kauffer (figura 32), o simbólicas como la de Páez (figura 33).

Las reelaboraciones circunstanciales, según la finalidad interesada de su perpetrador, no nos han ayudado a inclinar el fiel de la balanza hacia uno u otro testimonio directo. En todas ellas, tal como nos las relata el texto, los falsificadores juegan con el deseo triangular de don Quijote, tratando de sustituir el referente real del mismo por otros tomados de la realidad contingente. Y así la campesina tobosesca que Sancho usa como pantalla para proyectar a una Dulcinea encantada, en el campo gráfico, ha generado especulaciones filológicas de reconstrucción del contexto histórico, según los pinceles de Rey Vila (figura 34) y Jiménez Caballero Navarro Alpériz (figura 35), o bien evocaciones intimistas como la de Schlotter (figura 36) o decididamente paródicas como la de Páez (figura 37). Lo mismo sucede con la conversión onírica del ectoplasma creado por Sancho, por obra de don Quijote en la cueva de Montesinos: también se presta a la visión filológica de Álvarez (figura 38) o a la cómica y eróticamente sugestiva de Paul (figura 39). Por último, la segunda conversión del ectoplasma de Dulcinea encantada en el cuerpo y el rostro barbipungente de un paje del duque se ha prestado a la lectura filológica de Urrabieta Vierge (figura 40) y a las visiones terroríficas de Schlotter (figura 41) y de Paul (figura 42), con un toque cómico en la de este último, que juega con la ambivalencia sexual del paje ataviado de Dulcinea. En fin, parece que nos quedamos sin descubrir el verdadero rostro de la princesa del Toboso. Tal vez la imagen que más represente este recorrido infructuoso por las ilustraciones de Dulcinea en los *Quijotes* del siglo xx sea esta de Luis Scafati para una edición infantil de 2005, en Buenos Aires (figura 43). Para Scafati, Dulcinea permanece encantada, encerrada en la caja que oculta su palmito, con Merlín a su izquierda y don Quijote cautivo entre sus faldas volanderas.

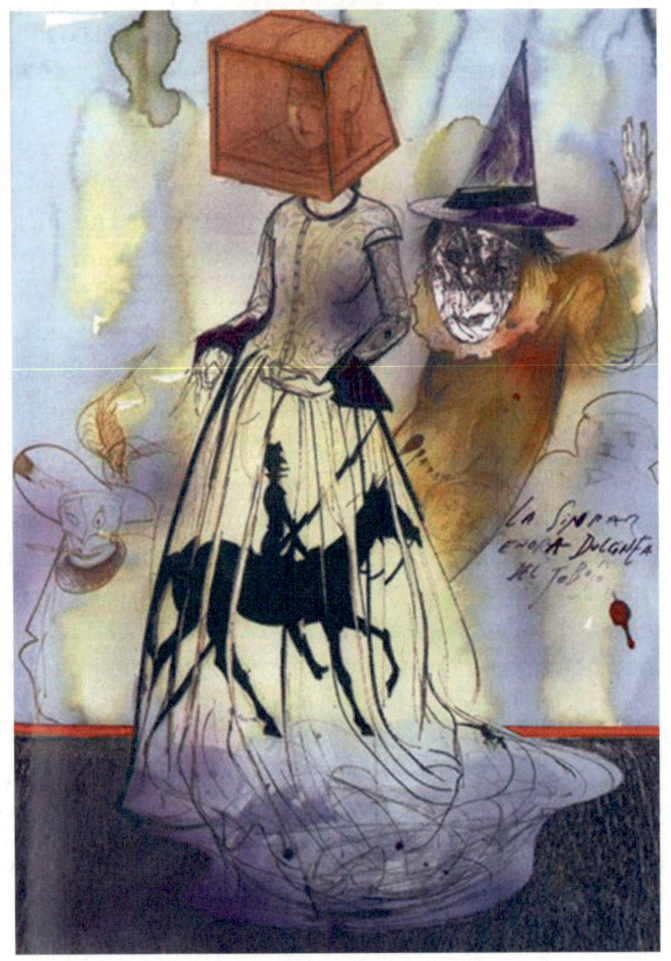

- Figura n.º 43. Luis Scafati, *Merlin and the Enchanted Dulcinea.*
- Fuente: *Proyecto Cervantes*

7

Don Quijote y las tecnologías del yo

Don Quijote es un personaje incitado, decía Américo Castro (1957; 1966); su voluntad de ser nace de una motivación externa a él que lo compele a la acción. No es el único personaje incitado en la obra de Cervantes; Castro descubre todo un grupo de ellos y los describe así:

> Retraído del abstracto moralizar del cultivo del tema religioso o del divertido juego de las fantasías tradicionales, Cervantes optó por sumirse en la concreta intimidad de unas gentes a quienes apremiaba el curioso fenómeno de realizar acciones de muy distinta índole (nobles, nefandas, imaginarias, bellas, feas, ridículas, grandiosas o demenciales) como un resultado de la expansión de sus propias vidas —unas vidas no fundadas en una «naturaleza» previamente dada, ni construidas dentro de sí mismas, sin entrelace con el abierto mundo—, y como un desarrollo hermético de la reflexión sobre su propia conciencia. [...] La vida de los personajes mayores creados por Cervantes sería como el foco en donde se refractan una incitación venida de fuera y las acciones provocadas por aquella incitación (1957: 242-243).

Pone el dedo, don Américo, en la llaga de la vivencia, o sea, en el hecho de que, a Cervantes, lo que le interesa no es la comprobación por vía práctica de la validez de un principio moral preexistente, sino la refracción en unas vidas contadas en su devenir de los efectos de una incitación y de las acciones provocadas por ella.

Tal sería el caso, por ejemplo, de la rica labradora Dorotea, la cual, seducida y abandonada por el noble Fernando, decide reclamar lo que en su fuero interno considera justo —la reparación de su honor y la obtención del amor de su seductor—; para ello, abandona su hogar y su cómoda posición de doncella rica en edad casadera, se disfraza de hombre y se lanza a los caminos procelosos en busca del amado. Dorotea ha puesto en juego su identidad, movida por la incitación externa, porque necesita completar su personalidad y su *persona* —entendida como la proyección social del ser— con la nueva posición social y el amor que le habían sido prometidos. Con el mismo patrón de acciones y pensamientos persiguen su realización plena Marcela y Sansón Carrasco (1957: 246), Cardenio, Ricote, Ana Félix, Roque Guinart (1966: 252) y hasta la aburrida hija de Diego de la Llana, que se viste de hombre para conocer la Barataria *by night* de Sancho Panza. Esta construcción del personaje movido por su impulso interior, contracorriente, en busca de una identidad completa, es considerada por Castro tan propia de los personajes cervantinos que llega a acuñar la expresión «vivir cervantinamente», la cual «consistiría en dejarse labrar el alma por las saetas de todas las incitaciones» (1957: 252).

Alonso Quijano, por su parte, siente la llamada a la acción en el momento en que la prosa de Feliciano da Silva le sorbe el seso (I, 1); se deja invadir por unos valores y un ideal de vida diversos, si no opuestos, a los que hasta entonces lo guiaban, y se construye una ética, unas normas de comportamiento para casos específicos, que trasformarán su identidad en la de un caballero andante.[10] Aún sin sellar bajo el nombre de don Quijote,

---

[10] La victoria sobre sí mismo, que apreciamos en esta cancelación de la existencia muelle de Alonso Quijano y en los momentos en que el hidalgo se muestra «paciente y sufridor», da pie a Maravall (1948: 134-135) para relacionar su actitud con la doctrina estoica. En la misma idea había incidido Montolíu (1947: 179-244). Recientemente Lorca (2016: 56 y ss.) ha discutido que la voluntad de ser de don Quijote, sobre la que se basa la victoria de sí, pueda relacionarse con el estoicismo, precisamente porque ese ceder al deseo sería ajeno a dicha doctrina.

su nueva personalidad empieza a diseminarse en su entorno, reclamando indirectamente una de sus bases constitutivas: la de ser una identidad dialéctica, necesitada de la respuesta del otro para obtener su realización plena. Sin el rocín transformado en alígero corcel, la campesina en excelsa dama o el rústico patán en escudero de pro, su nuevo ser no valdría nada; o mejor, tendría el valor intrínseco de la voluntad, pero, para poder dirigirse al mundo, no se puede quedar en eso; necesita el sostén de los adminículos de la identidad de caballero que ha elegido para sí: la montura, la princesa y el escudero. No son componentes de su personalidad; son apoyaturas de confirmación de su existencia en el mundo en cuanto caballero andante.

A su lado, por los caminos manchegos, irá siempre el triple bordón de su yo, proclamando a los cuatro vientos su voluntad de diálogo con el otro, para obligarlo a cambiar. Quiere esto decir que su conciencia se irá haciendo en la petición de confirmación de los avatares de su identidad a los objetos adherentes a ella (la armadura y las armas), a la imagen de su amada y a la presencia de su escudero; pero solo en la medida en que ese diálogo continuo consiga reactivar la estrategia reflexiva, de movilización de la enciclopedia caballeresca de motivos narrativos y de la ética que de ellos se deriva, como una retroalimentación permanente de su querer ser. A la proyección hacia la acción en el mundo, a la búsqueda de transitividad, le seguirá puntualmente, en cada episodio, la retrospección hacia las bases de su ser, en busca de legitimidad para ella por la vía de la reflexividad. La proyección hacia el futuro, hacia el glorioso momento de la publicación de su crónica o el de los desposorios con la princesa —el precipitado de la enciclopedia caballeresca de marras—, estará tirando constantemente del caballero del presente hacia un porvenir glorioso, cree él. Por su parte, la retrospección hacia la enciclopedia caballeresca en el diálogo con Sancho le proporcionará, de vez en cuando, los medios para reestructurar su mundo tras el fallido intercambio con el mundo otro.

El movimiento de vaivén entre el sueño futuro y el saber pasado se proyecta sobre el presente, haciendo avanzar un paso más en su camino al caballero. La construcción de su yo no depende, pues, exclusivamente de su reacción puntual a los estímulos del mundo, no se elabora en el filo de un presente suspendido entre la personalidad ya fijada y la identidad por fijar, sino que se empasta con la complicada levadura de una imagen de acarreo y otra de deseo. Don Quijote es simultáneamente lo que él cree que es, porque eso ha querido ser, y lo que cree que llegará a ser. En la segunda parte de su historia, a esa masa compuesta se añadirá aún una nueva bacteria, la del ser lo que los demás creen que es y que se corresponde, por lo general, con su imagen deducida de la lectura del libro de 1605.

Tras este complejo mecanismo de interacciones entre el yo de don Quijote y el mundo, se despliegan algunas estrategias propias de lo que Michel Foucault denomina *tecnologías del yo*, o sea, aquellas que permiten a los individuos efectuar, por cuenta propia o con la ayuda de otros, cierto número de operaciones sobre su cuerpo y su alma, pensamientos, conducta, o cualquier forma de ser, obteniendo así una transformación de sí mismos, con el fin de alcanzar cierto estado de felicidad, pureza, sabiduría o inmortalidad (1990: 48).

Las tecnologías del yo, entre las cuatro de la razón práctica (a saber: *tecnologías de producción, de sistemas de signos, de poder* y *del yo*), gozaron de dos momentos de extraordinario desarrollo; el primero con la filosofía grecorromana de los dos primeros siglos a. C. del bajo Imperio romano y el segundo con la espiritualidad cristiana del cuarto y quinto siglos del final del alto Imperio romano.

El instrumento de análisis que nos propone Foucault en su ensayo sobre las tecnologías del yo puede resultar útil para comprender los mecanismos de la incitación y describir los procesos de construcción del yo de don Quijote; es lo que me dispongo a hacer en las páginas que siguen.

7.1. Don Quijote el olvidadizo

Hay un momento en que don Quijote parece haber cancelado completamente a Dulcinea de sus planes de futuro. Después de la conquista del yelmo de Mambrino (I, 21), don Quijote le presenta a Sancho una síntesis de la carrera caballeresca que, como no podía ser de otro modo, culmina con los desposorios con la hija del rey, enamorada de él en el consabido encuentro nocturno. Se trata de un tópico de los libros de caballerías que, en su caso, parece un tanto fuera de lugar, pues sus pensamientos y su corazón ya están ocupados por la sin par Dulcinea del Toboso. ¿Cómo es posible que la olvide en cuanto da rienda suelta a su imaginación? Desde luego, viéndolo actuar en pro del honor de su dama ante los mercaderes de Toledo (I, 4), Maritornes (I, 16), los galeotes de la cadena (I, 22) y otras situaciones análogas, nadie hubiera imaginado que pudiera ser tan olvidadizo. A decir verdad, el proyecto caballeresco no parece expresar sus sentimientos más recónditos arraigados en la primera imagen de su ser caballeresco, sino los que le impone el guion que está recitando; el cortocircuito entre ambos, el proyecto y su primera imagen de sí, parece surgir del conflicto entre dos técnicas diferentes de construcción de la identidad.

Me explico mejor: en ese proyecto de vida, don Quijote, en realidad, recuerda y ordena los tópicos de los libros de caballerías, como acabo de decir, con la finalidad de destilar su esencia de caballero andante del itinerario aventurero de sus héroes; la contemplación del modelo le ayuda a conocerse a sí mismo. Foucault habla de la técnica usada por los filósofos griegos con finalidades pedagógicas para que el alma aprenda a conocerse a sí misma —concretamente su comentario se refiere a un paso del *Alcibíades* de Platón—; dice Foucault que, según Platón, el alma solo llegará a tener una idea de sí si se contempla en un elemento similar, como en un espejo; por eso debe mirarse en la divinidad, que es la esencia de la que desciende (1990: 59). Del mismo modo, don Quijote, buscando la exaltación de su esencia aventurera —debe placar la inquietud de Sancho sobre el porvenir que les espera—, se mira en el espejo en que la misma se encierra: el arquetipo de los libros de caballerías.

La *tecnología del espejo* parece producir buenos resultados, pues el caballero y su escudero vuelven a encontrar la armonía, en un crescendo de entusiasmo que otorga a Sancho una dama de la princesa en esposa —olvidándose, por cierto, también él, de su mujer—, un condado y, ya en el ápice del arrebato, un barbero privado que le rape su cerrada barba todos los días del año. En la escena, en realidad, asistimos a la aplicación de otra *tecnología del sujeto*: la que Foucault denomina *melete* y define así: «imaginar la articulación de posibles acontecimientos para examinar cómo reaccionaría uno» (1990: 74). Es una de las dos formas de la *askesis*, o sea, los «ejercicios en los cuales el sujeto se pone a sí mismo en una situación en la que puede verificar si es capaz de afrontar acontecimientos y utilizar los discursos de los que dispone» (1990: 74). Efectivamente, don Quijote primero imagina la carrera típica de cualquier andante que se precie y luego, a requerimiento de su escudero, que ha estado leyendo entre líneas su propio futuro, se sustituye a sí mismo como protagonista de tan exitoso periplo vital, envuelto en el vórtice de acontecimientos, en una especie de gimnasia actitudinal que lo mantiene entrenado para lo que pudiera venir, aunque lo haga a expensas de la fidelidad que debe a su amada. ¿Cuál podría ser la explicación para tal falta de decoro? Las dos técnicas cruzadas, por un lado la técnica del espejo que debería permitirle a don Quijote elaborar una *techné*, unos conocimientos y unas aptitudes para el cuidado de sí, para la construcción de su identidad, y por el otro la *melete*, o sea, la elaboración de una ética, unas normas de conducta para determinadas situaciones que el sujeto se representa anticipadamente, las dos técnicas —decía— han producido un cortocircuito que ha transportado a nuestros dos personajes lejos de su sendero original. La retrospección hacia sus modelos caballerescos lo vincularía a la tobosina, como uno más de los rasgos de su perfil especular; pero la prospección en el futuro de su currículo vital libera su imaginación y esta lo coloca siempre en el grado máximo de lo deseable; allí, desgraciadamente, no encuentra a Dulcinea.

7.2. Imitación o tecnología del espejo en el *Quijote*

En este episodio, hemos visto dos técnicas del yo que podemos encontrar en varios otros episodios de la primera parte del *Quijote*. La más frecuente, qué duda cabe, es la tecnología del espejo; a veces, don Quijote no se deja inspirar por modelos concretos, como en el caso de la penitencia de la Sierra hecha a imitación de Amadís (I, 26), sino por el patrón genérico de las caballerías, que usará para presentarse ante los cabreros del discurso de la Edad de Oro (I, 11) o ante el Vivaldo de las exequias de Grisóstomo (I, 13); para emprender la acción o amenazar con ello, como en la defensa de Marcela ante sus perseguidores (I, 14) o la acometida al endriago que ocultan los batanes (I, 20); para instruir a su escudero sobre las ventajas de la caballería andante que a todos iguala, al menos en la mesa (I, 11), o sobre la primacía de los caballeros sobre los escuderos en la aventura de los batanes (I, 20); para desechar o aprobar propuestas de Sancho, como la de acogerse a sagrado tras la victoria sobre el vizcaíno (I, 9) o la de echarse al monte después de haber liberado a los galeotes (I, 23).

En cambio, en el *Quijote* de 1615, la tecnología del espejo no suele aparecer como motivador de la acción, antes de las aventuras, ni tampoco con las otras funciones reseñadas para la primera parte. Evidentemente, el narrador de la segunda parte juzga que la identidad de don Quijote está ya suficientemente afianzada en los modelos caballerescos como para seguir insistiendo en la idea. Bien es verdad que el caballero usará aún el espejo de los escuderos como argumento determinante en una ocasión muy especial, cuando, aún en casa, se vea obligado a negociar con Sancho las condiciones económicas de su servicio, contraponiendo a sus pretensiones salariales el ejemplo de los muchos escuderos pagados a merced (II, 7). La superación de la tecnología del espejo en esta segunda parte como estrategia de construcción del sujeto queda certificada en la autopresentación de don Quijote al atónito Caballero del Verde Gabán (II, 16); el hidalgo loco se figura los motivos de la perplejidad de don Diego y le revela que es uno de los caballeros andantes de que están llenos los libros (y aquí aún recurre a la estrategia de la primera parte), pero enseguida declara con orgullo su verdadera identidad: él es el protagonista del libro de 1605. Esta será su estrategia identitaria en casi toda la segunda parte: el desvelamiento del núcleo mismo de su esencia, con el uso de la tecnología antecedente a la confesión cristiana que Foucault (1990: 84-89) identifica con la *exomologesis* estoica.[11]

7.3. La *melete* en el *Quijote*

La otra tecnología del yo que hemos visto en el episodio del olvido de Dulcinea, la que Foucault identifica como *melete*, o sea, imaginarse una serie de acciones futuras preparándose a afrontarlas, es relativamente habitual en la primera parte. Vuelve a aparecer muy brevemente en la mención del bálsamo de Fierabrás, cuando don Quijote pide a Sancho Panza que, si por casualidad quedara cortado en dos por algún follón desaforado, para devolverle la integridad y la vida, él solo tendría que volver a pegar las dos partes con una pequeña porción de aquel pegamento increíble (I, 10); tras la derrota con los yangüeses, al darle licencia de que meta mano a su espada para casos análogos en el futuro (I, 15); cuando se propone protegerse contra los encantamientos, conquistando una tizona con los poderes de la Ardiente Espada de Amadís (I, 18); cuando se enfada con Sancho por su falta de respeto a Dulcinea y ya se imagina a

---

[11] Castro identifica en la moral de Cervantes ciertos rasgos estoicos (1925: 347) que luego entran a formar parte del carácter de sus personajes (1925: 387); en «La estructura del *Quijote*» (1957: 240-241), subraya el influjo del neoestoicismo renacentista en el carácter de don Quijote. Rosales (1960: 430-460) matiza ulteriormente las ideas de Castro.

sí mismo rey y a Sancho marqués, por el valor de su dama, la cual toma su brazo «por instrumento de sus hazañas» (I, 30); o cuando se imagina emperador de Micomicón, otorgando a Sancho un condado (I, 50).

En la segunda parte, esta tecnología, así entendida, es decir, en su *versión activa*, es escasa: la encontramos solo en el episodio del barco encantado (II, 29); con función pedagógica en los consejos de don Quijote a Sancho, antes de su partida para la ínsula Barataria (II, 42-43); y como proyecto de vida pastoril durante el año de abstención obligada de las aventuras (II, 73). Es, por el contrario, muy abundante en su *versión pasiva*, o sea, cuando son los demás personajes los que proponen a don Quijote una serie de acciones en secuencia como proyecto caballeresco; comienza Sancho con la presentación de la supuesta princesa Dulcinea y sus damas (II, 10), sigue Sansón Carrasco convertido en Caballero del Bosque (II, 12-16) y Caballero de la Blanca Luna (II, 64), y luego los duques con el gobierno de la ínsula a Sancho (II, 31), el programa de acciones para desencantar a Dulcinea (II, 34), la farsa de la Trifaldi (II, 38-39) y la de Clavileño (II, 40-41).

Un ejemplo de *melete pasiva* ya aparecía, no está de más recordarlo ahora, en la mitad de la primera parte en el episodio de Micomicona (I, 29). El caso es que el uso que se hace de la *melete* en el *Quijote* de 1605 no va más allá de la simple ensoñación del caballero, mientras que en el de 1615 se perfila como un programa de acciones específico que llega incluso a ser actualizado en la mayor parte de los casos. Es decir, en la primera parte, la *melete* sirve para añadir matices a la personalidad del caballero chiflado, mientras que en la segunda sirve para montar nuevos episodios. En la primera parte, es una tecnología más de construcción del yo de don Quijote; en la segunda, se convierte en el motor principal de las acciones del caballero, prisionero en muchos casos de su propia fama y de las fabulaciones ajenas.

7.4. El mozo motilón. Un ejemplo de *exomologesis* estoica

En Sierra Morena, don Quijote desvela a Sancho la identidad real de Dulcinea: es la hija de Lorenzo Corchuelo (I, 25). La mención de la labradora princesa del Toboso tiene sobre Sancho los efectos de una epifanía grotesca que él se encarga de trasladar a su amo con el recuerdo de las dotes más eminentes de la moza: el vozarrón, la fuerza de gañán curtido y el pelo en el pecho. Forzado por el anclaje de su ideal a indiscutibles datos de realidad, don Quijote argumenta en defensa de su elección con el ejemplo de la viuda amante del mozo motilón y concluye: «Así que, Sancho, por lo que yo quiero a Dulcinea del Toboso, tanto vale como la más alta princesa de la tierra» (I, 25). La insistencia de Sancho Panza lo ha obligado a colocarse en una zona de mayor cordura, a excavar por debajo de la superficie enajenada del yo y sacar a la luz algunos restos de la lúcida campechanía de Alonso Quijano. No condice con la identidad de don Quijote esa conciencia de la transustanciación, pero no desdice de la de Alonso Quijano; se viene a crear, así, un conflicto entre la identidad obliterada del hidalgo y la manifiesta del caballero que algunos cervantistas han resuelto sugiriendo que don Quijote finge, o que juega (Van Doren 1973; Torrente Ballester 1975). A mí no me parece necesario extender la actitud del personaje en este episodio a todos los demás y hacer de ella un atributo de su personalidad; creo que lo que sucede aquí es que Cervantes ha usado una *tecnología de construcción del sujeto* que ha terminado por sacarlo temporalmente de sus límites de acción y pensamiento. La técnica en cuestión es la ya citada *exomologesis* estoica, estudiada por Foucault, o sea, el descubrimiento de sí, de la verdad acerca de sí, a la que el cristianismo dotará de dimensión pública en lo que después será la confesión y en el siglo IV se llamará *publicatio sui* (1990: 84-86).

7.5. Sancho el memorioso. Un tipo con capacidad de *exagouresis*

Asimilable a la estrategia de la *exomologesis* es la de la continua verbalización de la experiencia pasada por parte de don Quijote y Sancho Panza; la identidad de cada uno se modifica así con relación al otro, introduciendo, por lo general, algunas claves de separación y mayor autonomía. Esa continua verbalización de los sucesos se parece mucho al examen de sí senequista, recuperado por la tradición monástica cristiana con la *exagouresis* o análisis de los hechos del día y de los pensamientos del discípulo con su maestro (Foucault 1990: 86-89 y 93).

Un momento crucial para la identidad de don Quijote es el del final de la aventura, cuando tiene que explicar la incongruencia del resultado de su acción con los móviles que la causan, con un ejercicio de *exagouresis* o examen de conciencia de lo vivido. La reflexión del caballero para recomponer su identidad tambaleante después de una sonora derrota suele achacar a los encantadores la responsabilidad del desperfecto en la segunda salida —ya lo había visto así Auerbach (1996: II, 93)—, pero no en la tercera. En la tercera salida, en efecto, la identidad de don Quijote no suele precisar de componendas finales, porque, al no ver erróneamente la realidad, el conflicto ya no se basa en la confrontación de dos interpretaciones del mundo (¿son molinos o son gigantes quienes derrotan al caballero?), sino en la de la verdadera esencia de don Quijote: ¿glorioso protagonista o paródico caballero andante de 1605? (Torrente Ballester 1975: 160). La técnica de reconstrucción de su identidad en los momentos de fracaso de la tercera salida será la de desconocer la aventura con la clásica fórmula caballeresca «para mí no estaba guardada», que don Quijote usa tras el ruinoso final del episodio del barco encantado (II, 29) y en varias otras ocasiones; o, como variante de ella, unas consideraciones llenas de ese desengaño y melancolía que terminarán por llevarlo a la tumba (Redondo 1997: 121-146), como esta ante la playa de su derrota:

¡Aquí fue Troya! ¡Aquí mi desdicha, y no mi cobardía, se llevó mis alcanzadas glorias; aquí usó la fortuna conmigo de sus vueltas y revueltas; aquí se escurecieron mis hazañas; aquí, finalmente, cayó mi ventura para jamás levantarse! (II, 66).

Su trayecto por el mundo tiene mucho de pedagogía ética, aunque no sea más que un proyecto *in fieri*, que se va haciendo según las circunstancias y se va amoldando, también en sus contornos éticos, a las situaciones del presente. No hay, pues, una identidad granítica dada desde su primera andanza por el campo de Montiel hasta la derrota en la playa de Barcelona; la modificación en su ser hay que achacarla no al crecimiento en cuanto personaje, a la asimilación en su persona de las nuevas cualidades fruto de su experiencia en el mundo, sino a la aplicación en cada momento de diferentes tecnologías del yo, con modalidades diferentes según la parte del texto en que nos encontremos.

7.6. Tecnologías del yo en las tres salidas del de don Quijote

En su constitución como sujeto, don Quijote apela al ejemplo de los modelos caballerescos —tecnología del espejo— para modificar su identidad y la de quienes le resultan imprescindibles para su proyecto: Rocinante y Dulcinea. Los modelos no le sirven, en la primera salida, ni para presentarse a los demás, ni tampoco para emprender muchas de sus acciones, como en cambio sucederá a menudo en la segunda, y, de nuevo, no volverá a suceder en la tercera. Le sirven, en cambio, para restaurar los desperfectos causados en el proyecto mismo o en el mundo por su acción. Y así, cuando se encuentre en el suelo, vergonzosamente apaleado por los mercaderes de Toledo (I, 4), para no tener que asimilar la derrota en su rutilante mundo aventurero, la ocultará tras el afán imitativo, recitando versos de romances que hacen referencia a tragos similares que sus admirados caballeros tuvieron que pasar. Es esta la única derrota de la primera salida, por lo que no podemos extrapolar un método de reconstrucción de su identidad caballeresca a partir de este único ejemplo; desde luego parece una peculiaridad de la primera versión del caballero, pues en la segunda y tercera salidas no recurrirá a la tecnología del espejo para reconstruir su mundo, tras una derrota.

La *exomologesis*, o revelación de sí, que hemos apreciado en el encuentro de don Quijote con don Diego de Miranda (II, 16), resulta especialmente abundante en la tercera salida, como expresión del orgullo de ser el protagonista del libro de 1605. Cada vez que el caballero encuentre a uno de los lectores de la primera parte, se producirá una forma de desvelamiento de su verdadera identidad que lleva aparejada, como no, una forma de homenaje; se lo tributan los duques (II, 30), don Juan y don Jerónimo (II, 59), Roque Guinart (II, 60), Antonio Moreno (II, 61) y, sobre todo, las zagalas de la fingida Arcadia (II, 58).

En la segunda salida, don Quijote se presenta, lo hemos visto, como imitador de los caballeros andantes, con la técnica del espejo. Esta se inscribe entre las técnicas del *cuidado de sí*, del que habla Foucault como fundamento de la actitud hacia el aumento y la conservación de los bienes materiales y espirituales del sujeto, por contraposición al *conocerse a sí mismo*, más centrado en la revelación y manifestación de las propias dotes espirituales, entre cuyas tecnologías se cuenta la *exomologesis* (1990: 57 y ss.). De modo que podemos caracterizar la primera y segunda salidas con la técnica del espejo y la preocupación por el cuidado de sí; y la tercera con la *exomologesis* y la preocupación por el conocerse a sí mismo. Así comprendemos el motivo de la conversión de la *melete* activa en pasiva: lo exigía el paso del cuidado de sí, propio de las dos primeras salidas, donde la voz activa cumple una función fundamental, al *conócete a ti mismo*, característico de la tercera salida, declinado también como *revélate a ti mismo*, en los muchos episodios de *melete* pasiva. Hay pues una correlación entre las técnicas de construcción del yo y la modificación del personaje de don Quijote, en la dirección de una progresiva psicologización de la identidad, con repetidos momentos de introspección y otros de reconocimiento de su identidad más íntima por parte de los otros.

7.7. El individualismo como clave de la modernidad

El querer ser como componente irrenunciable de la identidad individual es el elemento quijotesco que ha conseguido saltar la barrera de los siglos para proponerse como paradigma en tiempos distintos y distantes. El individualismo, una de las claves de la modernidad según Ian Watt (1996: 48-89), encuentra su máxima expresión, aunque no la única, en esa formulación voluntarista del ser, que el crítico estadounidense, como no podía por menos, estudia con detenimiento en la novela cervantina. La panoplia de las tecnologías del yo de Foucault nos ha permitido entender las varias declinaciones de ese querer ser en la base del individualismo y su evolución hacia una progresiva psicologización. Ong (1982: 50, 148-151) relacionaba el nacimiento de la novela moderna y la interiorización de la conciencia de los personajes. El paso de la primera parte del *Quijote* a la segunda, a la luz de las reflexiones anteriores, representa un hito importante en ese trayecto.

8

Don Quijote y sus dobles

El de la identidad es tal vez el tema clave del *Quijote*. No sorprenderá que sea así en una novela que cuenta los esfuerzos de alguien por llegar a ser lo que quiere ser; y sorprenderá aún menos, si consideramos que, en su tiempo, constituía una verdadera obsesión nacional, en el clima de reivindicación de la pureza de sangre instaurado a raíz de lo que Américo Castro (1961: 1966) llamara «conflicto de castas».

Las siguientes páginas proponen una reflexión sobre las formas y la evolución de la identidad de don Quijote y, en especial, sobre la emersión de los dobles en la segunda parte de su historia. Al principio de su tercera salida, don Quijote no sabe que en ella le esperan aventuras sin par o, por lo menos, sin par con las de la primera y la segunda salidas; a causa de ellas, conocerá los límites de la experiencia y el conocimiento humanos: subirá hasta las puertas de las regiones celestes del fuego, a lomos de Clavileño; descenderá a las profundidades de la tierra y de su subconsciente, en la cueva de Montesinos; cruzará las fronteras geográficas de los hemisferios, en la travesía ecuatorial por las turbulentas aguas de un río poblado de fantasmas enharinados; y no se le erizará el vello ante el Diablo y la Muerte, tal vez porque son solo actores de la compañía de Angulo el Malo; su osadía lo llevará incluso a conocer las extremas lindes del suelo patrio y a bañar sus pies allá donde la península ibérica se hunde en el Mediterráneo, en la playa de Barcelona. Claro que ninguno de estos episodios se puede comparar, en lo tocante a la experiencia del límite, con los que lo obligan a confrontarse con sus dobles; son tres momentos de una intensidad especial, capaces de alterar su compostura, condicionar su evolución como personaje e incluso llevarlo a la tumba. Aclaro, antes de comenzar mi argumentación, que me referiré a los tres dobles reconocidos como tales por el propio don Quijote, que llevan su propio nombre y que, de una u otra forma, pretenden identificarse con él; quedan fuera de mi reflexión los personajes que la crítica ha querido ver como transfiguraciones del caballero; no hablaré, pues, ni del Cardenio que en Sierra Morena parece proponer al Caballero de la Triste Figura un espejo de sí mismo (Álvarez Amell 1993; Fajardo 2005; Roca Musons 2006; Martínez Mata 2015a)» ni del Caballero de los Espejos (Alter 1975: 22-23; Torrente Ballester 1975: 186-187; Pini Moro 1990: 226; Roca Mussons 2006) ni del Caballero del Verde Gabán (Márquez Villanueva 1975: 149-154; Pope 1979: 218; Fernández Morera 1994; Martínez Mata 2015b).

8.1. El primer doble. Don Quijote y el nacimiento de la conciencia

El primer doble que don Quijote encuentra en su camino es el protagonista del libro de 1605 (Roca Mussons 2006: 131). Sancho lo entera de la noticia de la publicación del libro de sus hazañas que ha traído al pueblo el bachiller Sansón Carrasco y va a buscarlo para que se la refiera de primera mano (II, 2). Al quedarse solo, don Quijote reflexiona sobre el modo en que el cronista de sus hazañas las habrá podido contar y, sobre todo, si habrá relatado sus amores con Dulcinea con el decoro y el respeto que se debe. Figurándose la imagen pública de su yo en sus probables declinaciones en la pluma del morisco, don Quijote se afianza en su atalaya presente y desde ella observa su yo pasado. Así nos traslada el narrador su zozobra interior:

> Imaginó que algún sabio, o ya amigo o enemigo, por arte de encantamento las habrá dado [sus altas caballerías] a la estampa: si amigo, para engrandecerlas y levantarlas sobre las más señaladas de caballero andante; si enemigo, para aniquilarlas y ponerlas debajo de las más viles que de algún vil escudero se hubiesen escrito, puesto —decía

entre sí— que nunca hazañas de escuderos se escribieron; y cuando fuese verdad que la tal historia hubiese, siendo de caballero andante, por fuerza había de ser grandílocua, alta, insigne, magnífica y verdadera. Con esto se consoló algún tanto, pero desconsolole pensar que su autor era moro, según aquel nombre de Cide; y de los moros no se podía esperar verdad alguna, porque todos son embelecadores, falsarios y quimeristas. Temíase no hubiese tratado sus amores con alguna indecencia, que redundase en menoscabo y perjuicio de la honestidad de su señora Dulcinea del Toboso; deseaba que hubiese declarado su fidelidad y el decoro que siempre la había guardado, menospreciando reinas, emperatrices y doncellas de todas calidades, teniendo a raya los ímpetus de los naturales movimientos (II, 3).

El yo observador toma distancia del yo observado y, aun antes de conocer la verdadera fisionomía de su versión libresca, percibe la probable diversidad entre los dos. En esta simple operación de *autoscopia* don Quijote va acotando el espacio de la conciencia, si es cierto lo que sostiene Freud (1978: 235) cuando dice que la conciencia nace al culmen de un proceso de separación del yo del resto del yo (Castoldi 1991: 255), con la finalidad de autoobservarse y autocriticarse.

Ahora bien, el nacimiento de la conciencia en el manchego no es tan inmediato como cabría suponer, sino que es el fruto de un lento proceso de negociación entre él y su confidente salmantino. Las dudas del primer momento, en solitario, mientras espera la llegada del bachiller, afectan a todos los posibles puntos de unión entre sus dos yoes: el yo observador de 1615 y el yo observado en la versión impresa de 1605. Los cuatro principios de la identidad postulados por Ricoeur (1990: 140-143), que voy a evocar en orden diverso, quedan en entredicho: 3) la continuidad ininterrumpida en el tiempo: ha pasado tan poco tiempo entre el momento presente y el de sus hazañas que don Quijote pone en tela de juicio que pueda existir la imagen de sí publicada en libro —«no se podía persuadir a que tal historia hubiese, pues aún no estaba enjuta en la cuchilla de su espada la sangre de los enemigos que había muerto, y ya querían que anduviesen en estampa sus altas caballerías» (II, 3)—; 2) la identidad cualitativa: al ser moro, el autor seguramente habrá contado con poca decencia sus amores con Dulcinea, sin ensalzar como habría debido su fidelidad y decoro, cualidades necesarias para que don Quijote se reconozca a sí mismo. El razonamiento explícito de don Quijote se apoya en dos puntales implícitos: 4) permanencia en el tiempo de la estructura del elemento (la personalidad de don Quijote) y sus prestaciones posibles, y no del evento que él mismo produce; si Cide Hamete no hubiera respetado ni la continuidad en el tiempo ni la identidad cualitativa, él no se percibiría como idéntico a su otro yo libresco ni en sus constituyentes ni en sus posibilidades de acción, es decir, negaría el postulado número 1): la identidad numérica entre dos ocurrencias diferentes del mismo sujeto. Tras la conversación con Sansón Carrasco sobre las características del libro de 1605 y su recepción por los lectores, las dudas del caballero, en este segundo y definitivo momento de construcción de la conciencia, parecen disiparse, en especial modo cuando escucha las siguientes palabras del bachiller:

—El moro en su lengua y el cristiano en la suya tuvieron cuidado de pintarnos muy al vivo la gallardía de vuestra merced, el ánimo grande en acometer los peligros, la paciencia en las adversidades y el sufrimiento así en las desgracias como en las heridas, la honestidad y continencia en los amores tan platónicos de vuestra merced y de mi señora doña Dulcinea del Toboso (II, 3).

Ahora don Quijote ya se puede reunir idealmente con su doble de 1605, aceptar su *ipseidad* (Ricoeur 1990: 140-143), o sea, su condición de ente que evoluciona en el tiempo, y contemplar desde su presente la imagen de sí contenida en el libro de sus hazañas del pasado.

8.2. El segundo doble. El Caballero de los Espejos nunca ha vencido a don Quijote

El encuentro con el segundo doble será todavía más sorprendente e inquietante para don Quijote, pues su mera existencia implicaría, no ya la posibilidad del deshonor, como con el doble de 1605, sino su realidad concreta. En un bosque no lejano del Toboso, don Quijote y Sancho se topan con un caballero andante y su escudero. El encuentro entraña en sí un motivo de satisfacción para quien se había dado como objetivo la resurrección de la caballería andante: evidentemente su ejemplo comienza a cundir. En efecto, el Caballero del Bosque o de los Espejos parece seguir el modelo del de la Triste Figura en no pocos detalles, hasta el punto de que, como decía más arriba, hay quien lo considera su doble (Alter 1975: 22-23; Torrente Ballester 1975: 186-187; Pini Moro 1990: 226; Roca Mussons 2006: 131). Aparte de su persona, su porte y su amada, el Caballero de los Espejos propone a don Quijote otro reflejo más de sí mismo, más siniestro y desasosegante aún, si cabe: asegura haber vencido a un tal don Quijote de la Mancha y haberse apropiado de su gloria, su fama y su honra. En cierto sentido, el de los Espejos pone en entredicho la memoria de sí del manchego loco, introduciendo un hiato en su percepción de su propia permanencia en el tiempo.

El efecto sobre don Quijote es inmediato: después de haber pasado de la tentación de darle un sonoro «mentís» a la negociación explícita, tratando de conciliar mediante la intervención de los encantadores la afirmación de su oponente y su certeza de no ser él con quien se las vio, termina por descubrir su verdadera identidad y exigir, por si acaso, la innecesaria revancha. El combate se regirá por la lógica de la ordalía en clave identitaria acomodada a los fines del hidalgo —Dios decidirá quién tiene razón—, pero también por el cuarto principio de la identidad de Ricoeur (1990: 142) —el que postula la permanencia en el tiempo de la estructura y no del evento, o sea, de la organización de los elementos de un sistema que le consienten

mantener el mismo tipo de prestaciones en momentos diferentes—: si el don Quijote de ahora consigue vencer al Caballero
de los Espejos, quedará demostrado que no podía ser el vencido
por él entonces, en el pasado. Y don Quijote, ¿cómo no?, vence;
pero, ¡oh sorpresa!, cuando le quita el yelmo al yacente,

> vio... ¿Quién podrá decir lo que vio, sin causar admiración,
> maravilla y espanto a los que lo oyeren? Vio, dice la histo-
> ria, el rostro mesmo, la misma figura, el mesmo aspecto, la
> misma fisonomía, la mesma efigie, la perspetiva mesma del
> bachiller Sansón Carrasco (II, 14).

Y así, gracias al esforzado Sansón Carrasco, desdoblado en
Caballero de los Espejos, don Quijote vive directamente y traslada indirectamente al lector la experiencia del *doble objetivo*,
es decir, según Jourde y Tortonese (1996: 92), el desdoblamiento
del protagonista de la historia en un personaje distinto; cuando
se manifiesta, aseguran los dos teóricos de la figura del doble
—pero no es diferente a lo que sucede en los casos de *doble subjetivo*—, «suscita la impresión que el mundo real está recorrido
por redes ocultas, animado por fuerzas de conexión potentes»
(1996: 42), y efectivamente, la primera reacción del hidalgo es
la de llamar a Sancho para que constate la fuerza de esas redes
ocultas: «¡Acude, Sancho, y mira lo que has de ver y no lo has
de creer! ¡Aguija, hijo, y advierte lo que puede la magia, lo que
pueden los hechiceros y los encantadores!» (II, 14).

De modo que don Quijote parece vivir la misma sensación
siniestra tanto cuando es él mismo el desdoblado (doble subjetivo), como cuando los que se desdoblan son los demás (doble
objetivo). Ante la inexplicable repetición de lo idéntico, lo familiar (*heimlich*), el caballero busca una explicación fuera de lo
racional, en el terreno de la magia, lo extraño y lo inquietante
(*unheimlich*; Freud 1978: 233-238) para el resto de los mortales,
pero no para él, que está acostumbrado a lidiar con magos y
hechiceros. El lector, en cambio, que ve en el rostro del bachiller

derrotado la prueba de su maquinación para devolver a casa al orate hidalgo, interpreta el episodio en clave cómica, ayudado por el viraje repentino de las expectativas de desenlace para la batalla caballeresca.

Los encantadores que explicaban la aparición del doble de don Quijote explican ahora también la del doble de Sansón Carrasco; don Quijote es fiel a su línea: primero no admite que él sea el mismo que fue derrotado por el Caballero del Bosque y ahora concede que este no puede ser Sansón Carrasco. Curiosamente, el manchego se sirve para sustentar las diferencias entre entes aparentemente idénticos de los mismos encantadores que en la primera parte le ayudaban con las analogías: en los dos casos, al ser sus enemigos declarados, transforman la realidad negando la semejanza defendida por don Quijote en la primera parte y las diferencias en la segunda.

8.3. El tercer doble. El don Quijote apócrifo

Si la aparición del primer doble, el del libro de 1605, había sumido a don Quijote en un mar de dudas y la del segundo, la mentira urticante de Sansón Carrasco, lo había inquietado y ofendido, la aparición del tercero le provocará tal desazón que dedicará buena parte de sus acciones siguientes a desmentir el parentesco. Y no es para menos, visto que se trata del usurpador de su persona y su nombre al que Avellaneda ha dedicado la continuación de 1614. Nunca la identidad del don Quijote verdadero había corrido mayor peligro.

De camino a Zaragoza, don Juan y don Jerónimo, dos huéspedes de la misma venta aragonesa que acoge a los dos protagonistas, les dan la noticia de la publicación del libro apócrifo y les informan someramente del tratamiento que reciben sus personas. Sancho resulta ser comilón, simple, poco gracioso y borracho, y don Quijote, y con esto está dicho todo, ha cambiado su nombre por el del Caballero Desamorado, cualidades incompatibles con el perfil en el que ambos se reconocen. Con el metro de los principios de Ricoeur, los dobles apócrifos no superan el control de la *identidad cualitativa* y por tanto tampoco el de la *identidad numérica*. La cuestión, a decir verdad, ya había quedado zanjada por uno de los dos viajeros, con tonos dignos del *Crátilo* de Platón, en el saludo a don Quijote:

> —Ni vuestra presencia puede desmentir vuestro nombre, ni vuestro nombre puede no acreditar vuestra presencia: sin duda vos, señor, sois el verdadero don Quijote de la Mancha, norte y lucero de la andante caballería, a despecho y pesar del que ha querido usurpar vuestro nombre y aniquilar vuestras hazañas, como lo ha hecho el autor deste libro que aquí os entrego (II, 59).

Y como remate de la desautorización del apócrifo, don Quijote cambiará Zaragoza por Barcelona como destino final de su errancia, para sacar mentiroso a Avellaneda y demostrar que las acciones que se derivan del organismo narrativo pensado por Cervantes son radicalmente distintas de las del montaje del falsario, lo cual, dicho sea de paso, hubiera podido servir a Ricoeur para ejemplificar el cuarto de los principios de la identidad, el de la permanencia en el tiempo, el que dice que la misma estructura ofrece las mismas prestaciones en dos momentos diferentes (1990: 142).

A modo de corolario de su charla, don Juan concede su personal privilegio de venta:

> —Si fuera posible, se había de mandar que ninguno fuera osado a tratar de las cosas del gran don Quijote, si no fuese Cide Hamete, su primer autor, bien así como mandó Alejandro que ninguno fuese osado a retratarle sino Apeles (II, 59).

Don Juan propugna la exclusiva de Cide Hamete para las futuras crónicas de las aventuras de don Quijote, sin considerar que los ocho primeros capítulos de la primera parte no han salido de la mano del morisco (en contra, Ródenas de Moya 1995) y que, en el resto del relato, sus escritos van siempre filtrados por la voz del segundo autor; algo que, por cierto, no olvidaba Sansón Carrasco, cuando contestaba a las prevenciones por la honra de don Quijote con estas palabras: «el moro en su lengua y el cristiano en la suya tuvieron cuidado de pintarnos muy al vivo la gallardía de vuestra merced» (II, 3). Por otro lado, en referencia al apócrifo, don Juan, curiosamente, no menciona al Alisolán colega del Cide Hamete a quien asigna la historia de 1605, pero sí menciona al autor enmascarado por el pseudónimo de Avellaneda en sus críticas y las de don Quijote sobre el estilo y el prólogo de la obra:

> —En esto poco que he visto he hallado tres cosas en este autor dignas de reprehensión. La primera es algunas palabras que he leído en el prólogo; la otra, que el lenguaje es aragonés, porque tal vez escribe sin artículos, y la tercera, que más le confirma por ignorante, es que yerra y se desvía de la verdad en lo más principal de la historia, porque aquí dice que la mujer de Sancho Panza mi escudero se llama Mari Gutiérrez, y no llama tal, sino Teresa Panza: y quien en esta parte tan principal yerra, bien se podrá temer que yerra en todas las demás de la historia (II, 59).

Si su voluntad era atacar al autor apócrifo, hubiera podido trascender la figura de Benengeli y dar su privilegio personal a Cervantes, pero no lo hace; no reserva al alcalaíno el mismo honor que al escritor fingido y tordesillesco. El conflicto delineado por los dos huéspedes se centra, pues, en Avellaneda y Cide Hamete, porque evidentemente para ellos esas son las figuras de autor a las que se pueden imputar los textos, por más que pertenezcan a dos niveles de realidad diferentes; parece evidente que a Cervantes le interesa mantener su transfiguración morisca, su doble, frente al falsario, porque desde la ficción podrá concitar las voluntades de sus personajes en la misma cruzada antiavellanedesca, con la ventaja de que la mesnada podría ser tan numerosa como su capacidad de refractarse en otros entes, tan oportunos e innecesarios como los citados don Juan y don Jerónimo. Lo interesante para nosotros, desde el punto de vista semántico, es que Cide Hamete parece cargarse así de unos significados y unas responsabilidades excesivas, en un proceso antonomástico que involucra también a la figura de don Quijote, como ha quedado claro en la teoría cratiliana sobre la valencia de su figura y su nombre: si el huésped de la venta conecta la apariencia al nombre del don Quijote que tiene ante sí («ni vuestra presencia puede desmentir vuestro nombre, ni vuestro nombre puede no acreditar vuestra presencia»), es porque reconoce en él al protagonista de los hechos de 1605 y no al de 1614, libro —el de 1605— que también ha leído, y al hacerlo condensa todo el texto en su figura. A partir de entonces, bastará la presencia de don Quijote y su reconocimiento por los otros personajes para desacreditar a Avellaneda.

En este episodio específico, la fuerza que usa don Quijote para combatir al apócrifo le viene de su estatuto de realidad superior: él está hablando con los lectores de los dos libros, el que lo contiene a él y el que contiene a su doble, algo que este nunca hubiera podido hacer, pues no posee ni la perspectiva temporal ni la metaliteraria de don Quijote. Es decir, ha sido un doble proceso de decantación de su identidad, por un lado, la autoconciencia y, por el otro, la emblematización de su nombre y su persona, lo que ha hecho que don Quijote, sin salirse de los límites establecidos por la primera parte —aunque forzándolos en la dirección de la mayor lucidez—, pudiera elevarse a este nivel de realidad y desde allí atacar la falsificación de su persona en otro libro.

En complicidad con los lectores del libro apócrifo que encuentra en su camino, don Quijote se permite dar su juicio y desmentir que tal obra se pueda considerar una continuación de sus aventuras. Y sin embargo, el personaje de Avellaneda, en repetidas ocasiones, rastreaba sus signos de identidad en la memoria de los hechos realizados por el de Cervantes; sobre el tratamiento que le reservaban sus vecinos, dice el narrador que

> ya no le llamaban don Quijote, sino el señor Martín Quijada, que era su proprio nombre, aunque en ausencia suya tenían algunos ratos de pasatiempo con lo que dél se decía y de que se acordaron todos, como lo del rescatar o libertar los galeotes, lo de la penitencia que hizo en Sierra Morena y todo lo demás que en las primeras partes de su historia se refiere (cap. 1).

El narrador de Avellaneda establece aquí una continuidad temporal —el tercer principio de la identidad de Ricoeur— y una congruencia entre las acciones de su don Quijote y las del otro —el cuarto principio de Ricoeur—; de ahí que la respuesta del don Quijote de Cervantes sea la de concederle que él mismo crea que continúa sus hazañas de la primera parte y atacarlo, como ya hemos visto, en las otras dos formas de la identidad: la cualitativa y la numérica. Cuando vuelva a dirimir la cuestión con Álvaro Tarfe, el íntimo amigo y mentor del don Quijote de Avellaneda, el hidalgo volverá a pedir confirmación de que sus identidades cualitativa y numérica son diferentes de las de su doble, y añadirá aún la de la permanencia de la estructura en el tiempo con prestaciones iguales —el cuarto principio de Ricoeur—, pues ya está de vuelta de Barcelona y puede contraponer sus actos a los del apócrifo como prueba de la discontinuidad:

> —Yo —dijo don Quijote— no sé si soy bueno, pero sé decir que no soy el malo; para prueba de lo cual quiero que sepa vuesa merced, mi señor don Álvaro Tarfe, que en todos los días de mi vida no he estado en Zaragoza; antes, por haberme dicho que ese don Quijote fantástico se había hallado en las justas desa ciudad, no quise yo entrar en ella, por sacar a las barbas del mundo su mentira; y así, me pasé de claro a Barcelona (II, 72).

Por lo demás, el encuentro con el caballero granadino se concluirá del mismo modo que el anterior con don Juan y don Jerónimo: con el intento de dar fuerza reificante a la conversación, antes con el privilegio de venta de don Juan, ahora con una fe de autenticidad expedida ante secretario de ayuntamiento por el morisco granadino. Don Quijote, pues, no acepta la *variante de autenticación* (Doležel 1999: 173) propuesta por Avellaneda para su doble, aduciendo para ello pruebas fehacientes de la diversidad de su hacer. La urgencia de Cervantes por dejar zanjada, una vez por todas, la cuestión del doble tordesillesco se traduce en estos intentos repetidos por dotar a su palabra narrativa de valor performativo; una vuelta más a la tuerca del orgullo de autor y las ansias de la muerte ya casi vislumbrada explicarán el asesinato final de don Quijote, para evitar que nadie pueda escribir la *Tercera parte del ingenioso hidalgo don Quijote de la Mancha*.

8.4. Emblematización de don Quijote

Lo que he dado en llamar *proceso de emblematización* de don Quijote comienza, probablemente, por iniciativa del propio caballero, en su encuentro con el Caballero del Verde Gabán (II, 16). Así culmina la presentación de sí mismo al perplejo andante burgués:

> — Por mis valerosas, muchas y cristianas hazañas, he merecido andar ya en estampa en casi todas o las más naciones del mundo: treinta mil volúmenes se han impreso de mi historia, y lleva camino de imprimirse treinta mil veces de millares, si el cielo no lo remedia (II, 16).

El orgullo de ser el protagonista de un libro de caballerías ya publicado no se compadece con lo que parecía haber quedado asentado, incluso en la endeble mollera del hidalgo, durante la conversación inicial con Sansón Carrasco; en ella, don Quijote aceptaba a regañadientes que, habiendo adoptado su cronista el punto de vista histórico y no el poético, hubo de contar los muchos palos y vapulamientos recibidos en el curso de sus andanzas; lo cual equivalía a darse por enterado de que en la historia de sus hechos había un lado inglorioso, que es justamente el que produce el efecto risible en los lectores. Pues bien, ante Diego de Miranda, parece haber olvidado la dolorosa admisión de marras que tanto habría dañado a su fama y buen nombre, y haberse decantado por la versión poética de su historia, con filtro de los detalles innobles y celebración de sus gloriosas gestas. Don Quijote se ha situado ya en uno de los dos polos del conflicto básico de la segunda parte, el de la defensa de la versión heroica de la primera, frente a los lectores de esta que se quedan con la versión cómica (Torrente Ballester 1975: 160), como hace aquí Diego de Miranda, quien constata lo ridículo del atuendo del caballero e infiere de ello que el libro de sus hechos debía responder igualmente a ese mismo planteamiento.

En este proceso de reificación del libro de 1605, entendido como texto, en el objeto libro de 1605, se ha producido también una modificación en la identidad de don Quijote, el cual parece haber abandonado la búsqueda de la gloria por la ascesis de la acción, según el modelo de Amadís o de otros caballeros andantes, por una más cómoda recogida de los efectos de la fama en los reconocimientos de los lectores de la primera parte; de hecho, en la segunda, ha desaparecido la mención de sus mentores caballerescos, mientras que abundan las referencias a la crónica de sus aventuras de 1605. De caballero en busca de gloria ha pasado a ser personaje consciente de ser el protagonista de un libro de éxito.

El encuentro con los jóvenes que imitan la vida de la pastoril Arcadia (II, 58) es sintomático de esta nueva actitud de don Quijote, si no lo era ya la estancia en el palacio de los duques. Dos zagalas lo reconocen y lo agasajan, admiradas, con palabras de sincera emoción; después llegan los zagales y también manifiestan su agitación por hallarse ante su ídolo literario;

todos ellos han leído la primera parte y guardan una muy buena impresión. El reconocimiento y el tributo de admiración se repiten, con varias formas, hasta cuatro veces. No hay burlas, ni trampas divertidas a costa del caballero. Esta es la diferencia con los dos momentos anteriores de la emblematización: aquí no hay conflicto de interpretaciones de la primera parte; los demás personajes aceptan supinamente la de don Quijote, dejando sin actuación el conflicto entre las dos lecturas del libro de 1605, tan evidente en las burlas del palacio de los duques o en la actitud escéptica y prevenida de don Diego. En el homenaje franco de los zagales al protagonista de 1605 se ha de leer, en realidad, la celebración del libro mismo; no ha de ser casual, a tal propósito, que el episodio en cuestión se sitúe inmediatamente antes del descubrimiento por parte de don Quijote de la publicación del libro de Avellaneda; en la escena de la venta, como ya hemos visto, los dos embajadores de la mala nueva avanzan un paso más en la conversión de don Quijote en emblema, al ver una relación directa entre su nombre y su figura, y el libro de 1605. Lo mismo sucederá cada vez que el manchego loco u otros personajes reclamen su autenticidad frente al apócrifo; en todos los casos, la presencia de don Quijote estará resumiendo el libro entero de Cervantes.

8.5. Corolario sobre los dobles de don Quijote

En las páginas anteriores hemos visto a don Quijote en relación estrecha con tres figuras de dobles, aunque en ningún momento comparte espacio con ninguno de ellos; se trata siempre de una reconstrucción verbal de otro personaje del ser y el hacer de otro don Quijote. Nunca el caballero vive en primera persona la experiencia directa del doble subjetivo, lo que define su conflicto con sus otros yoes como un problema ni ontológico ni metafísico, sino simplemente de conciliación entre el yo y la *persona*, para decirlo en términos junguianos (Jung 1985: II, 202), es decir, entre la identidad subjetiva del individuo y la imagen de sí que los otros le devuelven. La desazón del caballero ante los dobles relatados por Sansón Carrasco —el don Quijote vapuleado de 1605 y el vencido por el Caballero del Bosque— o por don Juan —el don Quijote de Avellaneda— nace de su preocupación por la honra y por la fama, más que de la necesidad de reintegrar en una sola entidad su identidad escindida; o, en todo caso, de la necesidad de reintegrar sus dos *personas* en una sola.

En el caso del doble vencido, la preocupación del caballero es más que comprensible, como al fin y al cabo podría serlo que la visión de sus hechos de 1605 no se ajuste a lo que él considera la verdad. Lo es un poco menos para su otro yo de Avellaneda; si la fama le deriva, además de sus gestas, de la cantidad de ejemplares vendidos de las crónicas de las mismas, como parece reivindicar ante don Diego —hasta el punto de que dobla el volumen de ventas que le comunicara Sansón Carrasco—, no se comprende que le obsesione la existencia de otra crónica más, cuya difusión había de redundar en la expansión de su nombre por el mundo. Si ante don Juan y don Jerónimo, primero, y ante Álvaro Tarfe, después, renuncia al criterio cuantitativo para calibrar la calidad de su buen nombre y reivindica el cualitativo como único pertinente, lo hace para depurar su imagen de las incrustaciones avellanedescas, sin duda, pero también para que esas incrustaciones no dañen la figura de autor de Cervantes. El mismo afán por defender la imagen del autor se percibe tras la reacción del caballero a la noticia de la existencia del doble de 1605, reacción compleja y articulada, que no solo lamenta el tratamiento histórico y no poético de sus hechos, sino también el exceso de interpolaciones y descuidos. Por boca de don Quijote, Sansón Carrasco y Sancho Panza, Cervantes ofrece una respuesta a las críticas de los lectores de 1605, dando explicaciones ya en el momento para algunos de los defectos notados y prometiendo enmendar más adelante lo que no puede modificar entonces; para poder salir al frente de esas críticas, Cervantes ha tenido que evocar el fantasma del doble de don Quijote y obligarlo a medirse con él; lo cual me lleva a concluir que lo que podríamos llamar *dinámica del doble* de don Quijote, es decir, el tambaleo de algunas certezas sobre su persona que hasta allí parecían a prueba de bomba, la capacidad que le deriva de esa desazón identitaria de mirarse a sí mismo y, por tanto, la autoconciencia de ser un personaje de libro, y —ya rizando el rizo— la consciencia de tener conciencia conforman una caja de resonancia para los acordes del orgullo de autor de Cervantes, necesitado entonces del refuerzo psicológico que le proporciona esta especie de psicodrama colectivo de su herida narcisista, en el que los intérpretes van a ser sus *alter ego*, sus dobles ficticios, sus personajes.

8.6. Teoría del doble

Después de haber visto las características y las peculiaridades de las manifestaciones del doble en la segunda parte del *Quijote*, propongo a continuación una segunda ojeada sobre las mismas situaciones a través de la lente de los estudios recientes —algunos ya no tanto— sobre la figura del doble. Tomaré en consideración, en especial modo, los trabajos de Doležel (1985, 1999) en que establece una tipología del doble en la literatura occidental según un triple criterio: 1) los modos de manifestación de la figura desdoblada, que pueden dar lugar a tres diferentes temas del doble, de los que hablaré inmediatamente; 2) los procesos de generación del doble y también de ellos nos ocuparemos en seguida; y 3) las variantes en su tratamiento, que pueden ser *paradigmáticas* (las dos figuras implicadas en el desdoblamiento ¿se parecen entre sí?), *sintagmáticas* (¿están en el mismo espacio?) o *de autenticación* (¿se las reconoce como idénticas?).

Los tres dobles de don Quijote tienen, como hemos visto, estatutos diferentes: dos de ellos son reales e inevitables para el caballero, su figura de 1605 y la del personaje de Avellaneda, aunque solo al primero le conceda la patente *de autenticación* (Doležel 1999: 173); el otro, el inventado por Sansón Carrasco para provocar a batalla singular a don Quijote, será aceptado por el caballero solo como transfiguración mágica de su persona. El personaje de 1605 se presenta, en un primer momento, como una escisión del caballero que él mismo tiene dificultad para reconocer como otra forma de su identidad. Solo andando el tiempo conseguirá aceptarlo, aunque no hará falta mucho, visto que a distancia de una decena de capítulos, en su encuentro con el Caballero del Verde Gabán, ya lo habrá asimilado en la rememoración gozosa de sus glorias editoriales. Los otros dos, en cuanto probables *ex-futuros* (Unamuno 1970) del hidalgo, los reconocemos como «incorporaciones alternativas del mismo individuo [que] coexisten en el mismo mundo ficcional», que es la definición que Doležel (1999: 166) propone para el *tema del doble*, uno de los tres que identifica —además del *tema de Anfitrión* y el *tema de Orlando*— entre los varios ejemplos de multiplicación de la identidad en la literatura. En el caso de los dos don Quijotes de los que estoy hablando (el vencido por Sansón y el de Avellaneda), asistimos a una forma de generación del doble *por fisión*, una de las tres estudiadas por Doležel (1999: 171): de un único individuo se separa una entidad distinta pero con la misma personalidad. Otro modo de producción del doble es *por fusión*, o sea, dos individuos originalmente separados se funden para formar una sola identidad; de los tres casos a los que se enfrenta el don Quijote de 1615, podríamos decir que su modo de concebir a su *alter ego* de 1605 parece corresponder a este modo de desdoblamiento, como confirmaría el hecho de que, tras unos momentos iniciales de rechazo y zozobra, termine por aceptar e incluso enorgullecerse de su identificación con él.

Claro que estas distinciones tienen sentido si analizamos los hechos desde el punto de vista del caballero, el cual no puede sino notar la distancia entre su yo y sus tres *personas*; desde el punto de vista del lector, no se podrá ignorar la toma de posición de don Quijote —también porque, como en seguida veremos, será la que condicione, increíble pero cierto, la evolución de la novela e incluso su desenlace—, pero habrá que integrarla con otras informaciones que nosotros poseemos y eso nos llevará a cambiar el modo de comprensión de los tres fenómenos.

El personaje de 1605, inicialmente desconocido por el de 1615, se halla situado en un nivel de realidad diferente, desde el momento en que él no tiene conciencia de estar contenido en un libro; el don Quijote de 1615 asumirá bien pronto esa conciencia de sí. Se trataría, pues, de dos manifestaciones de la misma identidad en dos mundos posibles diferentes; el primero, confinado en los límites del libro; el segundo, fuera de él, con capacidad para ver el libro objeto que contiene a su *alter ego* y opinar sobre él. Es asimilable a lo que Doležel llama *tema de Orlando*, en referencia al personaje de Virginia Woolf que vive en diferentes momentos de la historia, cambiando incluso de sexo.

El don Quijote supuestamente derrotado por el Caballero de los Espejos es una falsificación; no existe sino en su fantasía; es un simulacro para embaucar y provocar al verdadero don Quijote. Eso era lo que pretendía, dieciocho siglos antes, el personaje de Mercurio en la comedia *Anfitrión* de Plauto —primer ejemplo de desdoblamiento en la historia de la literatura—, cuando simulaba tener el mismo cuerpo que Sosias, lo que, como ya insinuaba antes, ha llevado a Doležel (1999: 167) a denominar los varios casos sucesivos al de Mercurio–Sosias en la literatura occidental con la etiqueta de *tema de Anfitrión*, o sea, un desdoblamiento «generado por la coexistencia en el mismo mundo de dos individuos con identidades personales distintas, pero perfectamente homomórficos en sus propiedades esenciales». Y en efecto, la inclusión del fantástico don Quijote de Sansón Carrasco en la categoría de *Anfitrión* parece cobrar sentido a la luz de la sintomatología del ente escindido: al hidalgo manchego, el don Quijote de Sansón Carrasco le está robando su capital de gloria y fama, como en el tema de los gemelos idénticos —una de las manifestaciones del tema de *Anfitrión*— (Bargalló 1994: 14). Don Quijote sufre una especie de hurto de identidad; el hidalgo «es arrancado a sí mismo: nombre, aspecto, existencia», como Sosias ante Mercurio transfigurado (Bettini 1991b: 11). Al doble avellanedesco, por su parte, en cuanto avatar alternativo del cervantino que coexiste en el mismo mundo posible, hasta el punto de que uno de sus compañeros de reparto, Álvaro Tarfe, transmigra al libro de Cervantes, hemos de considerarlo como expresión del *tema del doble*.

Así que, como se habrá notado, en cuanto hemos conseguido separarnos de la perspectiva de don Quijote, hemos visto cómo las diferencias entre los tres entes dobles han empezado a quedar bien marcadas, hasta obligarnos a recurrir a las tres categorías de Doležel para comprenderlos: tema de *Orlando*, para el don Quijote de 1605; tema de *Anfitrión*, para el inventado por Sansón Carrasco; y doble propiamente dicho, para el personaje de Avellaneda.

Decía hace un momento que la visión de don Quijote de los dobles resulta más productiva que la distanciada del lector a la hora de entender tanto su propia evolución como la del relato. Para desarrollar la idea necesito recurrir a algunos conceptos de la teoría junguiana, vertiente antropológica, sobre el nacimiento de la conciencia. Cavallari (1990) aplica al fenómeno del doble la relectura que hace Neumann de la teoría junguiana sobre el desarrollo de la personalidad, explicando la evolución de la conciencia individual, sobre el fondo de estudios antropológicos, a partir de la necesidad del doble y su presencia como potenciador de las tres *simetrías*, tres fases por las que el yo ha de pasar para conseguir la adecuada formación de la identidad. La primera es la *simetría por desdoblamiento*; se produce cuando el yo salido de la inconsciencia de los orígenes se apercibe de la existencia de otro yo, un doble con el que no puede relacionarse, porque vive por lo general recluido en una dimensión diferente. Algo parecido es lo que experimenta el don Quijote de 1615 cuando descubre que existe otro yo de papel (el don Quijote de 1605), con caracteres diversos a los suyos, con el que no puede interactuar, desde el momento en que vive encerrado en un libro y en la fama de las gentes.

El paso sucesivo lo alcanza el yo, y también los pueblos, con la *simetría por reflexión*, ejemplificada por Cavallari con el objeto totémico en el que el individuo proyecta su identidad, a modo de símbolo de sus cualidades, pues ha debido de condensarlas en un objeto con el que guarda una relación arbitraria y simbólica. También don Quijote proyecta su identidad sobre el libro vendido en decenas de miles de copias; acepta estar simbolizado en el objeto, porque constata la gloria que le deriva de ello por los homenajes continuos que recibe de sus lectores; del mismo modo, el tótem dispensa su protección al individuo, con tal de que este se ocupe de él. Antes, cuando el don Quijote de la segunda parte aún dudaba acerca de su imagen en la primera, cuando su relación con el libro de 1605 no había ido más allá de la simetría por desdoblamiento, la separación entre sus dos manifestaciones era clara: el doble se hallaba en un mundo inalcanzable para el yo. Ahora, con la simetría por reflexión, se ha producido una simbolización recíproca: toda la primera parte es don Quijote y don Quijote es toda la primera parte; los demás así lo ven también, pero para utilizar esa reflexión recíproca como base sobre la que, invirtiendo el significado *eufórico* propuesto por el caballero, montar sus escenas de burlas *disfóricas*. El incidente Avellaneda provoca un salto de calidad: los demás personajes se alinean con don Quijote en la misma *interpretación glorificante* del libro de 1605, como única forma de defensa contra el enemigo común; ahora el objeto de los ataques ya no será el caballero, sino el libro del apócrifo; en los últimos quince capítulos de 1615, hay siete episodios diferentes (en los capítulos 59, 61, 62, 70, 72 y dos veces en el 74) que tienen como eje vertebrador el ataque al falsario y la defensa de la propiedad intelectual de Cide Hamete, el elemento unificante de las dos partes del libro, junto con don Quijote y Sancho Panza. La casi total desaparición del conflicto entre los demás personajes y don Quijote sobre la interpretación que se ha de dar a su doble de 1605 —recuérdese a tal respecto el homenaje incondicional que le tributan los zagales de la fingida Arcadia, pero también después Antonio Moreno, Altisidora y hasta el propio Álvaro Tarfe—, la armonía entre todos, decía, consiente la *simetría por inversión*, la tercera y última fase, entre don Quijote y el libro de 1605, con la perfecta integración de las dos partes de sí como mejor respuesta posible a la alternativa ofrecida por el doble de Avellaneda.

Una vez cumplida su misión reivindicativa, la personalidad de don Quijote parece que va perdiendo vigor, como demuestra su escaso poder generador de situaciones en los últimos quince capítulos, en los que permanece casi siempre al margen de la acción, excepto cuando se trata el tema del falsario. Su debilitamiento se percibe también en algunas de sus afirmaciones que lo muestran entregado a la melancolía por la derrota en la playa de Barcelona y por el humillante revolcón que le ha propinado la piara de cerdos. La experiencia de las tres simetrías y la de los varios dobles ha ido reduciendo la pujanza del ego enajenado, lo que va preparando el terreno para que el yo del que se ha desgajado, Alonso Quijano, vuelva a aparecer (Cavallari 1990: 82).

Sostiene Valcarenghi (1990: 23) que el doble hace a la persona más abierta hacia los rasgos marginales de la propia personalidad y de la ajena, más tolerante y menos propensa a la complexión granítica del yo. La parábola de don Quijote en la segunda parte refleja esa predisposición hacia la conciencia de la complejidad de la vida y la apertura hacia los otros y hacia sí mismo. La experiencia inicial del doble y sus sucesivos encuentros a lo largo de su tercera salida no cabe duda de que lo han ido llevando primero hacia la cordura y después a la muerte; pero por sí sola la experiencia del doble no habría tenido tan trágicas consecuencias; para que del encuentro con los otros yoes de don Quijote se siguiera el desenlace trágico hubo de añadirse a su experiencia despersonalizadora la urgencia de la defensa de la propiedad intelectual de Cervantes. Así que la muerte de don Quijote hay que achacársela, no al doble, sino a Cervantes, y es que el único modo que tenía el anciano Cervantes de garantizar que tras su muerte el apócrifo no fuera a reincidir en el expolio de su obra era llevarse a su héroe consigo a la tumba.

La dinámica del doble hemos visto que afecta a don Quijote, determinando su evolución como personaje, desde una inicial pérdida de la identidad y la incomunicación propias de la primera simetría, hasta la inversión completa de identidades pasando por la simetría de reflexión. La recomposición progresiva de la personalidad del caballero en función de su relación con el doble no es más que el fruto de las circunstancias; cada una de las fases surge por la intervención de un factor externo que podemos identificar, respectivamente, con el descubrimiento de la existencia de un doble de papel impreso y publicado en el libro de 1605, la presencia de este doble en los ojos de los personajes que don Quijote encuentra en su camino y la noticia de la existencia del doble inventado por Avellaneda. El condicionamiento de la personalidad del caballero es tal que consigue pilotar la evolución del relato, a partir del cambio de modelo de las relaciones entre don Quijote y los demás, hasta llegar a su fin y acabamiento, con el retorno a la entidad primigenia de Alonso Quijano y su muerte.

Pues bien, la figura del narrador también parece afectada por el síndrome del desdoblamiento y todas sus consecuencias. El punto de partida para esta reflexión se sitúa en las ideas de Green (1971), psicoanalista lacaniano tentado por la crítica barthesiana, sobre el fenómeno de la voz narrativa, por las que hace extensiva al mundo de la ficción la concepción freudiana de la conciencia como ente escindido. Dice Green que el desdoblamiento de la identidad es especialmente fecundo en el campo narrativo, porque el escritor se desdobla en autor y este en narrador, primero, y en personaje, después. En el caso de Cervantes el panorama se complica ulteriormente, pues tras la escisión entre escritor y autor, de este se desgaja el doble del primer autor (el narrador primero), que a su vez tiene un doble que es el segundo autor, que tiene un doble que es Cide Hamete, que tiene un doble que es el traductor. Esta situación de desdoblamiento serial de las instancias enunciadoras ha sido estudiada en múltiples ocasiones por cervantistas de todo rumbo y manejo —quien esto escribe ha reincidido varias veces en tal vicio—, por lo que no tiene sentido que vuelva sobre lo ya dicho; me interesa, en cambio, resaltar la homología entre la evolución de la identidad del protagonista y la del narrador de la historia: también la voz narradora comienza con una relación entre la identidad principal, el segundo autor, y su primer doble, el primer autor, que no es difícil ver como una simetría por escisión, como la del don Quijote de 1615 y su doble de 1605, o sea, una constatación de su existencia sin poder interrelacionarse, dado que pertenecen de algún modo a mundos distintos: el primero es el narrador de los primeros ocho capítulos y el segundo su primer lector. El paso siguiente del desdoblamiento ya ha avanzado en la escala de la identidad hasta situarse en la simetría por reflexión, cuando entre el segundo autor y Cide Hamete se consigue establecer una forma de comunicación simbólica o indirecta, como se puede apreciar con el caso de las críticas de los lectores de 1605 sobre las novelas interpoladas, recogidas en II, 3 por el segundo autor y asumidas por Cide Hamete en II, 44. La última forma de simetría, la de inversión, que consiente la comunicación directa, sin trabas, y la intercambiabilidad de las identidades, la podemos ver en el momento en que Cide Hamete es elevado al rango de garante de la genuinidad de la segunda parte contra las pretensiones del apócrifo.

La homología se extiende incluso al final, cuando el desdoblamiento se cancela con la absorción de los dobles en la entidad matriz: en el caso de don Quijote con el resurgir de Alonso Quijano, y en el de Cide Hamete y el segundo autor con la reaparición de la voz del prologuista, la más cercana a Cervantes, en aquel final que dice así:

No ha sido otro mi deseo que poner en aborrecimiento de los hombres las fingidas y disparatadas historias de los libros de caballerías, que, por las de mi verdadero don Quijote, van ya tropezando, y han de caer del todo, sin duda alguna. *Vale* (II, 74).

Como se recordará, quien esbozaba el proyecto de derribar el crédito popular de los libros de caballerías era el prologuista de 1605, cuya voz volvemos a encontrar en estas frases finales fundida en la de la pluma de Cide Hamete y en la del propio Cide Hamete.

Los críticos que han tratado el tema del doble ven una transformación del mismo desde los primitivos planteamientos cómicos en la Roma precristiana y en el Barroco hasta la interpretación desasosegante, transcendente y, a veces, trágica del Romanticismo alemán (Jourde y Tortonese 1996: 3), movimiento y periodo con múltiples ocurrencias del tema. El primero en hacer un estudio serio sobre la manifestación del doble en la cultura europea había sido Otto Rank (1914) en un ensayo dedicado a sus reflejos literarios, míticos y psicológicos, cuyo corpus estaba constituido sustancialmente por obras románticas o postrománticas. Para Rank, la figura del doble conecta al individuo moderno con los mitos primigenios (en este surco sembrará su semilla interpretativa la teoría junguiana aplicada al doble), y es perturbante para quien vive esa experiencia y ambivalente en su significado, pues puede tanto anunciar la muerte como mostrar la victoria sobre ella. En la línea de Rank se coloca también, pocos años después, usando el mismo corpus de referencia, Freud (1919), sin cambiar en lo sustancial la interpretación de su predecesor. Esa valencia desasosegante del doble en los estudios citados proviene, como se habrá entendido, de la elección del corpus; Valcarenghi (1990: 24) explica la conversión del tema en el Romanticismo a la que acabo de aludir por la tensión entre la proyección romántica hacia lo absoluto y la relativización que impone la presencia del doble; nada de extraño, entonces, que los autores lo trataran como la representación del mal. Pero esa es la derivación moderna de un tema clásico, que podemos encontrar, sobre todo, en las comedias de Plauto (Bettini 1991; Vernant 1991); el comediógrafo latino usaba la figura del doble como resorte de comicidad, ampliamente aprovechado también, dieciocho siglos más tarde, por sus imitadores del teatro español del Siglo de Oro; del teatro áureo, plantea Gherardi (2007), el tema saltó a la narrativa breve del Barroco español, donde comenzó a adquirir la dimensión psicológica que terminará por darle el Romanticismo alemán.

8.7. Los dobles de don Quijote enmarcados en la teoría

El tratamiento del doble en el *Quijote* ¿cómo se sitúa en este panorama? Como hemos podido comprobar, el caballero vive de diferentes modos la aparición del doble: con el primero que se cruza en su camino, el de su imagen en el libro de 1605, en un primer momento, interioriza sus temores por su desrealización, como correspondería a la tendencia general psicológica de la narrativa del periodo, para, en seguida, tras la negociación con Sansón Carrasco, asimilar en su persona, por la simetría por reflexión, la gloria de la publicación masiva. El segundo doble, el vencido supuestamente por Sansón Carrasco, no es más que una disculpa para que los dos caballeros puedan entablar combate y el narrador montar una serie de escenas cómicas. El más desestabilizante, casi al nivel de los dobles románticos, es el de su apócrifo avellanedesco; desde que tiene noticia de su existencia no se lo puede quitar de la cabeza, haciendo de su cruzada contra él el motivo principal de su acción a partir de entonces. En cualquier circunstancia, ante cualquier personaje, volverá obsesivamente sobre ese ectoplasma de su persona.

Desde el punto de vista de la construcción de la novela, lo más interesante puede ser la función que Cervantes atribuye a los tres dobles de don Quijote en la evolución del modelo narrativo; la aparición de los dos dobles reales del caballero es la causa de sus dos transformaciones que, a su vez, causarán la transformación del relato: la existencia de un doble de papel que podría estar alterando su imagen pública y su fama desencadena el proceso de formación de la conciencia en don Quijote; de ella, me atrevería a sugerir, nace la mayor cordura de sus acciones en toda la segunda parte; claro que en sospechosa concomitancia con la necesidad del autor de variar el modelo de episodio, en busca de una alternativa al exceso de violencia criticado por los lectores de la primera parte. La noticia de la publicación del libro de Avellaneda y, por tanto, la aparición del segundo doble real, transforma a don Quijote, por reacción, en el emblema de toda la primera parte, del mismo modo que Cide Hamete asumirá sobre sí todas las responsabilidades de la autoría, en detrimento del segundo autor y del propio Cervantes, dado que en más de una ocasión los demás personajes lo ponen al mismo nivel que Avellaneda.

La evolución de la reacción de don Quijote ante la figura del doble propone, como podemos ver, un modelo tripartito, con un primer doble que solo pasajeramente desestabiliza al caballero; un segundo con base cómica, como las comedias de Plauto; y un tercero que ya anuncia el doble maligno de los románticos. Así pues, en relación con el tratamiento del doble, la propuesta de Cervantes se alimenta tanto de la tradición dramática como de la innovación narrativa, confirmando, por un lado, la complejidad de soluciones propuestas por Cervantes y su amor por los géneros híbridos, y, por el otro, su capacidad para integrar armónicamente en su relato un motivo narrativo con su rica gama de declinaciones, atribuyéndole funciones estructurales de tal calibre que hacen de él un pilar importante para la evolución del género de la novela.

9

Don Quijote, iniciador del turismo *experiencial*

9.1. Un caballero loco y el turismo *experiencial*

En sus andanzas manchegas, don Quijote lanza una mirada al entorno natural y artificial cargada de unas potencialidades de interacción que lo acerca a la actitud de los turistas *experienciales*. Los efectos últimos de esa mirada no son, desde luego, los mismos que puede producir la de un caballero andante, el cual recorre el mundo *anómico*, sin ley, del espacio salvaje para extender por él la norma y el equilibrio del espacio reglado del castillo del rey. Con la acción de Amadís, se reduce el grado de barbarie de esos espacios alejados de la ley, donde ya no habrá más gigantes, dragones o perversos encantadores. La acción de don Quijote, en cambio, interviene en un mundo ya ordenado, bajo el imperio de la ley, donde ningún elemento se escapa al manto cultural que todo lo cubre, por más que él no lo vea así. Del choque entre el universo de significados que el manchego querría insuflar en un entorno asilvestrado y dominado por las fuerzas del mal, y la realidad cotidiana, miserablemente equilibrada, y regida por la norma de la costumbre y por la mano providencial del rey, de esa inadecuación nace una perspectiva extrañante sobre el mundo familiar, un desconocimiento de lo propio y, por eso, sobradamente conocido, que lo connota con los rasgos de un mundo exótico a descubrir y vivir a fondo para enriquecer su propio bagaje existencial. En términos parecidos definen la práctica del turismo experiencial quienes han estudiado el fenómeno.

A principios de este siglo, entre los empresarios del sector turístico, surgió la necesidad de ofrecer alternativas a la masificación creciente del turismo de ciudades, museos y monumentos; se trataba de superar la idea del viajero que contempla desde fuera la superficie de los lugares que visita, sin dejarse emocionar, con el único afán de completar el carrete de fotos del móvil, para, después, a la vuelta a casa, tener algo que enseñar a los amigos. Las agencias turísticas comenzaron así a proponer un modo de viajar orientado a la participación en momentos rituales, laborales o culturales de la vida cotidiana de los habitantes de los lugares; ya no los lugares de por sí, sino las costumbres, las actividades productivas y recreativas de quienes los habitan (Mazarrasa Mowinckel 2016: 198). El turista, pues, dejaba de ser un observador y se convertía él mismo en protagonista de las experiencias de vida, por ejemplo, de los mayas del Quiché, de la emoción del rito nocturno del candomblé brasileiro, de la fatiga de la recogida del té en Sri Lanka, etc. De vuelta a casa, el turista se encontraría así con una mochila cargada de experiencias de vida transformadoras y capaces de revolucionar su propia cotidianidad.

En las páginas que siguen, me van a permitir que afronte con más detalle el paralelo que propone el título de este trabajo entre don Quijote y el turista experiencial. Pero, antes de adentrarme en tamaño ejercicio circense, aclaremos cuál es la Mancha que don Quijote recorre.

9.2. Pocos lugares y además difusos y confusos

No son muchos los topónimos manchegos citados en el *Quijote*. Panadero Moya (2004: 486) recoge los siguientes: Quintanar, Puerto Lápice, Ciudad Real, Tirteafuera, El Viso, Almodóvar del Campo, y, sobre todo, el Toboso. Efectivamente, de Quintanar de la Orden es Juan Haldudo, el abusador de niños (I, 4), y el ganadero rico que le ha vendido al barbero los dos perros necesarios para la etapa pastoril de la vida de don Quijote (II, 74); en Puerto Lápice, se enfrenta don Quijote al vizcaíno iracundo (I, 8);

Sancho quiere esconderse de la Santa Hermandad en Sierra Morena, por la zona de El Viso del Marqués y Almodóvar del Campo (I, 23), lugar este al que el cabrero querría llevar a curar de su locura a Cardenio (I, 23); de Ciudad Real es el vino que le ofrece a Sancho el escudero del Bosque (II, 13) y de Tirteafuera Pedro Recio de Agüero, el cruel maestresala de la ínsula Barataria (II, 47). A los nombres de lugares aducidos por Panadero Moya, se podrían añadir aún los del Campo de Montiel, por cuyas amplias latitudes inicia don Quijote sus correrías (I, 2); Tembleque, adonde Sancho había acudido varios años a segar (II, 31); Miguel Turra, patria chica del socarrón futuro suegro de la hermosísima Clara Perlerina (II, 47), y tal vez se podría recopilar algún topónimo más, pero no creo que esto enriqueciera el panorama manchego del *Quijote*. De todos ellos, solo el Campo de Montiel, Puerto Lápice y el Toboso albergan acciones de los personajes; los demás nombres de lugares indican solo origen o dirección del movimiento, sin que, por cierto, la pareja de andantes descaminados llegue nunca a ellos. No parecerá exagerado decir, pues, que la mayor parte de las aventuras de don Quijote no tienen geolocalización, como diríamos los modernos, lo cual desliga la acción del caballero de la peculiaridad o la personalidad intrínseca de los espacios. Con la excepción del Toboso, espacio definido por características concretas, los demás no mantienen un vínculo con la trama de la obra tal que permita elaborar quién sabe qué maravillosas rutas culturales. Otra cosa es que, a partir de la ambientación de la trama quijotesca, a la ruta de marras se la sitúe en un ámbito geográfico menos definido, tal vez sin la pretensión de identificar los lugares de las andanzas ficticias de don Quijote con los lugares reales específicos de la geografía manchega; operación que, por cierto, permitiría superar ciertos conflictos locales.

Como decía, al Toboso el narrador le reserva un tratamiento especial y no podía ser de otro modo, tratándose de la patria chica de Dulcinea; con estas palabras describe la visita nocturna de don Quijote y Sancho:

Estaba el pueblo en un sosegado silencio, porque todos sus
vecinos dormían y reposaban a pierna tendida, como suele
decirse. Era la noche entreclara, puesto que quisiera Sancho
que fuera del todo escura, por hallar en su escuridad disculpa de su sandez. No se oía en todo el lugar sino ladridos
de perros, que atronaban los oídos de don Quijote y turbaban
el corazón de Sancho. De cuando en cuando rebuznaba un
jumento, gruñían puercos, mayaban gatos, cuyas voces, de
diferentes sonidos, se aumentaban con el silencio de la noche,
todo lo cual tuvo el enamorado caballero a mal agüero (II, 9).

La imagen del pueblo se nos va componiendo a partir de las
sensaciones auditivas, de los ruidos nocturnos destacados del
silencio general («no se oía [...] sino ladridos de perros», «rebuznaba un jumento, gruñían puercos, mayaban gatos»), que
nos devuelven el perfil de una comunidad ganadera tranquila,
sin conflictos que alteren la paz social —al menos la nocturna—, que convive con gran variedad de animales de provecho
y de compañía. La descripción se completa con una imagen en
claroscuro que solo permite apreciar los volúmenes:

> —Advierte, Sancho, o que yo veo poco o que aquel bulto
> grande y sombra que desde aquí se descubre la debe de hacer
> el palacio de Dulcinea.
> [...] Guio don Quijote, y habiendo andado como docientos
> pasos, dio con el bulto que hacía la sombra, y vio una gran
> torre, y luego conoció que el tal edificio no era alcázar, sino
> la iglesia principal del pueblo. Y dijo:
> —Con la iglesia hemos dado, Sancho (II, 9).

Sensaciones difusas que perfilan un ambiente. *Impresio-
nismo audiovisual* sería la etiqueta que se me ocurre para ca-
lificar esta técnica descriptiva tan poco precisa. Cervantes le
saca partido en la construcción de una atmósfera tétrica para
un momento que debería estar marcado por el gozo del posible

reencuentro con la amada del caballero y que, sin embargo, queda marcado por la repercusión de las valencias afectivas del ambiente en las escasas esperanzas amorosas del caballero. En fin, a mí me parece que en esta descripción audiovisual impresionista del Toboso podemos captar los mecanismos de connotación afectiva de los lugares que quedan grabados en los recuerdos de los turistas experienciales, según los estudiosos del fenómeno (Bordás 2003: 2; Rivera Mateos 2013: 201).

De modo que, por lo que respecta a los lugares reconocibles con un topónimo, podemos afirmar que, con la excepción del Toboso, no están presentados por el narrador con descripciones que los separen del *continuum* espacial o que pongan de realce algún aspecto característico del sitio, como podía suceder con la mole de la iglesia y la torre toboseñas. Por otro lado, hay que decir que tampoco podemos reconocer lugares específicos a partir de las descripciones de los espacios sin nombre presentes en la obra; pues, como ya señalara Micó Juan (2004: 25-26), citado por Panadero Moya (2006: 205) y Sánchez Sánchez (2008), las descripciones susodichas responden a los tópicos literarios más manidos, como el del *locus amoenus* en que don Quijote decide hacer su penitencia:

> Llegaron en estas pláticas al pie de una alta montaña, que casi como peñón tajado estaba sola entre otras muchas que la rodeaban. Corría por su falda un manso arroyuelo, y hacíase por toda su redondez un prado tan verde y vicioso, que daba contento a los ojos que le miraban. Había por allí muchos árboles silvestres y algunas plantas y flores, que hacían el lugar apacible. Este sitio escogió el Caballero de la Triste Figura para hacer su penitencia (I, 23).

Lo mismo cabría decir para las ventas, de las que apenas podemos identificar los espacios que las componen y todos ellos bastante arquetípicos: patio central, pozo, caballeriza, camaranchón, comedor... Tampoco sabemos dónde están situadas exactamente, aunque no sería difícil localizarlas en un mapa de caminos del periodo, previo cálculo de los tiempos de las aventuras del caballero, la velocidad de movimiento de las dos cabalgaduras, la dirección del mismo, etc. como ya hizo en su día un grupo de investigadores universitarios, formado por geógrafos, historiadores, sociólogos (Parra Luna 2005), con resultados más bien discutibles (Sánchez Sánchez 2015). En las cuatro ventas que aparecen en el *Quijote* (I, 2-3; I, 16-17 y 32-46; II, 25-26; II, 59) —solo dos en la Mancha—, el ambiente sucio y descompuesto, la comida mala y escasa, y los tratos carnales al límite de lo prostibulario reproducen la visión tópica del teatro y la narrativa del periodo, en especial la picaresca, pero también confirmada por los testimonios reales de viajeros extranjeros como Cosimo III de Medici que recorrió España y Portugal entre 1668 y 1669 (esa visión del viajero Medici se puede apenas intuir en las estampas de Baldi reproducidas en Magalotti 1933: ilustraciones XXVI–XXVIII; tanto Baldi como Magalotti eran dos miembros del séquito del príncipe). Claro que la sordidez de las ventas no afecta a don Quijote, más preocupado de refundarlas en su imaginación como castillos, en la primera parte, y de adquirir informaciones, como la pendencia del rebuzno (II, 25) o las características del libro de Avellaneda (II, 59), en la segunda. A nosotros nos interesa más la actitud del loco que reviste los espacios de nuevos significados que la del viandante curioso que se informa de las vicisitudes de los demás. Sobre la calidad de esta mirada quijotesca volveré más adelante.

Esas ventas del *Quijote* tienen las características de un *no lugar*, no tanto porque no sepamos a ciencia cierta dónde están situadas, como decía antes, sino porque podemos identificarlas con ese concepto del antropólogo Augé (1993: 81-118), o sea, lugares de paso, sin personalidad propia, en los que las personas mantienen su anonimato, sin que se les reconozca unos vínculos sociales identitarios; son lugares sin historia, en los que la relación con los demás es pasajera, de consumo; en ellos, el usuario es reconocido como tal al entrar y al salir, y no tiene la obligación de relacionarse con los demás ocupantes (Augé 2013: 228-229). Esta es, más o menos, la experiencia de don Quijote, la segunda vez que se aloja en la venta de Palomeque: molido a palos y cansado, duerme mientras los demás disfrutan las mieles de las historias secundarias, leídas o relatadas por los viajeros ocasionales necesitados de pasatiempo. Es justamente esa condición de no lugar de la venta de Palomeque la que favorece la confluencia de esas historias secundarias, las lecturas, los encuentros, los reconocimientos y las reconciliaciones, porque, no define la posición social de cada huésped con relación a los demás o en función del rango familiar, como, por el contrario, sucede en el palacio de los duques, emblema de lo que Augé llama *lugar antropológico* (1993: 41-80), o sea, el espacio en el que los ocupantes se someten a los códigos de comportamiento derivados de su carácter identitario, histórico y relacional. En la venta, el encuentro casual entre Dorotea y don Fernando, y entre Cardenio y Luscinda es posible justamente porque los cuatro se pueden dedicar al intercambio sentimental, sin que el ambiente los obligue a otro tipo de relaciones con los otros parroquianos; asimismo, la curiosidad de los clientes de Palomeque por saber la historia de las dos bizarras figuras del cautivo y la mora Zoraida prescinde del respeto que deberían a su rango social.

Ese mismo espacio y esa misma concurrencia pasajera podrán prestar oídos al discurso de las armas y las letras de don Quijote o tratar de frenar su ímpetu destructor de cueros de vino. El discurso del caballero loco aprovecha la anonimia, la falta de relaciones jerárquicas entre el auditorio de la venta, para garantizarse su atención. La batalla contra los cueros de vino, en cambio, podría haber sucedido en otro espacio, tal vez más personalizado, un lugar antropológico, como la propia casa del hidalgo, según lo que dice la sobrina que sucedía de tanto en tanto:

—Muchas veces le aconteció a mi señor tío estarse leyendo
en estos desalmados libros de desventuras dos días con sus
noches, al cabo de los cuales arrojaba el libro de las manos, y

ponía mano a la espada, y andaba a cuchilladas con las paredes; y cuando estaba muy cansado decía que había muerto a cuatro gigantes como cuatro torres, y el sudor que sudaba del cansancio decía que era sangre de las feridas que había recebido en la batalla (I, 5).

En la venta y en su casa, parece hallarse don Quijote en la misma situación: enajenación profunda debida al sueño o a la lectura, que le lleva a atacar las paredes en sí mismas, en su casa, y los odres de vino alineados contra ellas, en la venta, con la intención de acabar con uno o varios gigantes; al final, se hallará cubierto de la sangre de sus enemigos, en la venta —pero no es más que el vino vertido—, o de la propia sangre, en su casa —pero no es más que su propio sudor—.

El narrador usa la *desterritorialización* (Deleuze y Guattari 1984: 213) de la venta, su desvinculación de las dinámicas de las jerarquías sociales, para ofrecerle al loco descaminado un púlpito desde el que lanzar su perorata, pero inmediatamente la *reterritorializa*, la vuelve a sumergir en los mecanismos de la propiedad privada y del poder individual, cuando el ventero vapulea de lo lindo al don Quijote sonámbulo en lucha contra los cueros de vino. O sea que, para el discurso, necesita don Quijote un no lugar, mientras que para la batalla con los cueros no podrá evitar que en ese no lugar se vuelvan a instaurar las lógicas del lugar antropológico que se oponen a su transformación por la mirada del caballero. Y ahora ha llegado el momento de que hablemos de la mirada de don Quijote.

9.3. La mirada de don Quijote sobre el mundo

Sin movernos, por ahora, de las ventas, constatamos ya una peculiaridad de la mirada de don Quijote: para él, no son meros lugares de paso, al menos en la primera parte; como sabemos, don Quijote ve en aquellos muros y aquellas salas la magnificencia de un castillo, gobernado por un señor feudal, cargado de sentido histórico y bajo el dominio de la norma caballeresca.

Su transformación de la realidad por medio de la imaginación le consiente vivir la aventura, porque obliga, de algún modo, a los demás a aceptar el rol que él les reserva: las prostitutas a la puerta de la primera venta lo servirán en el trance imposible del comer y el beber a celada puesta, cual solícitas damas de corte; el ventero se plegará a nombrarlo caballero y le consentirá que vele sus armas en el patio, además de dejarlo ir sin cobrarle la posada (I, 3). Bien es verdad que el socarrón del ventero se mueve por pura diversión, cuando le hace de padrino de armas, en un primer momento, y para evitar males mayores, después, cuando comprueba la violencia con que su ahijado responde a quien ha osado mover sus armas. En la venta de Palomeque, la ventera y su hija sustituyen a las doña Molinera y doña Tolosa de la primera venta en el servicio al caballero, cuando le restañan las heridas provocadas por los yangüeses (I, 16); Maritornes deberá acceder a hacer de princesa enamorada en visita nocturna al caballero, porque así se lo impone don Quijote, con modos de abusador sexual (I, 16), papel que compartirá con la hija de Palomeque en la burla de la mano atada (I, 43).

Lo más importante del castillo-venta, pues, para el hidalgo peregrino es la consumación de una experiencia tal y como estaba diseñada en su proyecto inicial, que identificaba el lugar y sus posibles habitantes, para poder cumplir el trayecto transformativo que se había dado. Esa misma estrategia la podemos ver en los espacios arquetípicos de los libros de caballerías recuperados por don Quijote para su periplo manchego: en los caminos, tendrá la oportunidad de medir sus armas con otros intrépidos caballeros como él: los mercaderes de Toledo (I, 4), el vizcaíno (I, 8), los paladines del ejército de los rebaños (I, 18), el dueño del yelmo de Mambrino (I, 21), etc.; también liberará a varias doncellas que van prisioneras por esos andurriales, como la señora del coche del vizcaíno (I, 8) o la dama transportada en andas por unos malandantes enmascarados (I, 52). En los bosques poblados por elementos mágicos en los libros de caballerías, como gigantes o encantadores, se enfrentará a malandrines como Juan Haldudo (I, 4) y a un vestiglo de voz horrísona que recuerda el ruido de un batán (I, 20). Como muchos otros caballeros andantes antes que él, descenderá al inframundo en la cueva de Montesinos (II, 22-24), que en su caso estará poblado por las imágenes de su subconsciente. En ambiente agreste, suelen los paladines míticos vivir un momento de reflexión o penitencia, como la de Amadís en Peña Pobre; don Quijote lo imita en Sierra Morena (I, 23-29), donde también aprovecha para socorrer a Micomicona, una doncella menesterosa (I, 29-30), como ya hiciera con Marcela, también entre peñas, unos capítulos antes (I, 14).

En estos dos últimos episodios montaraces, no se percata nuestro héroe de que se le han colado personajes provenientes de otros mundos literarios, pastores que parecen salidos de *La Galatea* (I, 10-13), y nobles y labradores ricos escapados de una novela sentimental (I, 27-29). El espacio parece adecuado para los primeros, pero un poco menos para los segundos, aunque también estos pudieran haber tenido cabida en la obra primeriza de Cervantes. Por otro lado, la venta de Palomeque también reúne personajes provenientes de diferentes *regiones de la imaginación* (Martínez Bonati 1977): los cuatro nobles y labradores ricos de la novela sentimental, los dos protagonistas de una novela de cautivos, los de una novela a la italiana, y arrieros y mozas de mesón propios de una novela picaresca o un entremés. En fin, se diría que el espacio despliega su lógica inclusiva, sin discriminar entre los personajes acartonados de las tramas idealistas y los redondos de las más realistas; todos tienen cabida en esa especie de teatro común que son los espacios agrestes y las ventas. Don Quijote va a entablar relación con muchos de ellos, pero no en cuanto integrantes de sus propios mundos más o menos idealizados, sino en cuanto pasajeros que atraviesan momentáneamente el espacio común; es decir, a él solo le interesan Marcela, Dorotea o Cardenio como entidades que pueden asimilarse a papeles establecidos en su propio guion, a la sazón, damas menesterosas y Caballero de la Sierra.

En otras palabras, don Quijote recorta la realidad, escoge los elementos que le importan y, sobre ellos, construye su propia vivencia. Es el mismo mecanismo que aplica a su interpretación del paisaje manchego, cuando elige moles de paredes altas como las ventas o los molinos de viento, polvaredas de rebaños trashumantes, grupos humanos que se desplazan por los caminos y sobre esos datos de realidad —moles, polvaredas, grupos humanos— que ha desgajado del conjunto con operación sinecdótica (un solo sema para significar el todo) levanta una nueva realidad transformada en metáfora de la otra —castillos, gigantes, ejércitos, alevosos caballeros, prisioneros—. Sobre esos elementos nuevos, fruto de la construcción cultural del caballero loco, de la exaltación de una realidad zafia a la que se ha insuflado el nuevo espíritu del contenido mítico superior, don Quijote predispone las piezas de una aventura de la que extraerá la linfa vital de la experiencia victoriosa. A lo que aspira, en verdad, es a acumular en su mochila existencial muchos de esos recuerdos de experiencias vividas que presentar cual turista creativo a su princesa Dulcinea y así ser merecedor de la suprema gloria de su mano.

Un aspecto interesante de esta operación selectiva sobre la realidad por parte de don Quijote es la perspectiva que superpone a la naturaleza agreste que se le presenta ante los ojos. Mediante la imposición de su punto de vista, está sugiriendo un modo de ver y de interpretar culturalmente la enorme extensión de la Mancha, es decir, está creando un paisaje (Augé 2013: 227). Nuestro punto de vista y nuestras referencias culturales ya no son las mismas que las del caballero enajenado, pero la perspectiva, la selección y el conjunto elegido siguen siendo el mismo que él nos proponía: molinos de viento, altozanos, enormes llanuras y Sierra Morena al fondo. Nosotros, a distancia de cuatro siglos, seguimos viendo el paisaje creado por don Quijote.

9.4. Don Quijote y la visión exotista

A decir verdad, don Quijote parece estar más interesado en las personas que habitan los lugares que en los lugares en sí. De las ventas le preocupa no tanto encontrar las pruebas de su condición de castillo como conocer a sus moradores y montar con ellos un episodio caballeresco; el molino de viento le interesa porque él lo ve como humano, enormemente humano; a la cueva de Montesinos desciende menos por realizar una hazaña que por entablar conversación con su dueño y conocer a todos sus compañeros de morada. El episodio donde mejor se ve su interés por las personas y su modo de vivir tal vez sea el de los cabreros; don Quijote y Sancho acaban de llegar a su majada; entonces

> los cabreros [...] tendiendo por el suelo unas pieles de ovejas, aderezaron con mucha priesa su rústica mesa y convidaron a los dos, con muestras de muy buena voluntad, con lo que tenían. Sentáronse a la redonda de las pieles seis dellos, que eran los que en la majada había, habiendo primero con groseras ceremonias rogado a don Quijote que se sentase sobre un dornajo que vuelto del revés le pusieron. Sentose don Quijote, y quedábase Sancho en pie para servirle la copa, que era hecha de cuerno. Viéndole en pie su amo, le dijo:
>
> —Porque veas, Sancho, el bien que en sí encierra la andante caballería y cuán a pique están los que en cualquiera ministerio della se ejercitan de venir brevemente a ser honrados y estimados del mundo, quiero que aquí a mi lado y en compañía desta buena gente te sientes, y que seas una mesma cosa conmigo, que soy tu amo y natural señor; que comas en mi plato y bebas por donde yo bebiere, porque de la caballería andante se puede decir lo mesmo que del amor se dice: que todas las cosas iguala.
>
> —¡Gran merced! —dijo Sancho—; pero sé decir a vuestra merced que como yo tuviese bien de comer, tan bien y mejor me lo comería en pie y a mis solas como sentado a par de un emperador (I, 11).

Don Quijote se sienta con los cabreros para compartir su mesa y hace que Sancho lo imite para anular los signos de distinción social, como el de servirle la copa. No se limita a observar desde la distancia el modo en que viven los rústicos que lo hospedan, sino que quiere participar en los ritos cotidianos de su vida, destruyendo las barreras sociales y económicas; encontrará incluso la expresión alta (el discurso de la Edad de Oro) para condensar su experiencia vital del momento, sin darse cuenta, por cierto, de que está reconstruyendo la barrera cultural que había destruido. Uno de los fundamentos del turismo experiencial y creativo es justamente este: anular la distancia entre observador y observado, para que el primero pueda participar en nivel de igualdad en la vida del segundo. En este episodio parece evidente que es lo que don Quijote pretende; en los demás que hemos analizado, se diría que lo que pretende es lo contrario, o sea, que los otros participen de su vida caballeresca para conseguir transformar la realidad manchega según su punto de vista cultural y hacer de la naturaleza paisaje con sentido. En todos ellos, me parece ver la misma *dinámica exotista*, o sea, de construcción de la imagen exótica del otro. Bajtín (1989: 254-255), primero, y luego su exégeta Todorov (1989: 355-357) definen el exotismo como la categoría valorativa de las culturas ajenas en función de su parecido con la nuestra; el exotista ve en el otro la proyección en positivo o en negativo de su propia cultura, tras haber reconocido la distancia. En este sentido, me parece que don Quijote actúa como un exotista, sometiendo a su mirada extrañante su propia tierra manchega; en un primer momento, don Quijote parece desconocer el objeto observado, sea ese vida de cabrero, venta o molino; luego lo compara con los objetos parecidos de su universo cultural y trata de asimilarlo a él, insertando a los rústicos cabreros en la mítica Edad de Oro, y al ventero socarrón y el molino de viento en un libro de caballerías.

En su libro sobre la alteridad, Todorov repasa en orden cronológico los testimonios escritos que nos han dejado algunos de los viajeros franceses por tierras extrañas. Al llegar a Chateaubriand (2005: 347), identifica un cambio de perspectiva respecto a los viajeros anteriores: para él, lo importante de los lugares que visita no son tanto las gentes y sus modos de vida, como los objetos y los monumentos que le van a permitir ensimismarse en su experiencia individual. Según Todorov, con esa actitud Chateaubriand funda el turismo moderno, observador externo de los lugares y los monumentos, con la única misión de juntar experiencias personales para luego tener qué contar. En oposición a este turista, por así decirlo, tradicional, surge, como decía al principio, el turista experiencial y creativo, más interesado en observar y participar en primera persona en los modos de vida y los ritos culturales de las comunidades que habitan los espacios visitados; eso es justamente lo que hace don Quijote el episodio de los cabreros y lo que querría hacer en las ventas, solo que aquí se equivoca en la fase final de su operación, obligando a la concurrencia a participar en el mundo caballeresco. En cualquiera de los dos casos, don Quijote acumula experiencias culturales suficientes como para volver a su casa, hacer balance de sus hazañas y reclamar la mano de Dulcinea. Eso es lo que él cree y está convencido de ello, mientras no recupera su salud mental y deshace de un plumazo el encanto experiencial y turístico del universo manchego que su *alter ego* loco descarriado acababa de crear para siempre.

10

La quijotización de Sancho y la autoorganización de los sistemas

La actuación de Sancho en el gobierno de Barataria es, sin duda alguna, el momento culminante de lo que buena parte de la crítica ha visto como su proceso de crecimiento. En la ínsula, el rústico escudero de don Quijote hace gala de unas dotes naturales para el gobierno que le granjean el amor y el respeto de los miembros de la comunidad: «Quedaron todos admirados, y tuvieron a su gobernador por un nuevo Salomón» (II, 45). Además de este desmesurado elogio del antiguo pastor de cabras, se hallan desperdigadas por el texto de los capítulos dedicados a la ínsula otras valoraciones de su buen hacer que no dejan lugar a dudas sobre su encumbramiento; he aquí unos ejemplos:

Los circunstantes quedaron admirados de nuevo de los juicios y sentencias de su nuevo gobernador (II, 45).

Todos los que conocían a Sancho Panza se admiraban oyéndole hablar tan elegantemente y no sabían a qué atribuirlo, sino a que los oficios y cargos graves o adoban o entorpecen los entendimientos (II, 49).

—Cuando esperaba oír nuevas de tus descuidos e impertinencias, Sancho amigo, las oí de tus discreciones, de que di por ello gracias particulares al cielo, el cual del estiércol sabe levantar los pobres, y de los tontos hacer discretos (II, 51).

No cabe duda de que sus acciones y la consideración de ellas por los demás personajes, amén del propio gobierno de la ínsula tantas veces prometido por don Quijote, constituyen una forma de *glorificación* del personaje del escudero. Pero ¿a costa de qué? El Sancho cuya sabiduría, discreción y aplomo alabamos en este episodio es casi irreconocible para los lectores del *Quijote* de 1605; más bien se diría que es incluso incongruente con los atributos que lo caracterizaban diez años atrás. De aquel Sancho queda, cómo no, el hambre atávica o, por mejor decir, su glotonería y falta de moderación con la comida, de la que hace escarnio el cruel médico Pedro Recio de Tirteafuera, cuando hace retirar de la mesa, uno por uno, los manjares sobre los que ha caído la mirada deseante del gobernador; el amor por los refranes, sobre los que se fundan, por cierto, algunos de sus juicios; la campechanía, que antes era rustiquez y ahora, con el cargo, se ha transformado en una especie de versión plebeya de la *sprezzatura* que Castiglione (1965: I, XXVI, 44) aconsejaba al cortesano:

Fuggir quanto più si po, e come un asperissimo e pericoloso scoglio, la affettazione; e, per dir forse una nova parola, usar in ogni cosa una certa sprezzatura, che nasconda l'arte e dimostri ciò, che si fa e dice, venir fatto senza fatica e quasi senza pensarvi.

En la traducción de Boscán (1994: I, 26, 143-144) suena así:

Huir cuanto sea posible el vicio que de los latinos es llamado afetación; nosotros, aunque en esto no tenemos vocablo proprio, podremos llamarle curiosidad o demasiada diligencia y codicia de parecer mejor que todos. Esta tacha es aquella que suele ser odiosa a todo el mundo; de la cual nos hemos de guardar con todas nuestras fuerzas, usando en toda cosa un cierto desprecio o descuido, con el cual se encubra el arte

y se muestre que todo lo que se hace y se dice, se viene hecho
de suyo sin fatiga y casi sin habello pensado (I, V).

En el precepto cortesano de la *sprezzatura* parecería inspirarse el Sancho recién llegado a la ínsula —pero no hay que
olvidar el peso de los consejos de su amo e incluso su propia
índole—, que renuncia a cualquier forma de afectación en los
tratamientos cuando le leen el rótulo de la pared:

> —Y ¿a quién llaman don Sancho Panza? –preguntó Sancho.
> —A vuestra señoría —respondió el mayordomo—, que
> en esta ínsula no ha entrado otro Panza sino el que está
> sentado en esa silla.
> —Pues advertid, hermano —dijo Sancho—, que yo no
> tengo don, ni en todo mi linaje le ha habido: Sancho Panza
> me llaman a secas, y Sancho se llamó mi padre, y Sancho
> mi agüelo, y todos fueron Panzas, sin añadiduras de dones
> ni donas (II, 45).

Claro que en el magnífico gobernador capaz de hacer cons-
tituciones que quedarán en la memoria de Barataria, dictar
sentencia en complicadísimos casos de justicia y comportarse
con el «desprecio» y el «descuido» del aristócrata más político,
por debajo de esa pátina necesaria, aún pervive la parte dura,
caracterial, pasiva, del labrador a la defensiva contra los abusos
del poder, acostumbrado a ser mandado y no a mandar, y re-
signado a no tener autonomía. En él, la *sprezzatura* cortesana
se confunde con la desconfianza y la ataraxia existencial del
labrador acostumbrado a los zarandeos del poder y a la exclu-
sión social. La campechanía que demuestra en el rechazo del
don, los refranes y, si se me apura, hasta la astucia con que desmonta algunos casos listos para sentencia, son, al fin y al cabo,
virtudes de repliegue, desarrolladas por quien no puede per-
mitirse la práctica de las virtudes sociales de los poderosos. La
campechanía es la versión humilde del sosiego y el «desprecio»

boscaniano; los refranes, del saber humanístico; y la astucia, del conocimiento de las leyes; son todos ellos, en una palabra, otras tantas formas de renuncia a instalarse en unos terrenos de la identidad social que sabe inhabitables para él. En ese sentido, desde la lógica narrativa, la *sprezzatura* plebeya de la que hace gala el Sancho insulano evita el engolosinamiento con el poder y una transformación de su personalidad que habrían hecho inviable su retorno a los moldes del siervo. Pero en los episodios de la ínsula él ya no es el títere movido por hilos ajenos; ahora es capaz de tomar la iniciativa y dejar bien claras sus dotes y su intención de cambiar el mundo; ahora, además de ser el gobernador de sus súbditos, se ha hecho gobernador de sí mismo. Este aspecto de su personalidad insulana, la parte activa de su sistema de atributos, es justamente la que resulta incongruente con aquel Sancho de diez años atrás que comulgaba con todas las ruedas de molino que su amo le iba suministrando, así fuera después de un primer momento de escepticismo, y que daba por reales los encantadores, los bálsamos milagrosos, las princesas Dulcinea y Micomicona, las ínsulas, etc.

Tampoco las actuaciones de Sancho en los episodios anteriores al del gobierno hacían presagiar el excelente desenvolvimiento en Barataria; en efecto, no cabía esperar finuras de leguleyo de quien pedía sin asomo de ironía «una tantica parte del cielo» (II, 42) al mismo duque que le estaba mandando a gobernar una de sus posesiones en la tierra; y, poco antes, se dejaba convencer por la duquesa de que Dulcinea estaba realmente encantada (II, 33), a pesar de que el artífice del supuesto encantamiento había sido él y por tanto debía de saber muy bien que nunca había tenido lugar. Tampoco el comportamiento de Sancho en los episodios posteriores al de la ínsula parece coherente con las sentencias de marras, si es capaz de dejarse engatusar por el derrotado don Quijote para que emprendan vida de pastores durante el año de abstinencia aventurera que le ha impuesto el Caballero de la Blanca Luna y de aconsejar al moribundo don Quijote: «No se muera vuestra merced, señor mío, sino tome mi consejo y viva muchos años, porque la mayor locura que puede hacer un hombre en esta vida es dejarse morir, sin más ni más, sin que nadie le mate» (II, 74).

Es cierto que el personaje de Sancho se mueve entre los dos extremos del oxímoron tonto–listo, como don Quijote entre los del loco–cuerdo (Socrate 1974: 40), y que todas las acciones y dichos aludidos hasta aquí cabrían en ese inmenso espacio de actuación; pero el decoro del personaje impondría la reducción del espacio actancial a una zona donde las dos cualidades no sean incompatibles, como creo que sucede entre el consejo final a don Quijote y la petición al duque, por un lado, y las justamente alabadas sentencias de la ínsula.

Mi opinión sobre la infracción al decoro por parte del Sancho de Barataria no es la de la mayor parte de la crítica, que por lo general ha visto en esta perspicacia del escudero una de las manifestaciones de su *quijotización*, proceso en acto ya desde el principio del *Quijote* de 1615. La idea de que la evidente evolución de Sancho entre la primera y la segunda parte sea debida al influjo de don Quijote es un tópico de la crítica cervantina, al menos desde que Madariaga (1947: 165-191) la formulara en los años veinte del siglo pasado; reaccionaba así don Salvador a la neta contraposición romántica entre el caballero del ideal y el escudero materialista, dignificada por Toffanin (1920: 211-221) en clave neoaristotélica cuando identificaba el motor profundo de los dos protagonistas en el binomio poesía/historia. Madariaga seguía la estela trazada por Savj-López (1913: 92, 94 y 105) y su idea de la lenta evolución de Sancho y su radical diferencia de don Quijote. La tesis de Madariaga ha tenido una notable fortuna entre los críticos, gracias a su reelaboración por Dámaso Alonso (1962: 9-19) y otros, entre los que destaca recientemente Dotras Bravo (2008). Otro sector de la crítica se opone a la interpretación de la transformación de los personajes del *Quijote* como el resultado de un doble proceso de *quijotización* para Sancho y de *sanchificación* para don Quijote con el argumento de que entre 1605 y 1615 no se produce un verdadero crecimiento de los personajes, sino una transformación repentina (Sletsjöe 1961; Russell 1969; Martínez Bonati 1978; Martín Morán 1992).

En las páginas siguientes propongo una perspectiva crítica un tanto diferente de la actuación del gran gobernador de Barataria, analizando sus comportamientos no como ocurrencias únicas, ni como elementos de una serie, sino como componentes de varios sistemas interrelacionados que se definen y se perfilan de manera diferente en cada contexto, según las relaciones con los otros componentes y según las modificaciones de su equilibrio interno.

10.1. Nacimiento de un binomio

Un aspecto en el que básicamente todos los críticos que se han ocupado de la relación entre don Quijote y Sancho coinciden es en el hecho de que forman un binomio casi inescindible. Hay incluso quien lleva la idea a sus consecuencias extremas y sostiene que se trata, en realidad, de un solo personaje (Sánchez Rivero 1927: 293 y ss.; Molho 1976: 255). En efecto, casi no es concebible don Quijote sin Sancho y viceversa; como tampoco lo son sus acciones, si no es en el interior de un complejo de dinámicas relacionales con el entorno social. Las valencias del personaje de don Quijote resaltan en oposición a las de Sancho y, al contrario, las de Sancho en oposición a las de don Quijote; lo cual equivale a decir que el uno y el otro adecúan sus actos y dichos al tipo de respuesta que reciben de su interlocutor. Por la misma regla de tres, su elevación a unos niveles de inteligencia y prudencia superiores, en el *Quijote* de 1615, respecto a las cotas alcanzadas en 1605 podría depender también de las reacciones de la pareja a los estímulos del ambiente, lo que puede llevarnos a sospechar que las pretendidas evoluciones de los protagonistas son en realidad estrategias de adecuación elaboradas por el autor, para que ambos puedan responder a las nuevas exigencias del sistema del que forman parte.

Sobre la falsilla de la relación caballero–escudero de los libros de caballerías, pero también sobre la de amo–criado del folklore (Molho 1976: 215-336; Redondo 1978) de tantas obras dramáticas (Alonso 1962; Díaz-Plaja 1977: 81-162; Syverson-Stork 1986) y de la literatura en general —aunque tampoco hay que desdeñar el modelo de la realidad social contemporánea (Close 2001; Martín Morán 2004)—, Cervantes propone una estructura binaria capaz de elaborar cualquier estímulo externo en una doble perspectiva: por un lado, la *dimensión transitiva* de la acción diegética, fruto de la respuesta a la *incitación exógena*, y, por el otro, la *dimensión reflexiva* de la corrección del equilibrio interno del binomio en aras de una mayor eficacia en su interacción con el mundo. De tal modo, la estructura de dos elementos en tensión continua se *retroalimenta positivamente* a partir del estímulo exterior, al que ofrece una respuesta inmediata, mientras utiliza una parte de la energía de la respuesta para modificar su equilibrio interno; así es como en la teoría de los sistemas se define el fenómeno de la *retroalimentación positiva* (Watzlawick, Helmick Beavin y Jackson 1985: 32-33; Åström y Murray 2008: 1-3).

He aquí una actualización de las dinámicas apenas descritas en el ejemplo canónico: en el episodio de los molinos de viento, los dos oxímoros andantes (el loco-cuerdo y el tonto-listo) elaboran en el interior del binomio la doble esencia (gigantes–molinos) del elemento externo con una discusión en la que el componente loco de don Quijote trata de asimilar a su postura al componente listo de Sancho, sin llegar a convencerle de que son gigantes; cuando el polo cuerdo del caballero, tras la dolorosa derrota por obra de unas aspas caprichosas, se percate de que el polo listo de Sancho siente más la fuerza de atracción de la interpretación realista ('los gigantes son molinos'), volverá a ceder su espacio al núcleo loco de su microsistema para imponer al otro la creencia en la intervención de los encantadores, sin que el criado pueda oponerse a su fuerza centrípeta, aun a costa de ver transformada su pasajera listura en tontería. De tal modo, el binomio de los dos microsistemas encuentra un nuevo *equilibrio homeostático*, fundado en la restauración de los dos polos deficientes (locura y simpleza), que le permitirá afrontar cualquier otro estímulo real con una dinámica parecida, sin tener que recurrir de nuevo a los rudimentos de la enciclopedia caballeresca, puesto que estos ya habrán sido asimilados por los dos microsistemas; de todo ello resultará, por un lado, la producción de materia diegética y, por el otro, el reforzamiento de la *capacidad resiliente* del binomio.

La reacción en cadena que acabo de exponer podría haberse roto, si el segundo microsistema se hubiera resistido a la atracción final de la fuerza centrípeta del otro hacia el polo loco, negando la existencia de los encantadores, pero eso habría equivalido a negar la autoridad de don Quijote en materia caballeresca que es la base de su *relación complementaria* (Watzlawick, Helmick Beavin y Jackson 1985: 68-71), la energía orbitante que une los dos sistemas, con lo que habría tenido que negar también su fe en la ínsula prometida y deshecho el binomio (Martín Morán 2004). En última instancia, la fuerza que mantiene la cohesión del sistema es la voluntad de ser de don Quijote, que presiona activamente sobre el elemento inerte que es la voluntad de creer de Sancho, conformando una especie de membrana protectora hacia el entorno que encierra al binomio en sus dinámicas internas.

Claro que, si bien se mira, para explicar la interrelación entre amo y escudero no basta la lógica de la *retroalimentación*, pues no todos los estímulos tienen repercusión en el binomio y no todas las interacciones entre los dos microsistemas son respuestas a estímulos externos, ni tampoco todas producen alteraciones del equilibrio. Es necesario que los vectores de la modificación hacia el exterior o hacia el interior se circunscriban a un campo semántico específico, que es el mundo caballeresco con todos sus anexos: amor cortés, sentido del honor, concepción mágica del mundo, relaciones de vasallaje y pupilaje, etc.

De estos elementos ideológicos que conforman el coto cerrado de los valores de don Quijote, sobre los que está dispuesto a medirse con cualquiera y en cualquier circunstancia, se derivan unas aptitudes que, como otros tantos gestos, definen la fisionomía comportamental del caballero: retórico orador, soñador utópico, melancólico depresivo, enamorado fiel, etc. Tanto la ideología de don Quijote como sus *aptitudes gestuales* se enfrentan a la ausencia de ideología de Sancho, a sus actitudes renunciatarias; de ahí surgen situaciones caracterizadas por lo general por un primer momento de rechazo a los *gestos* del amo por parte del siervo que los rebaja a los niveles de su apego a la tierra y lo material, para en un segundo momento dejarse contaminar y emprender él también el vuelo en las alas del ideal.

10.2. Identidad sin oxímoros

En realidad, hay otro campo semántico en el que el caballero loco desarrolla unas aptitudes especiales, que es el de la necesidad de ser un personaje literario; tal ámbito aparece apenas esbozado en 1605, cuando imagina incluso las palabras concretas con que su futuro historiador describirá su primera salida por el campo de Montiel:

> —¿Quién duda sino que en los venideros tiempos, cuando salga a luz la verdadera historia de mis famosos hechos, que el sabio que los escribiere no ponga, cuando llegue a contar esta mi primera salida tan de mañana, desta manera?: «Apenas había el rubicundo Apolo tendido por la faz de la ancha y espaciosa tierra las doradas hebras de sus hermosos cabellos [...]» (I, 2).

En 1615, en cambio, después de que Sansón Carrasco le lleve la noticia de la publicación del libro de 1605, su afán de trascendencia literaria futura se ha transformado en una realidad presente incontrovertible, que genera en él la conciencia de ser un personaje literario y el comprensible orgullo por hallarse ya en estampa; así concluye su presentación con el Caballero del Verde Gabán: «Treinta mil volúmenes se han impreso de mi historia, y lleva camino de imprimirse treinta mil veces de millares, si el cielo no lo remedia» (II, 16).

Claro que las aptitudes que derivan del afán literario de don Quijote son difícilmente separables de las que provienen del ámbito caballeresco; el honor que glorifica al héroe de las caballerías, en la mente de don Quijote, no es muy distinto de la fama que su condición de personaje libresco le procura. Ahora bien, esto no quiere decir que otros elementos fuera de los dos campos acotados no existan o que ocasionalmente no puedan ser también productivos para el relato. En realidad, como todo el mundo sabe, la composición de los dos microsistemas es más compleja de lo apuntado. Los dos personajes poseen otros atributos fuera del oxímoron central que los opone al otro, que son, tal vez, los que los hacen más completos a los ojos del lector, más redondos, en una palabra, más reconocibles como paradigmas de humanidad. En el caso de don Quijote esas cualidades son las que, de algún modo, niegan las líneas de comportamiento fundamentales, pues, de concederles espacio, lo desconstituirían como aspirante a caballero; sustancialmente se reducen a unos pocos restos de la mentalidad pragmática del hidalgo de aldea que son los que le hacen volver a probar la celada (I, 1) o rebajar a Dulcinea a instrumento necesario para su acción (I, 25) o ver las ensoñaciones desacralizadoras de la cueva de Montesinos (II, 23) o padecer las necesidades fisiológicas, impolutas, en la primera venta (I, 2), y ya no tanto, en el carro de vuelta a casa, cuando el caballero pide ayuda a Sancho con estas sentidas palabras: «¡Sácame deste peligro, que no anda todo limpio!» (I, 48). Las acciones derivadas de esta segunda área de atributos no construyen el *curriculum* caballeresco, como podrían hacer las otras, con todos sus problemas de interpretación correcta de lo vivido y de evaluación final del resultado obtenido, sino otro paralelo y subsumido a tanta gloria que propone más la personalidad de un personaje de entremés o de farsa narrativa.

Una vez aclarada la interacción en el binomio y del mismo con el entorno, desplazaremos el foco de nuestra atención a la evolución del triple sistema a lo largo de la novela, en sus diferentes fases.

10.3. Evolución del binomio

Antes de la constitución del binomio, es decir, antes de que Sancho entrara en escena, en la primera salida de don Quijote, era el propio caballero el que recubría algunas de las funciones cómicas que luego serán de su escudero, con la urgencia por satisfacer su hambre o sus chistes sobre la comida:

> Preguntáronle si por ventura comería su merced truchuela, que no había otro pescado que dalle a comer.
>
> —Como haya muchas truchuelas —respondió don Quijote—, podrán servir de una trucha, porque eso se me da que me den ocho reales en sencillos que en una pieza de a ocho. Cuanto más, que podría ser que fuesen estas truchuelas como la ternera, que es mejor que la vaca, y el cabrito que el cabrón (I, 2).

En estos primeros capítulos, la estrategia de marcación de su locura pasaba por su descalificación a cargo del narrador («el sol entraba tan apriesa y con tanto ardor, que fuera bastante a derretirle los sesos, si algunos tuviera», I, 2) y el encontronazo violento o la reacción de total extrañeza de los personajes con los que se topaba; el resultado era el de un personaje sin facetas, con una sola dimensión enajenada o poco más, que lo alejaba de la interacción racional con los demás; la capacidad oratoria que lo caracterizará en la segunda salida, a partir del encuentro con los cabreros (I, 11), aún no le proporciona, en esta primera, la posibilidad del intercambio dialéctico en las ocasiones convivales.

La llegada de Sancho, o sea, la constitución del binomio, proporciona a don Quijote un interlocutor constante para sus observaciones sobre el mundo, sus percepciones aberrantes, sus ilusiones, sus preceptos, sus proyectos, sus amores; el narrador podrá tomar la adecuada distancia, ya sin la urgencia de la reprobación del loco de la primera salida: Sancho servirá de piedra de toque constante de la locura del hidalgo. Así pues, el sistema de la primera salida, que preveía el conflicto abierto, verbal o de actos, entre el loco andante y sus interlocutores, con un observador externo, el narrador, que tomaba posición contra su protagonista, con la inclusión del escudero, mantiene su equilibrio y su efectividad en parodiar la figura del novel caballero andante, pero, en su reajuste, atribuye a Sancho funciones que eran propias de otros personajes, como la de generar diálogos o situaciones cómicas sobre la comida, que antes, como hemos visto, en alguna ocasión, corría a cargo del propio don Quijote; o la incompatibilidad de códigos lingüísticos que explicaba la reacción de las mozas del partido (I, 2), los mercaderes de Toledo (I, 4), Juan Haldudo (I, 4) o Pedro Alonso (I, 5) ante las peroraciones anacrónicas, con pretensiones imperativas y propuestas de identidades alternativas que les hace don Quijote; o la atención al cuerpo del caballero de las mozas del partido, cuando le ayudan con exquisita diligencia a trincar el vino por una cánula (I, 2), o la del samaritano Pedro Alonso que lo recoge del suelo y lo lleva hasta su casa (I, 5).

La inclusión de un elemento nuevo en los estratos superiores del sistema conlleva la concentración de funciones en él, a expensas de otros personajes, como si se tratara de una especie invasora en un nicho ecológico frágil; en este caso, la inclusión del voraz invasor Sancho Panza tiene también una recaída positiva en el debilitamiento de la membrana externa que encerraba las situaciones narrativas en una síntesis semántica a cargo del narrador —por ejemplo, bajo forma de descalificaciones del andante ido—; la continua interacción dialógica entre Sancho y su amo, en un ámbito privado, segregado del sistema general, expone a la contemplación y el juicio del observador los modos de comprensión del mundo de los personajes; el binomio muestra sus dinámicas internas y esto enriquece ulteriormente el macrosistema de la comunicación literaria entre la obra y el contexto sociocultural de su recepción.

Los modos de interacción entre la entidad protagonista y los demás personajes se amplían con la llegada de Sancho, como es lógico, pero, además, con el diálogo entre los dos errantes anterior y posterior a la acción, se constituye un nivel superior del sistema en el que la relación interna del binomio se *retroalimenta* del sentido de los hechos —lo decía hace un momento—, transformando continuamente cada uno de los elementos sobre la base de la experiencia compartida. La importancia de esa retroalimentación se percibe en las reiteraciones de los contenidos, cuando ambos vuelven sobre un tema o un episodio ya tratados para matizar algún aspecto o tratar de alterar el equilibrio interno del binomio; Sancho utilizará varias veces el recuerdo de sus padecimientos físicos como resultado de los alardes caballerescos de su amo, para amenazar con abandonarlo o para tratar de sacar un mayor beneficio personal; y así el manteamiento, los palos recibidos, el hambre, los encantadores serán unas constantes del diálogo sobre las que se irá construyendo la relación entre los dos andantes.

10.4. Problemas de inestabilidad del sistema

La estabilidad del binomio es sometida a duras pruebas en diferentes ocasiones y casi siempre por deficiencias en la membrana autoritaria que lo protege. A veces, el carisma de don Quijote no consigue evitar que las agresiones de los elementos externos se ensañen con el otro microsistema, como en el episodio del manteamiento (I, 17), y por eso Sancho protesta y amenaza con disolver la simbiosis volviéndose a casa (I, 18). Otras veces, la autoridad revierte sobre las dinámicas internas del binomio, y así, por ejemplo, don Quijote impone moderación cuantitativa en el habla (I, 20) a un Sancho que termina por no aceptarlo y exigir cambios, so pena, esta vez también, de escindir la unión (I, 25). Otras veces aún, es Sancho el que tensa la relación con su amo, agrediendo desde el interior a uno de los componentes del microsistema de su amo, como cuando se burla de su retórica caballeresca en la aventura de los batanes (I, 20) o le sugiere que abandone la fidelidad a Dulcinea para aprovechar la ocasión que le ofrece Micomicona (I, 30) o le revela que la susodicha princesa se besa por los rincones con un recién llegado a la venta, demostrando así bien poca realeza (I, 37). Dos buenos palos en las espaldas de Sancho con el lanzón de don Quijote, en los dos primeros casos, y una airada reprimenda en el tercero devolverán al binomio un equilibrio renovado.

El estrés del sistema binario se manifiesta en síntomas que cambian su aspecto externo; al igual que la modificación en los componentes de la atmósfera produce el calentamiento del clima, así las tensiones entre amo y criado producen alteraciones físicas en el primero o cambios en los tratamientos: si don Quijote abandona el «tú» y pasa al «vos», mala señal para Sancho. Claro que nunca tuvo don Quijote una alteración tan fuerte como la que le produce descubrir que Sancho ha calumniado a Micomicona con el chisme de los besos a escondidas: «Enarcó las cejas, hinchó los carrillos, miró a todas partes, y dio con el pie derecho una gran patada en el suelo, señales todas de la ira que encerraba en sus entrañas» (I, 46).

Otro momento delicado para la unidad amo–criado se verifica cuando, aprovechando una debilidad contractual de Sancho que pretende salario por sus servicios, se postula a sustituirlo el mismísimo Sansón Carrasco (II, 7); de haberse producido la sustitución, el estudiante de Salamanca habría puesto en peligro la estabilidad del sistema, a causa de su superior inteligencia, lo que, por supuesto, habría hecho inviables muchos de los diálogos entre amo y escudero. En otras palabras, la capacidad del postulante de desarrollar unas funciones a un nivel superior en la jerarquía del sistema habría puesto en peligro su subsistencia; afortunadamente, la competencia por el puesto es ganada por Sancho, a costa de renunciar a su reivindicación sindical, y eso garantiza la estabilidad y la pervivencia del conjunto.

A modo de corolario de la argumentación anterior, podríamos afirmar que, en el *Quijote* de 1605, el binomio protagonista mantiene una gran estabilidad, sin necesidad de modificar los componentes de cada microsistema, gracias a su capacidad de resiliencia frente a las agresiones del entorno y a su versatilidad en la consecución de diferentes equilibrios homeostáticos; pero ¿qué sucederá cuando las amenazas al sistema vengan, no del entorno inmediato, sino de ámbitos más alejados y potentes? Tendremos la oportunidad de comprobar su capacidad de reacción en la segunda parte de la obra.

10.5. El binomio en 1615

En el *Quijote* de 1615, el macrosistema del texto reacciona contra dos fuertes traumas producidos por fuentes externas, extratextuales y por tanto vinculadas no ya a la ficción sino al contexto histórico-cultural de la obra. La reacción a las dos agresiones va a implicar la alteración de las funciones y los equilibrios internos de los diferentes microsistemas que componen el texto en sus varios niveles. En 1605, el proceso de autoorganización de los sistemas, como consecuencia del influjo del entorno, no transcendía los límites del relato; tanto las agresiones como la reacción subsiguiente tenían dimensión intratextual. Ahora, el relato modifica sus estructuras funcionales sobre la base de elementos del mundo real, por más que estén ligados ambos al campo literario (Bourdieu 1992), pues se trata, como ya se habrá adivinado, en primer lugar, de la elaboración en 1615 de la noticia de la publicación, difusión y recepción del *Quijote* de 1605, y, en segundo lugar, de la del *Quijote* de Avellaneda, a la altura del capítulo II, 59, episodios que ya he tratado en el capítulo 8 en lo referente a la relación de don Quijote con sus dobles.

En los primeros capítulos de la obra de 1615, Sansón Carrasco expone sucintamente ante don Quijote y Sancho los aspectos principales de la recepción del *Quijote* de 1605, subrayando la buena acogida general por parte del público lector, sin ocultar, empero, las críticas: los protagonistas reciben demasiados palos, el libro contiene relatos secundarios sin conexión alguna con la trama principal y, además, por si fuera poco, en él no se cuenta el uso de los cien escudos hallados por Sancho en Sierra Morena ni las circunstancias del robo y la reaparición del rucio (II, 3-4). En la respuesta de Cervantes a estas críticas de los lectores se verán implicadas varias instancias de diferentes niveles del relato o, dicho con la jerga que hoy me domina, varios elementos pertenecientes a diversos microsistemas jerarquizados entre sí. En corto y por derecho, Cervantes decide responder con palabras de Sancho a los dos últimos reparos, y reducir el número y el tamaño de los relatos secundarios para solventar su dificultad de ensamblado en el principal, atribuyendo la decisión a Cide Hamete, el autor ficticio (II, 44). Para resolver la cuestión del exceso de violencia como solución a las situaciones de conflicto, la operación será un poco más complicada.

La decisión de acoger en el mundo de la ficción las reacciones de los lectores reales y adecuar el nuevo texto a ello, como era fácil de prever, modifica el macrosistema narrativo en todos sus niveles. Empezando por los componentes más íntimos de la personalidad de los protagonistas; el doble conjunto de semas en equilibrio que garantizaba la relación entre ambos se modifica en las proporciones y se enriquece con nuevas adquisiciones. Mientras espera que Sancho vuelva con Sansón Carrasco, don Quijote se enfrenta a la imagen de sí mismo en el libro publicado, o mejor, a sus conjeturas solitarias sobre ella. El reflejo imaginado de su persona en las páginas de 1605, la contraposición de la percepción que tiene de sí mismo en el presente, y de sus hazañas y comportamientos en el pasado, con las dudas acerca de su tratamiento en manos ajenas le otorga una conciencia de sí, surgida de la escisión del yo del resto del yo (Freud 1978: 235), que hasta entonces no poseía: la de saberse objetivado en la mente de un autor y en las apreciaciones de unos lectores; ya no es solo lo que es y lo que quiere ser, sino también lo que los otros creen que es.

En la discusión con el estudiante de Salamanca los dos errantes argumentan en pro de la cohesión del libro de diez años antes, justificando y explicando el descuido del burro, y proponiendo conceptos como el de poesía e historia como parámetro de comprensión del texto:

> —Con todo eso —respondió el bachiller—, dicen algunos que han leído la historia que se holgaran se les hubiera olvidado a los autores della algunos de los infinitos palos que en diferentes encuentros dieron al señor don Quijote.
> —Ahí entra la verdad de la historia —dijo Sancho.
> —También pudieran callarlos por equidad —dijo don Quijote—, pues las acciones que ni mudan ni alteran la verdad de la historia no hay para qué escribirlas, si han de redundar en menosprecio del señor de la historia. A fee que no fue tan piadoso Eneas como Virgilio le pinta, ni tan prudente Ulises como le describe Homero.
> —Así es —replicó Sansón—, pero uno es escribir como poeta y otro como historiador: el poeta puede contar, o cantar las cosas, no como fueron, sino como debían ser; y el historiador las ha de escribir, no como debían ser, sino como fueron, sin añadir ni quitar a la verdad cosa alguna (II, 3).

Se comportan en esto no como personajes del libro, sino como si fueran sus prologuistas; se salen de la trama para situarse en un punto de observación elevado y transmitir al lector unas instrucciones de lectura (Genette 2001: 168) y una posible clave de interpretación del texto. Su autoconciencia los ha dotado de una función añadida, la *función prologal*, que ejercerán puntualmente en otros momentos del libro de 1615, sobre todo cuando les toque defender la autoría cervantina frente al apócrifo, como no tardaremos en ver.

La autoconciencia desplaza la línea de equilibrio en los dos sistemas oximóricos hacia el polo de la inteligencia; esto explica que, en la segunda parte, don Quijote ya no vea la realidad transformada según el modelo caballeresco y Sancho se haga más independiente de su amo. A partir del encuentro con Sansón Carrasco, el escudero demostrará una agudeza superior a la de la primera parte; lo hará con su dominio del lenguaje en el diálogo con su mujer (II, 10) y con su dominio del código caballeresco en el episodio del encantamiento de Dulcinea (II, 10), engendrado, por cierto, en un momento de soliloquio que difícilmente se hubiera podido dar en 1605, sin la iniciación a los secretos de la autoconsciencia derivados del saberse personaje de un libro ya publicado.

10.6. Autoorganización del sistema

Los microsistemas de atributos de un personaje, al confrontarse con los de los demás, dan lugar a diálogos o a acciones y de ahí surgen los diferentes episodios de una novela; más aún, según que predominen unos u otras, se irá configurando un determinado modelo narrativo más centrado en los hechos, como podría ser el *Quijote* de 1605 —por más que la conversación entre don Quijote y Sancho parezca constante— o bien más proclive a la confrontación dialéctica de visiones del mundo, con derivaciones hacia una variedad enciclopédica de argumentos, y este sería el caso del *Quijote* de 1615. Así pues, un elemento del nivel inferior en la jerarquía de sistemas de una narración, un atributo de un personaje, en contraste con su opuesto de otro, tiene la potestad de originar un episodio, elemento narrativo de nivel superior, e incluso todo un conjunto de episodios, propios de un modelo concreto de relato —y estamos en un nivel aún superior— que puede definir el subgénero narrativo del texto. En el caso específico, la autoconciencia de los personajes hace que la balanza del oxímoron penda hacia el lado racional, lo cual evitará que don Quijote vea el mundo deformado por su filtro caballeresco y Sancho solo capte una realidad interesada; como consecuencia de ello, habida cuenta también de la aumenta-da capacidad discursiva de ambos, las aventuras raramente se concluirán con una escena violenta, como en la primera parte, cuando la deformación quijotesca de la realidad provocaba el conflicto, sino que tenderán a la elaboración de sus significados por medio del diálogo entre los personajes.

La inteligencia aumentada del Sancho autoconsciente de 1615 le permite convencer a don Quijote de que Dulcinea está encantada, lo recordaba hace un momento, aunque este no vea más que una burda campesina (II, 10). En este temprano episodio de la segunda parte, tenemos la pauta para muchos otros; parecen cortados por el mismo patrón —un patrón que presenta a don Quijote una realidad ya manipulada según el canon caballeresco—, la aventura del carro de la Muerte, la doncella, un caballero y el Diablo, que luego se revelarán actores de una compañía teatral (II, 11); la batalla contra el Caballero del Bosque y luego el de la Blanca Luna, disfraces bajo los que se oculta Sansón Carrasco (II, 12-16 y 66); y casi todas las burlas del palacio de los duques en las que la constante es siempre la misma: un grupo de figurantes vestidos de personajes caballerescos propone a don Quijote y Sancho una trama preconcebida, como en el cortejo de Merlín (II, 34-35), la farsa de la dueña Dolorida (II, 36) con vuelo en Clavileño incluido (II, 40), los amores de Altisidora (II, 44), el combate contra Tosilos (II, 56), etc.

De este modo, Cervantes ha conseguido dar respuesta a la tercera crítica que le hacían los lectores de 1605, transformando el sistema desde dentro, sobre la base de su capacidad de adaptación a los estímulos externos, para evitar que los personajes sean frecuentemente apaleados.

El impacto producido por un elemento externo como es la publicación del libro de 1605 en el nivel más bajo del sistema narrativo, el de los semas constitutivos de la personalidad de los protagonistas, ha creado un nuevo equilibrio del que ha surgido un nuevo modelo de episodios y de ahí un subgénero narrativo diferente, más influido por las fiestas y las representaciones cortesanas, como las que podemos ver en el palacio de los duques; no en balde la crítica ha subrayado en diferentes ocasiones la teatralidad intrínseca en muchas de las escenas de la segunda parte (Eximeno y Pujades 1806: 86; Togeby 1957: 47, 62; Díaz-Plaja 1977: 81-162; Syverson-Stork 1986; Martín Morán 1986). La modificación del equilibrio en un nivel inferior altera el del inmediatamente superior y así sucesivamente, hasta producir un nuevo equilibrio homeostático del conjunto. Estamos ante un claro ejemplo de autoorganización de los sistemas (Resnick 2001: 199), como efecto de su capacidad de resiliencia en respuesta a un trauma exterior.

10.7. Estrategias de estabilidad

El conjunto de microsistemas en diferentes niveles y sus interacciones del mundo narrativo de 1615 parece bastante coherente en sí mismo, pero Cervantes tenía que conseguir que lo fuera también con el de 1605, so pena de socavar su autenticidad a los ojos del lector. Así que, además de conseguir que los elementos fueran funcionales en el equilibrio del nuevo sistema, Cervantes tenía que hacer que se los viera como una evolución de los primigenios y no como su transformación radical. En ese sentido, el repentino cambio de Sancho, con ser una transformación necesaria para desmontar el mecanismo de la violencia como resorte final de los conflictos, podría haber hecho de él un personaje irreconocible para los lectores de la primera parte; su capacidad de acción en situaciones diferentes a las de 1605 exigía explicaciones, que puntualmente llegarán para cada una de las infracciones al equilibrio de sus atributos de antaño; su registro lingüístico elevado es justificado por Teresa, su mujer, por su asiduidad con don Quijote (II, 5), con estas palabras: «Mirad, Sancho —replicó Teresa—: después que os hicistes miembro de caballero andante habláis de tan rodeada manera que no hay quien os entienda» (II, 5).

El propio don Quijote parece estar de acuerdo con Teresa: «Nunca te he oído hablar, Sancho —dijo don Quijote—, tan elegantemente como ahora, por donde vengo a conocer ser verdad el refrán que tú algunas veces sueles decir: "No con quien naces, sino con quien paces"» (II, 66).

Y, antes aún, había sido el propio Sancho el que había reconocido el ascendente intelectual de su amo sobre él:

> —Cada día, Sancho —dijo don Quijote—, te vas haciendo menos simple y más discreto.
> —Sí, que algo se me ha de pegar de la discreción de vuesa merced —respondió Sancho—.
> [...] Riose don Quijote de las afectadas razones de Sancho, y pareciole ser verdad lo que decía de su emienda, porque de cuando en cuando hablaba de manera que le admiraba (II, 12).

El capítulo II, 5 en que Sancho habla «de rodeada manera» es considerado apócrifo por el ficticio traductor del manuscrito de Cide Hamete, precisamente por la pericia lingüística del escudero; es decir, el traductor —evidentemente un buen conocedor de la lógica de los conjuntos— reconoce como ajeno al sistema de la personalidad del rústico tanta propiedad de lenguaje. Sancho habla con palabras y acentos más propios de su amo, como parece sugerir su mujer cuando achaca su estrambótica forma de hablar al hecho de que es «miembro de caballero andante». En efecto, en esas circunstancias, Sancho asume funciones propias de don Quijote, como la del «reprochador de voquibles» que él tantas veces ha sufrido en su propia piel por el prurito purista del caballero y que ahora él mismo, inmisericorde desmemoriado, practica con los gazapos de su mujer:

> —Yo no os entiendo, marido —replicó Teresa—: haced lo que quisiéredes, y no me quebréis más la cabeza con vuestras arengas y retóricas. Y si estáis revuelto en hacer lo que decís...

—*Resuelto* has de decir, mujer —dijo Sancho—, y no *revuelto* (II, 5).

El desarrollo del polo positivo del oxímoron sanchesco ha llegado hasta tal punto con la autoorganización del sistema, que el labrador ignorante puede incluso sustituir a su señor en una de sus funciones. Y eso es lo que sucede también, de algún modo, en el episodio del encantamiento de Dulcinea, donde el Sancho 2.0 invierte los papeles y convence a don Quijote de que por allí andan los encantadores.

En la ínsula, el mayordomo que tenía la misión de montar las burlas provocantes a risa postal de los duques se ve obligado a constatar el notable cambio de Sancho:

—Dice tanto vuesa merced, señor gobernador —dijo el mayordomo—, que estoy admirado de ver que un hombre tan sin letras como vuesa merced, que a lo que creo no tiene ninguna, diga tales y tantas cosas llenas de sentencias y de avisos, tan fuera de todo aquello que del ingenio de vuesa merced esperaban los que nos enviaron y los que aquí venimos. Cada día se veen cosas nuevas en el mundo: las burlas se vuelven en veras y los burladores se hallan burlados (II, 49).

La comparación entre el Sancho de antes y el de ahora, hecha ante el poderoso gobernador Sancho Panza, podría haber sido tomada por ofensa por este, sino incluso por delación de las verdaderas intenciones de sus señores los duques, los «burladores» de la cita; de ahí que resulte improcedente y fuera del decoro debido al personaje del secretario, al que se supone muy ducho en materia de etiqueta cortesana. Se trata, en realidad, de una de esas intervenciones extemporáneas de un interlocutor de Sancho, para motivar, desde el punto de vista de la verosimilitud, la transformación que se ha operado en su capacidad de actuación.

También los cambios de don Quijote son motivados por los demás personajes; concretamente es Sancho quien hace que sus nuevas dotes discursivas con tendencia al enciclopedismo y su mayor lucidez reciban una explicación que las haga aceptables por parte del lector:

> —Este mi amo, cuando yo hablo cosas de meollo y de sustancia suele decir que podría yo tomar un púlpito en las manos y irme por ese mundo adelante predicando lindezas; y yo digo dél que cuando comienza a enhilar sentencias y a dar consejos, no solo puede tomar púlpito en las manos, sino dos en cada dedo, y andarse por esas plazas a ¿qué quieres boca? ¡Válate el diablo por caballero andante, que tantas cosas sabes! Yo pensaba en mi ánima que solo podía saber aquello que tocaba a sus caballerías, pero no hay cosa donde no pique y deje de meter su cucharada (II, 22).

La confesión final de Sancho sobre la sorpresa que experimenta al ver el amplio espectro de temas que su amo puede abordar revela la función para el sistema que su parlamento cumple: el don Quijote de 1605 corresponde, en efecto, a esa idea de Sancho –«solo podía saber aquello que tocaba a sus caballerías»–; la maravilla actual del escudero justifica el cambio, lo explica y lo hace aceptable para el lector como lógico en el microsistema reorganizado del personaje.

Este nuevo carácter enciclopédico del hidalgo orate, por cierto, va a permitirle ocupar el nicho ecológico, perdón, el ámbito semántico que ha quedado despoblado tras la renuncia a interpolar novelas secundarias en la segunda parte. En ellas, el autor ofrecía al lector unas tramas centradas en los temas que no podía tratar en la historia principal, como el amor, el cautiverio, los choques interculturales, etc. La ampliación de funciones de don Quijote sirve para garantizar la riqueza del sistema y la variedad de ambientes semánticos que lo pueblan.

Toda una serie de infracciones al equilibrio homeostático del relato por parte de un personaje son subsanadas por
las intervenciones de los otros o por el aparato enunciativo.
Cervantes ha distribuido una nueva función, la de *reparadores
de la estabilidad del sistema*, a varios personajes que la desempeñan integrando en la lógica del relato las infracciones de los
demás. Es un procedimiento del que Cervantes ya había echa-
do mano en la segunda salida de don Quijote para subsanar
algunos evidentes descuidos del texto, que podían presentarse
como una incompatibilidad entre dos elementos diegéticos; por
ejemplo, entre un poema insertado, la *Canción desesperada* de
Grisóstomo, y su contexto narrativo; en la *Canción*, Grisóstomo se queja de celos y de ausencia, pero nunca Marcela le
había dado motivos ni para lo uno ni para lo otro; así lo hace
constar Vivaldo después de dar lectura a los versos del suicida; Ambrosio, el compañero del finado, explica que los dos
sentimientos nacían de una suerte de experimento fallido que
Grisóstomo había querido hacer y que había que considerarlos
poco menos que como una licencia poética (I, 14). Otro descuido corregido con una intervención *a posteriori* de uno de los
personajes implicados en la escena es el de la bacía, primero
irreparablemente rota contra el suelo por el estudiante (I, 22)
y poco después restaurada por la magia de la palabra de don
Quijote, al reclamársela a Sancho con la explicación de lo sucedido: «Sancho, ¿traes bien guardado el yelmo de Mambrino,
que ya vi que le alzaste del suelo cuando aquel desagradecido
le quiso hacer pedazos pero no pudo, donde se puede echar de
ver la fineza de su temple?» (I, 25).

Ambrosio y don Quijote reparan las costuras del texto y
devuelven su funcionalidad a los elementos del sistema que
la habían perdido. Es la misma operación que los estimadores
del nuevo rumbo de don Quijote y Sancho cumplen cuando
aseguran que se trata de una evolución sobre la base caracterial
primigenia. La novedad ahora es que el mismo procedimiento de bricolaje textual es usado para reparar la incongruencia

entre la personalidad de los protagonistas de 1615 con la de 1605 y así ir construyendo el macrosistema de las dos partes unidas en una sola obra.

El bricolaje textual que repara los descosidos del texto debería ser una función del narrador; en el caso del yelmo, bastaría haber presentado la acción del estudiante de otro modo o bien haber retomado en un segundo momento el episodio y haber corregido sus resultados. Lo mismo cabría decir para la canción de Grisóstomo; no debería haber sido muy difícil para Cervantes sustituir los versos del poema incongruentes con la situación, para que su inclusión en el texto no resultara improcedente. La pretendida evolución de Sancho y don Quijote también podían haber sido presentadas por el narrador directamente, sin la intervención de los personajes. En cambio, el autor despoja de un cometido estructural a su narrador para trasladárselo a los personajes, aumentando así el número de funciones de cada elemento y el número de elementos capaces de desempeñar esa función; como resultado de esta operación, la capacidad de resiliencia del conjunto frente a las posibles agresiones externas resulta potenciada, si tiene razón Mazur (2013: 358) cuando afirma que los sistemas con mayor número de componentes y funciones poseen una mayor capacidad de resiliencia.

10.8. El meteorito Avellaneda y la extinción del *Quijote*

En una venta, de camino a Zaragoza, don Quijote y Sancho encuentran a dos viajeros que les ponen en las manos un libro —otro más— que cuenta sus aventuras: se trata de la continuación apócrifa de Avellaneda (II, 59). A partir de entonces, una legión de personajes se lanzará a defender los derechos de autor de Cervantes; algunos, como la pareja protagonista (II, 59; y luego aún en II, 62; II, 72; II, 74), Altisidora (II, 70) y el cura (II, 74), ya operativos en la trama; otros, recién llegados, también echan su cuarto a espadas, como don Antonio Moreno (II, 71); otros aún, don Luis y don Jerónimo (II, 59), los viajeros portadores de la noticia, son creados *ex profeso* para ese papel; y uno, Álvaro Tarfe (II, 72), es sustraído al tordesillesco autor, en aplicación de la ley del Talión, para que certifique, ante secretario de ayuntamiento, que el verdadero don Quijote es el de Cervantes, él que conoce como nadie al de Avellaneda, siendo como es su mentor; y ya para concluir, en un *crescendo* de importancia de las entidades ficticias implicadas en el asunto, será el propio Cide Hamete (II, 74) el que se pronuncie en contra del plagiario y en defensa del *copyright* cervantino; pero no profundizaré en estos temas, puesto que ya me he ocupado de ellos en otro lugar (Martín Morán 2016a).

Ese empeño colectivo en pro de la autoría cervantina contamina al narrador, cuando consiente a don Quijote que desmienta el plan narrativo autorizado y avalado por documentos de los que queda constancia en el final de la primera parte, y renuncie a ir a Zaragoza, meta obsesiva de toda la segunda parte hasta este momento del relato, solo para sacar mentiroso a Avellaneda (II, 59). Una simple información de don Juan y don Jerónimo, un elemento que se hubiera podido quedar en el nivel de las relaciones semánticas entre los personajes, trasciende ese nivel de aplicación y origina una serie de episodios que solo tienen la función de celebrar la gloria literaria del don Quijote de Cervantes; las consecuencias de la operación serán de cierta envergadura: el modelo de episodio anterior apuntaba hacia la burla inclusiva del caballero y el escudero, como en el palacio de los duques; a partir de entonces, el objetivo de los varios encuentros, sin abandonar del todo el de la burla inclusiva, será el reconocimiento de la identidad entre la pareja de protagonistas de 1615 y la de 1605; a un nivel aún superior, por decisión de un personaje, se modifica el plan narrativo previsto diez años antes y se cancela la visita a Zaragoza, el único episodio de la segunda parte previsto en la primera. El trauma de la existencia de una continuación apócrifa ha exigido la autoorganización del sistema, mediante un conjunto de reacciones en diferentes niveles, con repercusiones en los niveles inmediatamente superiores, hasta dar lugar a una nueva forma de equilibrio homeostático, con un solo objetivo: reivindicar los derechos de autor de Cervantes.

La constitución de la comunidad anti-Avellaneda ha enriquecido notablemente la biodiversidad del sistema, con la inclusión de nuevos elementos venidos de ámbitos distintos: personajes reutilizados para la ocasión (Altisidora, los protagonistas, el cura), otros inventados *ad hoc* (don Juan y don Jerónimo), uno sustraído al falsario (Álvaro Tarfe) y por último instancias de niveles narrativos superiores (Cide Hamete, el narrador) que intervienen en el discurso. Es conocido en los estudios ecológicos el papel que cumple la biodiversidad en la autoorganización de los sistemas en términos de absorción de los efectos del trauma y construcción de un nuevo equilibrio homeostático (Folke 2006: 257-258), así como sus potencialidades en la afirmación de la estabilidad del sistema y la potenciación de su capacidad de resiliencia (Tilman 1996); evidentemente, Cervantes, ante la tesitura de dar una respuesta a su imitador, supo servirse de las estrategias sistémicas más adecuadas.

10.9. Redundancia

Todos estos personajes abandonan por un momento sus funciones específicas y asumen como propia la defensa de la autenticidad de los don Quijote y Sancho que tienen delante, frente a los del apócrifo. Nada les iba a ellos en la contienda y, sin embargo, toman posición en favor de quien les dio vida, así sea ficticia, reincidiendo todos, en momentos diferentes, en la misma función; la cual, por cierto, en nada se diferencia de la *función prologal* que ya atribuíamos a don Quijote y Sancho en sus apostillas en 1615 al libro de 1605. La constitución de una comunidad que reacciona de modo uniforme contra una agresión exterior ha sido vista como una estrategia resiliente en comunidades humanas por Tobim y Whiteford (2002), es decir, como una forma de salvaguardia del sistema, su equilibrio y su funcionalidad, tras la experiencia del trauma.

La defensa de los derechos de propiedad intelectual de Cervantes le correspondía a él mismo y no a sus personajes, tal vez desde el prólogo, donde, en efecto, puntualmente la ejerce: «Quisieras tú [lector] que lo diera del asno [a Avellaneda], del mentecato y del atrevido, pero no me pasa por el pensamiento: castíguele su pecado, con su pan se lo coma y allá se lo haya» (II, prólogo).

Desde el punto de vista de la estabilidad del sistema, no deja de ser un enorme lujo el que se concede el autor al confiar una sola función a tantos elementos; es lo que en la teoría de los sistemas se conoce como *redundancia* (Folke 2006: 258), una característica que garantiza una mayor resiliencia al conjunto, pues consiente la sustitución de un elemento en caso de que su funcionalidad haya sido comprometida por el estrés traumático, pero que a la vez lo empobrece, pues dificulta el desarrollo de otras funciones. Las investigaciones sobre la redundancia en los ecosistemas han llegado a la conclusión de que, si en determinados estadios puede ser una característica innecesaria, se convierte en un aspecto crucial para la reorganización del conjunto después de un evento traumático (Folke, 2006: 258); y eso es lo que me parece a mí que queda bien patente en el caso de la cuarta fase del equilibrio homeostático del relato del *Quijote*.

Otra estrategia encaminada a generar estabilidad en un sistema que evidentemente se percibe como tendente a la dispersión, con muchos personajes, varias tramas secundarias y, en consecuencia, muchas funciones divergentes respecto a las líneas de cohesión, es la de reutilizar a algunos personajes para la introducción de otros nuevos; de tal suerte, se crea un vínculo entre ellos y sus tramas que reduce la dispersión de la energía funcional en el conjunto. Ricote, después de haber contado su expulsión de España junto a todos los moriscos (II, 54), reaparece como padre de Ana Félix (II, 65); el galeote Ginés de Pasamonte (I, 22) vuelve con un parche en el ojo como Maese Pedro (II, 25-27) y el bandolero Roque Guinart envía una carta a su amigo Antonio Moreno (II, 60) a Barcelona, pidiéndole que acoja a don Quijote en su casa (II, 62). La estabilidad queda así garantizada por la inclusión de los episodios en la línea principal de significados; era esta la exigencia estructural cervantina para 1615, tras las críticas por las interpolaciones impertinentes de 1605, como se encarga de aclarar Cide Hamete a la altura del capítulo II, 44, donde pide alabanzas por lo que deja de decir, ya que se va a limitar a contar episodios secundarios en los que don Quijote tenga un papel y que además sean breves.

10.10. Conclusión

Sancho y sus transformaciones nos han ofrecido una senda por la que adentrarnos en la lógica de los sistemas narrativos del *Quijote*. Hemos podido constatar que lo que, según la interpretación de los *quijotizantes*, era una evolución de Sancho por influjo de su amo, en realidad, parece responder a los efectos de la autoorganización del relato inducida por la acción de un elemento externo. En los cuatro diferentes estadios del sistema narrativo del *Quijote*, las funciones de los diferentes microsistemas y sus respectivos equilibrios internos han cambiado para adecuarse a la nueva situación. En el segundo, Sancho ha sido el vector que ha producido el trauma, con su apropiación de las funciones ajenas, como una especie invasora en un ecosistema equilibrado; en el tercero y el cuarto, que son los estadios en los que la supuesta evolución de Sancho se hace evidente, los cambios en su personalidad responden a un proceso general de reorganización del relato, a raíz de la inclusión en el mismo de dos cataclismos que se han producido en el campo literario, tras la publicación del libro de 1605: las críticas de los lectores del libro y la aparición de la continuación apócrifa de Avellaneda.

La aplicación de una perspectiva sistémica al análisis de las variaciones narrativas del *Quijote* en los diferentes niveles de su estructura (formación de los personajes, interacción entre ellos, funciones de los personajes y del narrador, modelo de episodio, subgénero narrativo, relación con el campo literario) nos ha permitido comprender mejor la dependencia del medio externo de ciertos fenómenos que antes se veían solo, en una lógica inmanentista, como determinados por la atracción o repulsión de los elementos en el texto. Esta capacidad de autoorganización y resiliencia del *Quijote* frente a estímulos externos se convertirá, andando el tiempo, en uno de los marcadores genéticos del género de la novela moderna, cuya variabilidad estructural a lo largo de su breve historia se explica gracias a la asimilación de la lección cervantina.

Bibliografía citada

Alonso, Dámaso, «Sancho-Quijote; Sancho-Sancho», en D. Alonso, *Del Siglo de Oro a este siglo de siglas*, Gredos, Madrid, 1962, pp. 9-19.

Alter, Robert, *Partial Magic: The Novel as a Self-Conscious Genre*, University of California Press, Berkeley, 1975.

Álvarez Amell, Diana, «La historia de Cardenio: la parodia de una alegoría», en *Actas del III Coloquio Internacional de la Asociación de Cervantistas*, Anthropos, Barcelona, 1993, pp. 381-388.

Aristóteles, *Poética*, ed. V. García Yerba, Gredos, Madrid, 1974.

Asch, Solomon, «Fuerzas de grupo en la modificación y distorsión de juicios», en *Estudios básicos de psicología social*, ed. J. R. Torregrosa y E. Crespo, Hora-CIS, Barcelona, 1984, pp. 351-364.

Åström, Karl Johan y Richard M. Murray, *Feedback Systems: An Introduction for Scientists and Engineers*, Princeton University Press, Princeton, 2008.

Auerbach, Erich, *Mimesis: La representación de la realidad en la literatura occidental*, 2 vol., Fondo de Cultura Económica, México, 1996.

Augé, Marc, *Los «no lugares». Espacios del anonimato. Una antropología de la sobremodernidad*, Gedisa, Barcelona, 1993.

—, «Naturaleza, cultura y paisaje», *Revista Colombiana de Antropología*, 49-2 (2013), pp. 223-238.

Bajtín, Mijaíl M., *Problemas de la poética de Dostoievski*, Fondo de Cultura Económica, México, 1986.

—, *Teoría y estética de la novela*, Taurus, Madrid, 1989.

—, *Estética de la creación verbal*, Siglo XXI, Buenos Aires, 1990.

—, *La cultura popular en la Edad Media y el Renacimiento. El contexto de François Rabelais*, Alianza editorial, Madrid, 2003.

Banco de imágenes del «Quijote»: 1605-1905, dir. José Manuel Lucía Megías, https://www.cervantesvirtual.com/portales/quijote_banco_imagenes_qbi/.

Bandera, Cesáreo, *Mimesis conflictiva. Ficción literaria y violencia en Cervantes y Calderón*, Gredos, Madrid, 1974.

Baquero Escudero, Ana Luisa, *La intercalación de historias en la narrativa de Cervantes*, Academia del Hispanismo, Vigo, 2013.

Bargalló Carraté, Juan, «Hacia una tipología del doble: el doble por fusión, por fisión o por metamorfosis», en *Identidad y alteridad: una aproximación al tema del doble*, ed. J. Bargalló Carreté, Alfar, Sevilla, pp. 11-26.

Barthes, Roland, «El teatro griego», en R. Barthes, *Lo obvio y lo obtuso. Imágenes, gestos, voces*, Paidós, Barcelona, 1986, pp. 69-92.

—, *S/ Z*, Siglo XXI, Buenos Aires, 2004.

Benjamin, Walter, «Sobre algunos temas en Baudelaire», en W. Benjamin, *Iluminaciones II*, Taurus, Madrid, 1972, pp. 123-170.

Bergson, Henri, *La risa: ensayo sobre la significación de lo cómico*, Espasa-Calpe, Madrid, 1973.

Bettini, Maurizio, «Sosia e il suo sosia: pensare il doppio a Roma», en Plauto, *Anfitrione*, ed. R. Oniga, Marsilio, Padova, 1991, pp. 9-51.

—, *La maschera, il doppio e il ritratto*, Laterza, Bari, 1991.

Bonet, Laureano, *Literatura, regionalismo y lucha de clases (Galdós, Pereda, Narcís Oller y Ramón D. Perés)*, Publicacions i Edicions de la Universitat de Barcelona, Barcelona, 1983.

Bordas, Eulogio, «Hacia el turismo de la sociedad de ensueño: nuevas necesidades de mercado», Universitat Oberta de Catalunya, 2003, https://www.uoc.edu/dt/20219/.

Bourdieu, Pierre, *Les règles de l'art. Genèse et structure du champ littéraire*, Seuil, Paris, 1992.

Brioso Sánchez, Máximo, «Algunas observaciones sobre el mensajero en el teatro ático clásico», en *Koinòs Lógos. Homenaje al profesor José García López*, ed. E. Calderón Dorda *et al.*, Universidad de Murcia - Servicio de Publicaciones, Murcia, 2006, vol. I, pp. 111-119.

Bühler, Karl, *Teoría del lenguaje*, Alianza, Madrid, 1979.

Calabrò, Giovanna, «Cervantes, Avellaneda y Don Quijote», *Anales Cervantinos*, XXV-VI (1987-1988), pp. 87-100.

Canavaggio, Jean, *Don Quijote, del libro al mito*, Espasa, Madrid, 2006.

Canetti, Elias, *Masa y poder*, Muchnik, Barcelona, 1981.

Castiglione, Baldassare, *El Cortesano*, trad. J. Boscán, ed. M. Pozzi, Cátedra, Madrid, 1994.

—, *Il Libro del Cortegiano*, ed. G. Preti, Einaudi, Torino, 1965.

Castoldi, Alberto, «Per una definizione del doppio», *Il confronto letterario*, 16 (1991), pp. 251-263.

Castro, Américo, *El pensamiento de Cervantes*, Hernando, Madrid, 1925.

—, «La estructura del *Quijote*», en A. Castro, *Hacia Cervantes*, Taurus, Madrid, 1957, pp. 241-265.

—, *De la edad conflictiva. Crisis de la cultura española en el siglo XVII*, Taurus, Madrid, 1961.

—, «Cervantes y el *Quijote* a nueva luz», en A. Castro, *Cervantes y los casticismos españoles*, Alfaguara, Madrid / Barcelona, 1966, pp. 1-183.

—, «El cómo y el porqué de Cide Hamete Benengeli», en A. Castro, *Hacia Cervantes*, Taurus, Madrid, 1967, pp. 409-419.

Cavallari, Giorgio, «Il Doppio e lo sviluppo della coscienza», en AA. VV., *Il doppio: psicanalisi del compagno segreto*, Red, Como, 1990, pp. 75-84.

Cerezo Galán, Pedro, «Sentido y formas del diálogo cervantino en *El Quijote* (en homenaje a Cervantes en el IV Centenario de *El Quijote*)», *Anales de la Real Academia de Ciencias Morales y Políticas*, 83 (2006), pp. 259-296.

Cervantes Saavedra, Miguel de, *El ingenioso hidalgo don Quijote de la Mancha*, ed. F. Rico, Instituto Cervantes / Crítica, Barcelona, 1998.

—, *Los trabajos de Persiles y Sigismunda*, ed. C. Romero Muñoz, Cátedra, Madrid, 2002.

—, *Viaje del Parnaso*, en *Poesías*, ed. A. Sáez, Cátedra, Madrid, 2016, pp. 263-408.

—, *El ingenioso hidalgo don Quijote de la Mancha*, ed. F. Rico, Instituto Cervantes, http://cvc.cervantes.es/literatura/clasicos/quijote/.

Close, Anthony, «¿Cómo se debe remunerar a un escudero, a salario o a merced?: La cuestión del realismo del *Quijote*», en *Silva. Studia philologica in honorem Isaías Lerner*, ed. I. Lozano Renieblas y J. Carlos Mercado, Castalia, Madrid, 2001, pp. 153–165.

Cotarelo Valledor, Armando, *Padrón literario de Miguel de Cervantes*, Magisterio Español, Madrid, 1948.

Deleuze, Gilles, *Logique du sens*, Minuit, Paris, 1969.

— y Félix Guattari, *El anti-Edipo*, Paidós, Barcelona, 1984.

Di Gregorio, Lamberto, *Le scene d'annuncio nella tragedia greca*, Vita e Pensiero, Milano, 1967.

Díaz-Plaja, Guillermo, *En torno a Cervantes*, Ediciones Universidad de Navarra, Pamplona, 1977.

Díez Borque, José María, «Aproximación semiológica a la escena del teatro del Siglo de Oro español», en *Semiología del teatro*, ed. J. M.ª Díez Borque y L. García Lorenzo, Planeta, Barcelona, 1975, pp. 49-92.

Doležel, Lubomir, «Le triangle du double. Un champ thématique», *Poétique*, XVI-64 (1985), pp. 463-472.

—, «Una semántica para la temática: el caso del doble», en D. Lubomir, *Estudios de poética y teoría de la ficción*, Universidad de Murcia, Murcia, 1999, pp. 159-175.

Dotras Bravo, Alexia, *Los trabajos cervantinos de Salvador de Madariaga. Historia de una idea doble: sanchificación y quijotización*, Centro de Estudios Cervantinos, Alcalá de Henares, 2008.

Durán, Manuel, «El *Quijote* de Avellaneda», en *Suma cervantina*, ed. E. C. Riley y J. B. Avalle-Arce, Tamesis, London, 1973, pp. 357-376.

Egginton, William, «Intimacy and Anonymity, or How the Audience Became a Crowd», en *Crowds*, ed. J. T. Schnapp y M. Tiews, Stanford University Press, Stanford, 2007, pp. 97-110.

Endress, Heinz-Peter, «El fenómeno de lo colectivo en *La Numancia* de Cervantes», en *Comentarios a Cervantes. Actas del VIII Congreso Internacional de la Asociación de Cervantistas*, ed. E. Martínez Mata y M. Fernández Ferreiro, Fundación María Cristina Masaveu Peterson, Madrid, 2014, pp. 958-962.

Eximeno y Pujades, Antonio, *Apología de Miguel de Cervantes sobre los yerros que se han notado en el Quixote*, Imprenta de la Administración del Real Arbitrio, Madrid, 1806.

Fajardo, Salvador J., «Narración e identidad: el caso de Cardenio», en *Cervantes y su mundo II*, ed. K. Reichenberger y D. Fernández-Morera, Reichenberger, Kassel, 2005, pp. 139-156.

Fernández de Avellaneda, Alonso, *El ingenioso hidalgo don Quijote de la Mancha*, ed. L. Gómez Canseco, Biblioteca Nueva, Madrid, 2000.

Fernández-Morera, Darío, «Una aproximación jungiana a la dualidad del *Quijote*», en *Actas del XI Congreso de la Asociación Internacional de Hispanistas*, ed. J. Villegas, University of California, Irvine, 1994, vol. V, pp. 170-177.

Fine, Ruth, «De la polinomasia a la heteronimia: las vicisitudes del nombre en el *Quijote*», en *El ingenioso hidalgo. Estudios en homenaje a Anthony Close*, ed. R. Cacho Casal, Centro de Estudios Cervantinos, Madrid, 2009, pp. 113-126.

Folke, Carl, «Resilience: The Emergence of a Perspective for Social-Ecological Systems Analysis», *Global Environmental Change*, 16 (2006), pp. 253–267, https://doi.org/10.1016/j.gloenvcha.2006.04.002.

Foucault, Michel, *Tecnologías del yo y otros textos afines*, Paidós Ibérica, Barcelona, 1990.

Freud, Sigmund, *Lo ominoso*, en S. Freud, *Obras completas*, Amorrortu, Buenos Aires, 1978, vol. 17, pp. 215-251.

—, *Psicología de las masas y análisis del yo*, en S. Freud, *Obras completas*, Amorrortu, Buenos Aires, 1978, vol. 18, pp. 63-136.

Genette, Gérard, *Umbrales*, Siglo XXI, México, 2001.

Gherardi, Flavia, «*Un cuerpo parecemos y una vida*». *Doppie identità nella narrativa spagnola del Secolo d'Oro*, ETS, Pisa, 2007.

Gil Casado, Pablo, «La novela histórica española: *praxis* del personaje colectivo», *La Chispa'87: selected proceedings: the Eighth Louisiana Conference on Hispanic Languages and Literatures*, Tulane University, New Orleans, 1987, pp. 131-138.

Gilman, Stephen, *Cervantes y Avellaneda. Estudio de una imitación*, El Colegio de México, México, 1951.

Girard, René, *Mensonge romantique et vérité romanesque*, Grasset, Paris, 1961.

Gombrich, Ernst H., *Estudios sobre la función social del arte y la comunicación visual*, Fondo de Cultura Económica, México, 2003.

Gómez Canseco, Luis María, «La "comedia" de Avellaneda: algo más sobre las raíces dramáticas del *Quijote* apócrifo», en *El siglo de oro en escena. Homenaje a Marc Vitse*, ed. O. Gorsse y F. Serralta, PUM / Consejería de Educación de la Embajada de España en Francia, Toulouse, 2006, pp. 383-394.

Gómez-Moriana, Antonio, «Volviendo al protagonista colectivo en *Fuenteovejuna*», *Revista Canadiense de Estudios Hispánicos*, 25-1 (2000), pp. 67-78.

González Rovira, Javier, *La novela bizantina de la Edad de Oro*, Gredos, Madrid, 1996.

Gracián, Baltasar, *El Criticón*, ed. S. Alonso, Cátedra, Madrid, 2001.

Green, André, «La déliaison», *Littérature*, 3 (1971), pp. 33-52.

Habermas, Jurgen, *Historia y crítica de la opinión pública*, Gustavo Gili, Barcelona, 1999.

Hempel, Wido, «Sobre la técnica de representación de la muchedumbre en la literatura española (*Cantar de Mío Cid*, Cervantes, Galdós)», en *Actas del séptimo Congreso de la Asociación Internacional de Hispanistas*, ed. G. Bellini, Bulzoni, Roma, 1982, pp. 571-577.

Herrero García, Miguel, *Ideas de los españoles del siglo XVII*, Gredos, Madrid, 1966.

Iffland, James, *De fiestas y aguafiestas: risa, locura e ideología en Cervantes y Avellaneda*, Universidad de Navarra / Iberoamericana, Madrid, 1999.

Jakobson, Roman, «Sobre el realismo artístico», en *Teoría de la literatura de los formalistas rusos*, ed. T. Todorov, Siglo XXI, México, 1978, pp. 71-80.

Javaloy Mazón, Federico, Esteve Espelt y Álvaro Rodríguez Carballeira, «Comportamiento colectivo y movimientos sociales en la era global», en *Psicología social*, coord. J. F. Morales, E. Gaviria, M. C. Moya Morales, M. I. Cuadrado Guirado, Mc Graw Hill, España, 2007, pp. 641-691.

Jourde, Pierre y Paolo Tortonese, *Visages du double. Un thème littéraire*, Nathan, Paris, 1996.

Jung, Carl Gustav, *Tipos psicológicos*, 2 vol., Sudamericana, Buenos Aires, 1985.

Karttunen, Lauri, «Referenti testuali», en *La linguistica testuale*, ed. M. E. Conte, Feltrinelli, Milano, 1989, pp. 121-147.

Kirschner, Teresa J., *El protagonista colectivo en «Fuenteovejuna» de Lope de Vega*, Ediciones Universidad de Salamanca, Salamanca, 1979.

—, «Técnicas de representación de la multitud en el teatro de Lope de Vega», en *Actas del XI Congreso de la Asociación Internacional de Hispanistas*, ed. J. Villegas, University of California, Irvine, 1994, vol. 3, pp. 155-161.

Le Bon, Gustave, *Psychologie des foules*, Félix Alcan, Paris, 1895.

Lenaghan, Patrick, «"Retráteme el que quisiere pero no me maltrate". Un recorrido por la historia de la ilustración gráfica del *Quijote*», en P. Lenaghan, J. Blas y J. M. Matilla, *Imágenes del «Quijote». Modelos de representación en las ediciones de los siglos XVII a XIX*, Hispanic Society of America / Museo Nacional del Prado, Nueva York / Madrid, 2003a, pp. 15-43.

—, «Imágenes del *Quijote*. Catálogo», en P. Lenaghan, J. Blas y J. Mª. Matilla, *Imágenes del «Quijote». Modelos de representación en las ediciones de los siglos XVII a XIX*, Hispanic Society of America / Museo Nacional del Prado, Nueva York / Madrid, 2003b, pp. 119-128.

Leopardi, Giacomo, *Teorica delle arti, lettere ec. Parte pratica, storica ec.*, en *Zibaldone di pensieri. Edizione tematica stabilita sugli Indici leopardiani*, ed. F. Cacciapuoti, Donzelli, Roma, 2002, vol. V.

Lorca, Daniel, *Neo-Stoicism and Skepticism in Part One of «Don Quijote»: Removing the Authority of a Genre*, Lexington Books, Lanham / Boulder / New York / London, 2016.

Lucía Megías, José Manuel, «El *Quijote* en imágenes: un recorrido por la lectura coetánea», en *«No ha mucho tiempo que vivía...» De 2005 a «Don Quijote»*, ed. R. Alarcón Sierra, Universidad de Jaén, Jaén, 2005, pp. 457-530.

—, *Leer el «Quijote» en imágenes. Hacia una teoría de los modelos iconográficos*, Calambur, Madrid, 2006.

Lukács, György, *Teoría de la novela*, Godot, Buenos Aires, 2010.

Madariaga, Salvador de, *Guía del lector del «Quijote»*, Editorial Sudamericana, Buenos Aires, 1947.

Magalotti, Lorenzo, *Viaje de Cosme de Médicis por España y Portugal (1668-1669)*, ed. A. Sánchez Rivero y Λ. Mariutti de Sánchez Rivero, Centro de Estudios Históricos y Sucesores de Rivadeneyra, Madrid, 1933.

Maravall, José Antonio, *El humanismo de las armas en Don Quijote*, Instituto de Estudios Políticos, Madrid, 1948.

—, *La cultura del Barroco. Análisis de una estructura histórica*, Ariel, Barcelona, 1975.

Márquez Villanueva, Francisco, *Personajes y temas del «Quijote»*, Taurus, Madrid, 1975.

Martín Morán, José Manuel, «Los escenarios teatrales del *Quijote*», *Anales Cervantinos*, 24 (1986), pp. 27-46.

—, «Tópicos espaciales en los libros de caballerías», en *Symbolae Pisanae. Studi in onore di Guido Mancini*, ed. B. Periñán y F. Guazzelli, Giardini ed., Pisa, 1989, vol. II, pp. 365-383.

—, «Don Quijote está sanchificado; el des-sanchificador que lo re-quijotice...», *Bulletin hispanique*, 94-1 (1992), pp. 75-118.

—, «Autoridad y autoría en el *Quijote*», en *Siglo de Oro. Actas del IV Congreso Internacional de AISO*, ed. M. C. García de Enterría, Servicio de Publicaciones Universidad de Alcalá, Alcalá de Henares, 1998, pp. 1005-1016.

—, «La maleta de Cervantes», *Anales Cervantinos*, XXXV (1999), pp. 275-293.

—, «El salario de Sancho Panza: trasfondo político-literario de una reivindicación sindical», en *Modelos de vida en la España del Siglo de Oro*, coord. I. Arellano y M. Vitse, Iberoamericana / Vervuert, Madrid / Frankfurt, 2004, pp. 367-394.

—, «Reunión de narradores, autor muerto. Los tres sistemas enunciativos del *Quijote*», en *Releyendo el «Quijote», cuatrocientos años después*, ed. A. Redondo, Centro de Estudios Cervantinos / Presses de la Sorbonne Nouvelle, Alcalá de Henares, 2006, pp. 159-173.

—, «El género del *Persiles*», *Cervantes*, 28.2 (2008), pp. 173-193.

—, «El diálogo en el *Quijote*. Conflictos de competencia entre el narrador y los personajes», en *Comentarios a Cervantes. Actas del VIII Congreso Internacional de la Asociación de Cervantistas*, ed. E. Martínez Mata y M. Fernández Ferreiro, Fundación María Cristina Masaveu Peterson, Madrid, 2014, pp. 65-103.

—, «El *Quijote* de 1615. Un modelo de resiliencia para la novela moderna», *Criticón*, 127 (2016a), número monográfico *A vueltas con el «Quijote». 2015-2016: nuevos enfoques*, pp. 77-91.

—, «El diálogo en las dos segundas partes del *Quijote*», en *El otro «Don Quijote». La continuación de Fernández de Avellaneda y sus efectos, Mesa redonda*, ed. H. Ehrlicher, 33 (2016b), pp. 75-92.

—, «El personaje colectivo en los tres *Quijotes*», en *Cervantes plural: «Dom Quixote», «Novelas exemplares», «Persiles» e teatro*, ed. M. A. da Costa Vieira, Humanitas, São Paulo, 2019, pp. 41-66.

—, «El diálogo en *La Galatea*», *Anales Cervantinos*, 56 (2024), https://doi. org/10.3989/anacervantinos.2024.562.

Martinez Bonati, Félix, «Cervantes y las regiones de la imaginación», *Dispositio*, II-1 (1977), pp. 28-53.

—, «El *Quijote*: Juego y significación», *Dispositio*, III-9 (1978), pp. 315-336.

Martínez Mata, Emilio, «Cardenio a la luz de Luscinda», *Bulletin of Hispanic Studies*, 92.8 (2015a), pp. 949-963.

—, «El Caballero del Verde Gabán como modelo de vida», *Monteagudo*, 20 (2015b), pp. 73-103.

Mazarrasa Mowinckel, Karen, «El turismo experiencial y creativo: el caso de Cantabria», *International Journal of Scientific Management Tourism*, 2-3 (2016), pp. 195-203.

Mazur, Laurie, «Cultivating Resilience in a Dangerous World», en *State of the World 2013: Is Sustainability Still Possible?*, Washington / Covelo / London, The Worldwatch Institute / Island Press, 2013, pp. 353-362.

Micó Juan, José María, *Don Quijote en Barcelona*, Península / Atalaya, Barcelona, 2004.

Molho, Maurice, *Cervantes: raíces folklóricas*, Gredos, Madrid, 1976.

—, «Manuscritos hallados en una venta», en *Actas del III Coloquio Internacional de la Asociación de Cervantistas*, Anthropos, Barcelona, 1993, pp. 57-68.

Montolíu, Manuel de, *Tríptico del «Quijote»*, Editorial Cervantes, Barcelona, 1947.

Muñoz Sánchez, Juan Ramón, «Reflexiones sobre *Los trabajos de Persiles y Sigismunda, historia setentrional*», *Anales Cervantinos*, XLVII (2015), pp. 249-288.

Nocera, Pablo, «Masa, público y comunicación. La recepción de Gabriel Tarde en la primera sociología de Robert Park», *Nómadas. Critical Journal of Social and Juridical Sciences*, 19 (2008), https://www. redalyc.org/articulo.oa?id=18101909.

Ong, Walter J., *Oralidad y escritura. Tecnologías de la palabra*, Fondo de Cultura Económica, México, 1982.

Ortega y Gasset, José, *La rebelión de las masas*, en J. Ortega y Gasset, *Obras completas*, Revista de Occidente, Madrid, 1966, vol. IV, pp. 113-310.

—, *Meditaciones del «Quijote»*, Revista de Occidente, Madrid, 1966.

Osterc, Lúdovik, «Cervantes y Avellaneda», *Anales Cervantinos*, 21 (1983), pp. 91-102.

Panadero Moya, M., «El espacio geográfico del *Quijote*», *Estudios Geográficos*, LXV-256 (2004), pp. 471-496.

—, «Elementos de geografía del *Quijote*», en *El espacio geográfico del «Quijote» en Castilla-La Mancha*, ed. F. Pillet Capdecón y J. Plaza Tabasco, Ediciones de la Universidad de Castilla-La Mancha, Cuenca, 2006, pp. 185-210.

Park, Robert E., «La masa y el público: una investigación metodológica y sociológica», *Reis: Revista española de investigaciones sociológicas*, 74 (1996), pp. 361-426.

Parra Luna (ed.), *El lugar de La Mancha es... El «Quijote» como un sistema de distancias/tiempos*, Editorial Complutense, Madrid, 2005.

Pini Moro, Donatella, «El *Quijote* y los dobles: Sugerencias para una relectura de la novela cervantina», en *Actas del I Coloquio Internacional de la Asociación de Cervantistas*, Anthropos, Barcelona, 1990, pp. 223-233.

Pope, Randolph, «El Caballero del Verde Gabán y su encuentro con Don Quijote», *Hispanic Review*, 47 (1979), pp. 207-218.

Proyecto Cervantes, dir. Eduardo Urbina, de la Biblioteca Cushing de Texas A&M University, http://www.csdl.tamu.edu:8080/dqiDisplayInterface/searchEditions.jsp.

Rank, Otto, *El doble*, JCE Ediciones, Buenos Aires, 2004.

Redondo, Agustín, «Tradición carnavalesca y creación literaria. Del personaje de Sancho Panza al episodio de la ínsula Barataria en el *Quijote*», *Bulletin Hispanique*, n. 80 (1978), pp. 39-70.

—, *Otra manera de leer el «Quijote». Historia, tradiciones culturales y literatura*, Editorial Castalia, Madrid, 1997.

—, «Siguiendo el rastro del animal ambivalente: las manifestaciones singulares del puerco en la primera parte del *Quijote* cervantino», *Edad De Oro*, 40 (2021), pp. 255-270.

Resnick, Mitchel, *Tortugas, termitas y atascos de tráfico*, Gedisa, Barcelona, 2001.

Rey Hazas, Antonio, «Cervantes y Lope ante el personaje colectivo: *La Numancia* frente a *Fuenteovejuna*», *Cuadernos de Teatro Clásico*, 7 (1992), pp. 69-91.

Reyre, Dominique, *Dictionnaire des noms des personnages du «Don Quichotte» de Cervantès. Suivi d'une analyse structurale et linguistique*, Éditions Hispaniques, Paris, 1980.

Ricoeur, Paul, *Soi-même comme un autre*, Seuil, Paris, 1990.

Riley, Edward C., *Introducción al «Quijote»*, Crítica, Barcelona, 1990.

—, «Don Quijote, del texto a la imagen», en E. C. Riley, *La rara invención. Estudios sobre Cervantes y su posteridad literaria*, Crítica, Barcelona, 2001, pp. 169-182.

Rivera Mateos, Manuel, «El turismo experiencial como forma de turismo responsable e intercultural», en *Relaciones culturales en la diversidad. II Jornada sobre investigación e innovación para la interculturalidad*, ed. L. Rodríguez García y A. R. Roldán Tapia, Universidad de Córdoba, Córdoba, 2013, pp. 199-217.

Roca Musons, María, «Don Quijote y los espejos», en *Follia, follie*, ed. M. G. Profeti, Allinea, Firenze, 2006, pp. 129-148.

Ródenas de Moya, Domingo, «Acerca del quién y el cómo de la enunciación en el *Quijote*», *Nueva Revista de Filología Hispánica*, 43-2 (1995), pp. 355-377.

Romero Muñoz, Carlos, *Introduzione al «Persiles» di Miguel de Cervantes*, Consiglio Nazionale delle Ricerche, Venecia, 1968.

—, «Nueva lectura de *El retablo de maese Pedro*», en *Actas del I Coloquio Internacional de la Asociación de Cervantistas*, Anthropos, Barcelona, 1990, pp. 95-130.

—, «La invención de Sansón Carrasco», en *Actas del II Coloquio Internacional de la Asociación de Cervantistas*, Anthropos, Barcelona, 1991, pp. 27-69.

Rosales, Luis, *Cervantes y la libertad*, Gráficas Valera, Madrid, 1960.

Russell, Peter E., «*Don Quijote* y la risa a carcajadas», en P. E. Russell, *Temas de «La Celestina» y otros estudios*, Ariel, Barcelona, 1978, pp. 406-440.

Sánchez Rivero, Ángel, «Las ventas del *Quijote*», *Revista de Occidente*, 17 (1927), pp. 1-20 y 291-315.

Sánchez Sánchez, Jesús, «El ingenioso hidalgo por los caminos de la Mancha: la imprecisión geográfica en el *Quijote*», en *Actas del VIII Congreso de caminería hispánica*, Ministerio de Fomento / Cedex-Cehopu, Asociación Internacional de Caminería, Madrid, 2008, s. p.

—, *¿Existe el lugar de la Mancha? O la imposibilidad del método científico para identificar la patria de don Quijote. Cuestiones geográficas y metodológicas*, Punto Rojo Libros, Sevilla, 2015.

Savj-Lopez, Paolo, *Cervantes*, Ricciardi, Napoli, 1913.

Schiller, Federico, «Dell'uso del coro nella tragedia», en *Teatro completo*, ed. G. De Stefano, Francesco Rossi-Romano Editore, Napoli, 1860, pp. 353-358.

Schmidt, Rachel, *Critical Images. The Canonization of «Don Quixote» through Illustrated Editions of the Eighteenth Century*, McGill-Queen's University Press, Montreal, 1999.

Segre, Cesare, «Costruzioni rettilinee e costruzioni a spirale nel *Don Chisciotte*», en *Le strutture e il tempo*, Einaudi, Torino, 1974, pp. 183-219.

Sletsjöe, Leif, *Sancho Panza, hombre de bien*, Ínsula, Madrid, 1961.

Socrate, Mario, *Prologhi al «Don Chisciotte»*, Marsilio, Venezia-Padova, 1974.

Starobinski, Jean, «Stendhal pseudonyme», en J. Starobinski, *L'oeil vivant*, Gallimard, Paris, 1961, pp. 189-240.

Syverson-Stork, Jill, *Theatrical Aspects of the Novel: A Study of «Don Quixote»*, Albatros Hispanófila, Valencia, 1986.

Tarde, Gabriel, *L'opinion et la foule*, Félix Alcan, Paris, 1904.

Tilman, David, «Biodiversity: Population Versus Ecosystem Stability», *Ecology*, 77 (1996), pp. 350-363.

Tobin, Graham A. y Linda M. Whiteford, «Community Resilience and Volcano Hazard: The Eruption of Tungurahua and Evacuation of the Faldas in Equador», *Disaster*, 26-1 (2002), pp. 28-48.

Todorov, Tzvetan, *Nous et les autres. La réflexion française sur la diversité humaine*, Seuil, Paris, 1989.

Toffanin, Giuseppe, *La fine dell'umanesimo*, Fratelli Bocca, Torino, 1920.

Togeby, Knud, *La composition du roman «Don Quijote»*, Munskgaard, Copenhague, 1957.

Torrente Ballester, Gonzalo, *El «Quijote» como juego*, Guadarrama, Madrid, 1975.

Turner, Ralph y Lewis M. Killian, *Collective Behavior*, Prentice Hall, Englewood Cliffs (NJ), 1993.

Unamuno, Miguel de, «Nuestros yos ex-futuros», en M. de Unamuno, *Obras completas*, ed. M. García Blanco, Escelicer, Madrid, 1966-1971, vol. VIII, 1970, pp. 490-494.

Valcarenghi, Marina, «Il doppio e l'ombra», en AA. VV., *Il doppio: psicanalisi del compagno segreto*, Red, Como, 1990, pp. 13-29.

Van Doren, Mark, *La profesión de Don Quijote*, Fondo de Cultura Económica, México, 1973.

Vernant, Jean-Pierre, «Il momento storico della tragedia in Grecia: alcune condizioni sociali e psicologiche», en *Mito e tragedia nell'antica Grecia*, ed. J.-P. Vernant y P. Vidal-Naquet, Einaudi, Torino, 1976, pp. 3-7.

—, «*Psychè*: simulacro del corpo o immagine del divino?», en *La maschera, il doppio e il ritratto*, ed. M. Bettini, Laterza, Bari, 1991, pp. 3-12.

Watt, Ian P., *Myths of Modern Individualism: Faust, Don Quixote, Don Juan, Robinson Crusoe*, Cambridge University Press, Cambridge, 1996.

Watzlawick, Paul, Janet Helmick Beavin y Don D. Jackson, *Teoría de la comunicación humana. Interacciones, patologías y paradojas*, Herder, Barcelona, 1985.

Zonabend, Françoise, «Le Nom de personne», *L'Homme*, 20-4 (1980), pp. 7-23.

*Vidas de papel. Personajes principales, anónimos
y colectivos en el «Quijote» y el «Persiles»*
se preparó para su publicación en el estudio
de Pandiella y Ocio (Oviedo, España),
y se compuso con las tipografías Minion
Pro (Adobe) para el cuerpo del texto
y Kiperman (Harbor Type)
para la cubierta.